Konzepte der Humanwissenschaften

Ruth C. Cohn

Von der Psychoanalyse zur themenzentrierten Interaktion

Von der Behandlung einzelner zu einer Pädagogik für alle

Ernst Klett Verlag
Stuttgart

 · Printed in Germany 1976
Einbandgestaltung und Typographie: Heinz Edelmann
Satz und Druck: Hieronymus Mühlberger KG, Augsburg
ISBN 3-12-901500-0

8.–14. Tausend

Inhalt

Vorwort

Ich wurde Psychoanalytikerin zu einer Zeit, in der humane Werte einer »Exklusivitätsphilosophie« zum Opfer fielen. Was daraus folgte, ist im Lauf der Geschichte immer wieder geschehen und geschieht auch heute: Eine mächtige Gruppe unterdrückt und tötet eine schwächere. Sie fühlt sich als »Wir« und verachtet »Die-da«. — Die Namen der Gruppierungen von Klassen, Schichten, Rassen, Religionen, Stämmen, Nationen wechseln. In ihnen wiederholt sich, was in Schulen oder Familien erlernt worden ist. Das Syndrom des »Wir und Die-da« bleibt.

Ich hatte Glück und floh als Studentin in die Schweiz und später nach Amerika. Dieses Glück erlebte ich als Verpflichtung. Meine Erfahrungen und Erkenntnisse auf der psychoanalytischen Couch gaben mir Hoffnung und Glauben an humane Lebens- und Erziehungs-Möglichkeiten. — Aber wie könnte das geschehen? Wieviel Patienten würde z. B. eine Analytikerin je behandeln können? 8, 10, 12 in je drei Jahren? Und draußen litt sich die Menschheit zu Tode — und zum Töten.

Die Couch war zu klein. Die neue Welt der Erkenntnis psychodynamischer Gesetzlichkeiten könnte wohl zu einer Bewußtseins-erweiternden humanisierenden Pädagogik führen — aber wie?

30 Jahre lang habe ich im geschichtlichen Prozeß persönlicher und geistiger Interaktionen an einem systematischen Versuch gearbeitet, der pädagogisch-therapeutische Elemente in den Unterricht und in andere Kommunikationsgruppen einbeziehen könnte. Seit etwa 15 Jahren haben sich mehr und mehr Kollegen und andere Interessierte diesem Versuch angeschlossen. Die »themenzentrierte Interaktion« (TZI)* resultiert aus dieser Arbeit.

Dieses Buch wendet sich vor allem an Angehörige der heilenden und erziehenden Berufe, aber auch an andere Menschen, denen humanisierende Selbsterziehung und Erziehung anderer am Herzen liegt.

Die Sammlung wurde aus meinen Schriften der letzten 25 Jahre ausgewählt. In ihrer Folge spiegeln sich Aspekte meiner Entwicklung als Psychotherapeutin auf dem Hintergrund der Entwicklungsgeschichte der

---

* TZI wird berufsbegleitend gelehrt in den Workshop-Institutes for Living-Learning (WILL) in den USA und in der Schweiz und in ca. 20 Regional-Arbeitsgruppen in deutschsprachigen Ländern. (WILL, Basel, Rütlistr. 47).

Psychotherapien in den Vereinigten Staaten. (Ähnliche geschichtliche Entwicklungen vollziehen sich jetzt mit faszinierender Geschwindigkeit in Europa.) Ich möchte den Titel des Buches nur im persönlichen Sinne verstanden wissen, denn — wie aus den psychotherapeutischen Artikeln des ersten Teils der Sammlung hervorgeht — die TZI ist nur ein Ausschnitt aus der Vielzahl von Methoden und Strömungen, die von der Psychoanalyse ausgegangen sind.

Die »themenzentrierte Interaktion« dient Pädagogen (Eltern und Lehrern), Sozialarbeitern, Beratern, Psychotherapeuten und Gruppendynamikern dazu, sich selbst und ihre Gruppen zu leiten. Ebenso werden auch Leiter und Mitglieder jeder andern Gruppe, z. B. Jugendliche und Organisatoren von Bürgerinitiativen, Frauen- oder Männer-Emanzipationsgruppen, Betriebsleitungen, Kirchenveranstaltungen, Sozialaktionen etc. angeleitet, sich selbst von festgefahrenen bewußten und unbewußten Starrheiten zu befreien. Der erste Schritt in der Ausbildung von Gruppenleitern ist Bewußtwerdung des Sich-Selbst-Leitens.

Die Fortbildung im TZI-Gruppenleiten fördert vertieftes Verstehen von Person, Gruppe und thematischer Aufgabe und ihrer wechselseitigen Beziehungen. Sie bietet konkretes und berufsspezifisches Wissen von Gruppenstrukturen und -prozessen an — modifizierbar für verschiedenartige Zielsetzungen. *TZI lehrt ausschließlich Selbst- und Gruppenleiten;* sie bietet keinen Ersatz an für Grundausbildung in jeweiligen Berufen, z. B. Grundlagen der Didaktik, der Psychotherapie oder der Ökonomie. Sie enthält jedoch therapeutisch-pädagogische Elemente, die für alle Berufe und Tätigkeiten wertvoll sind.

In diesem Buch werden Aufsätze veröffentlicht, die ich im Lauf der Jahre bei verschiedenen aktuellen inneren oder äußeren Anlässen verfaßt habe. Sie haben darum, so glaube ich, den Vorteil der Spontaneität und den Nachteil, daß die TZI noch nicht in ihren verschiedenen Anwendungsmöglichkeiten systematisch dargestellt wird. Auch sind praktische Erfahrungen und Anwendungen der TZI in verschiedenen Berufen, sowohl in den USA als auch in Europa, Berichten und Veröffentlichungen darüber weit vorausgeeilt. (In New York wird z. Zt. an einem Buch über Theorie und Praxis der TZI gearbeitet.)

Ich möchte sehr vielen Menschen danken: Menschen, die mir sehr nahestehen, und Menschen, mit denen mich gemeinsame Arbeit verband oder verbindet; Kollegen in Universitäten und Ausbildungsinstituten in den Vereinigten Staaten; vor allem der American Academy of Psychotherapists, in deren Kongressen und Workshops ich mit hervorragenden Begründern moderner Therapien zusammentraf (A. Ellis, H. Guze, A. Lowen, A. Maslow, F. Perls, C. Rogers, V. Satir, J. Warkentin, C. Whit-

aker und vielen anderen); den WILL-Instituten, die halfen, TZI in die Welt zu bringen und weiterzuführen; meinen Schülern der psychoanalytischen Ausbildungsinstitute, die mir Mut gaben, neue Lehrmethoden auszuprobieren und einzuführen. Besonderer Dank geht an viele kreative Gruppenmitglieder und meine Peergruppe in New York, deren »vibrations« mich während meiner zweiten »Lehr- und Wanderjahre« überall hinbegleiten.
Und ich möchte Euch, meinen neugewonnenen Kollegen und Freunden in Europa danken für Euer Interesse und die Wärme, mit der Ihr mich und meine Arbeit empfangen habt; und der Ecole d'Humanité im Berner Oberland für Menschen, Himmel und Berge!
Eure Namen würden viele Seiten füllen. Ich möchte, daß jeder einzelne von Euch seinen Namen mit meinem Dank verbunden weiß. Und ich danke dem Leben für Hoffnungen, die realisierbar sind.

März 1975 Ruth C. Cohn

Vorwort zur zweiten Auflage

Die Bangigkeit, mit der ich meinem experientiellen Schreiben in diesem Buch freien Lauf ließ, hat nach wenigen Monaten der Freude Platz gemacht, daß meine Hypothesen sich als konstruktiv erwiesen haben: Auch Sachliches und Technisches können ganzheitlich — emotional und intellektuell — von Person zu Person übermittelt werden, weil selbst Gedanken nicht nur den Kopf des anderen ansprechen, sondern den ganzen Menschen. Ich danke Euch, Lesern, daß Ihr mir dies in Euren Briefen so klar erzählt habt.
Eine Frage, die mir öfter gestellt worden ist, möchte ich hier beantworten: Ob ich denn wirklich glaubte, daß TZI und andere humanisierende Ansätze die Welt positiv verändern könnten. Ich möchte dies mit einer alten Fabel beantworten: Zwei Frösche fielen in einen Milchtopf. Der eine Frosch schrie: »Ich ertrinke«, streckte alle viere von sich und ertrank. Der andere strampelte, trat die Milch und fand sich erschöpft und ganz lebendig auf einem Haufen Butter wieder.
Ich bewerte einen guten pädagogisch-therapeutischen Ansatz wie die Richtungswendung eines Schiffes um einen halben Grad. Ob diese Wendung genügt, das Landungsziel zu erreichen, wird von der korrekten Berechnung der Streckenlänge, den Wetterverhältnissen, der Kraft des Schiffes, der Mannschaft — und manchem Unberechenbaren — abhängen.

Sommer 1976 Ruth C. Cohn

I
Von der Psychoanalyse zur Erlebnistherapie

1
Ein Ansatz zur psychosomatischen Analyse

In diesem Aufsatz unternehme ich den Versuch, Prinzipien und Experimente im Rahmen psychosomatischer Analyse darzustellen, wie ich sie auf der Grundlage der Psychoanalyse entworfen und praktiziert habe. Da dieser Ansatz auf dem Axiom der psychosomatischen Ganzheit der Persönlichkeit beruht, steht er nicht im Gegensatz zur psychosomatischen Medizin, sondern ist ihr ergänzendes Gegenstück. Psychosomatische Somatologie und somatopsychische Psychologie sind die semantisch legitimen Namen für die wissenschaftlichen Stammeltern der angewandten psychosomatischen Therapien.

Wer sich ernsthaft mit den Humanwissenschaften befaßt, kennt die zeitgenössischen Studien über Psychoanalyse (Reich), psychosomatische Medizin (F. Alexander, 1950; Alexander und Ross, 1952), über Ganzheitstheorien (K. Goldstein, 1963 u. a.) und aus anderen Bereichen des Denkens, die den Hintergrund für den vorliegenden Aufsatz darstellen; eine der wesentlichen Grundlagen für die Bemühungen der Autorin war jedoch die Methode der Gindler-Schule, die während der mehr als dreißig Jahre ihrer Arbeit keine einzige gedruckte Veröffentlichung herausgebracht hat. Deshalb muß ich die Methode der Elsa-Gindler-Schule-für-körperliche-Umerziehung beschreiben*, ehe ich meine Gedanken und Experimente zur psychosomatischen Analyse darstellen kann. Die Schule-für-körperliche-Umerziehung, die in Deutschland entstanden ist, hat heute in Carola H. Speads, Charlotte Selver und Else Henschke in New York und in Clare Fenichel in Los Angeles drei praktizierende Vertreterinnen.

Elsa Gindler gehörte zu einer Gruppe von Lehrern für Leibeserziehung (wie Loheland, Mensendieck, Kallmeyer, Hollander, Dalcroze), die mit den Methoden des sich ständig wiederholenden mechanischen Übens unzufrieden waren, wie sie damals in Schulen und auf Kasernenhöfen in der ganzen Welt praktiziert wurden und heute noch praktiziert werden. Die-

* Ich habe Elsa Gindler weder persönlich gekannt, noch bei ihr gelernt. Der Bericht über die Entwicklung der Schule gründet sich auf die Darstellungen mehrerer Schülerinnen von Elsa Gindler, die unglücklicherweise nicht übereinstimmen. Hoffentlich wird Elsa Gindler oder ein von ihr autorisierter Schüler eines Tages eine umfassendere und genauere Darstellung ihrer Arbeit geben.

se Gruppe von Lehrern ersetzte den Drill durch die Arbeit an der natürlichen Bewegung; sie arbeiteten funktional und nicht mechanisch. Dieses eher auf Selbstausdruck denn auf schablonenhafte *Gedanken* oder Bewegungen gerichtete Interesse entwickelte sich gleichzeitig auf anderen Gebieten der Kunst und der Erziehung (z. B. drückt es sich in den Prinzipien von Isadora Duncan, Mary Wigman, Martha Graham und in der Schauspielschule von Konstantin Stanislavski sowie in den fortschrittlichen Schulen für Kinder wie z. B. den »Bank-Street-Schulen« aus).

Elsa Gindler fand vor etwa vierzig Jahren in Deutschland ihren eigenen Weg in gleicher Richtung durch den Kampf gegen ihre schwere Krankheit. Sie kam auf den Gedanken, sich auf körperliche Empfindungen und Abläufe sowohl im Zustand der Ruhe als auch im Zustand der Bewegung zu konzentrieren (ich weiß nicht, ob sie mit Yoga-Methoden vertraut war). Zu ihrem Erstaunen erlebte sie, daß schon durch bloße Bewußtmachung und die Bereitschaft zu einer Änderung verspannte Muskeln dazu neigen, sich zu entspannen, daß die eingeschränkte Atmung dazu neigt, tiefer und freier zu werden und daß Kreislaufstörungen meist nachlassen. Sie sah, daß die Beachtung eines Körperteils oder einer Körperfunktion meist alle anderen Körperteile und -funktionen beeinflußt. Wenn man zum Beispiel versucht, sich seiner verspannten Schultern bewußt zu werden, so kann das zu einem warmen, lebendigen Gefühl in den Füßen führen, aber auch zu einer tieferen Atmung. Das Gewahrsein des Atmens kann von einer Lockerung von Spannungen begleitet sein, die zuvor als Rückenschmerzen, Kopfschmerzen oder Menstruationskrämpfe wahrgenommen worden waren.

Elsa Gindler erlebte die Gesamtheit des menschlichen Körpers als unteilbare Einheit, deren Wiederherstellung — wo sie gestört war — nicht durch Üben, sondern durch die innere Erfahrung des Gewahrseins gefördert werden konnte. Körperbewußtsein in allen Situationen und bei allen Bewegungen wurde zur Grundlage und zur Methode der Gindler-Schule. Ihr Ziel war am Anfang, Menschen zu besseren Körperhaltungen zu verhelfen und Leiden wie Kopfschmerzen, Schlaflosigkeit, Kreuzschmerzen, Überanstrengung der Augen, schlechten Kreislauf usw. zu verhindern oder zu lindern. Am Anfang kam die Klientel der Schule weitgehend auf Empfehlung von Ärzten, vor allem von Chirurgen (zur postoperativen Behandlung) und Orthopäden. Später erweiterte sich der Kreis der Schüler. Während der letzten paar Jahre interessierten sich einige Analytiker und Therapeuten für die entspannende Wirkung der körperlichen Umerziehung und bedienten sich dieser Methode zur Steigerung ihres eigenen Wohlbefindens und zum Nutzen ihrer Patienten.

Elsa Gindler interessierte sich zunächst nicht für die Psychoanalyse und die Struktur der Persönlichkeit. Carola Speads brachte ihre Sicht der Gindler-Schule in einer unveröffentlichten Vorlesung im Jahre 1944 zum Ausdruck: »Am konstruktivsten ist die körperliche Umerziehung im allgemeinen Bereich der Störungen und Dysfunktionen des Körpers, wie sie im Zusammenhang mit schlechten Haltungen und Gewohnheiten im Umgang mit sich selbst auftreten.« Carola Speads, die selber eine Analyse hinter sich hatte, fuhr jedoch in derselben Vorlesung so fort:

»Die körperliche Umerziehung will ein Gewahrsein von Gewohnheiten und Abläufen, die jetzt unbewußt sind, ins Bewußtsein bringen, genauso wie die Psychoanalyse versucht, Verhalten und Motivationen bewußt zu machen. Die körperliche Umerziehung ist, wie die Psychoanalyse, in bestimmten entscheidenden Punkten eine gefühlsmäßige und keine intellektuelle Erfahrung. Sie muß durchlebt werden ... Sie ist keine Form der Indoktrination. Sie kennzeichnet das Bemühen um grundlegenden funktionellen und strukturellen Wandel des Körpers, ähnlich dem Wandel in der Charakterstruktur, wie er in einer erfolgreichen Analyse stattfindet.«

Ich war im Oberlyzeum in Berlin, als ich Carola Speads' Schülerin wurde. Ein paar Jahre später, während der ersten Sitzungen meiner Lehranalyse, war ich von der Ähnlichkeit der beiden Methoden überrascht. »Sag' mir, was du von deinem Körper spürst, von deiner Schulter, deinem Arm, deinem Bein, deinem Bauch, deiner Atmung. Versuche nicht, etwas zu beeinflussen; laß' einfach alles so ablaufen, wie es will. Erwarte nichts Besonderes, aber sei für alles offen, was kommen mag.« Das war körperliche Umerziehung. »Sagen Sie mir, was Ihnen durch den Kopf geht, was es auch sei, Höfliches oder Unhöfliches, Wichtiges oder Unwichtiges, Zusammenhängendes oder Unzusammenhängendes; wählen Sie nichts aus.« Das war Psychoanalyse. Bei beiden Methoden war die Überzeugung zu spüren, daß durch das »bloße Geschehenlassen dessen, was geschieht« — im Körper oder im Geist — ein Gesundungswille dazu führen würde, daß man Einsichten gewinnt und das Leben zu meistern lernt.

Heutige Psychoanalytiker wissen sehr gut, daß das bloße »Geschehenlassen« nicht ausreicht, um einen therapeutischen Erfolg zu gewährleisten. Doch bleibt das bereitwillige Annehmen dessen, was man jeweils wirklich ist, unzweifelhaft für alle therapeutische Arbeit wesentlich.

Auch die körperliche Umerziehung hat eine Vertiefung und eine Erweiterung erfahren. Elsa Gindler, die mit Siebzig noch ihr Interessenspektrum vergrößerte, hat die Ideen Heinrich Jacobis vom schöpferischen Ausdruck in den Künsten in ihre Arbeit integriert und sie ihrerseits beeinflußt; darüber hinaus hat sie psychodynamische Tatsachen und Theorien integriert. Charlotte Selver betont die schöpferische Seite ihrer Arbeit. Die Sensibilisierung der Sinne eines Menschen für das Gewahrsein seiner selbst bringt ihn auf den Weg, sein Leben tiefer zu erleben und seine wechselseitige Abhängigkeit, die ihn mit anderen Menschen und der Welt verbindet, zu verstehen. So nennt Charlotte Selver ihre Arbeit an der New School for Social Research »Körper-Reorientierung«.

»Wir müssen lernen zu fühlen, zu spüren, zu sehen, zu riechen, zu sprechen, ohne daß irgendeine Autorität unseren Austausch mit der Welt zensiert... wir müssen lernen, mit unserem eigenen lebendigen Selbst zu kommunizieren, mit dem anderen, mit dem Leben. — Körperlich geht es uns dann am besten, wenn unser Organismus bereit ist, auf unser Erleben zu reagieren. Wir stellen in unserer Arbeit fest, daß sich nichts wiederholt, wenn wir nur tief genug gehen« (Selver, unveröffentlichte Vorlesung, 1953).

Während der zwanzig Jahre meines Gebrauchs beider Methoden, der körperlichen Umerziehung und der Psychoanalyse, habe ich versucht, Wege zu finden, wie man die Idee und die Methode des bewußten Körpererlebens innerhalb der psychoanalytischen Arbeit nutzbar machen könnte. Die Methode der körperlichen Umerziehung war kein Versuch, eine Persönlichkeitsänderung durch das Aufdecken früherer Traumata zu erzielen oder Einsicht in die hemmende Kraft früherer Erlebnisse zu gewinnen. Ein Mensch kann auch durch einen steifen Arm behindert werden, und man kann ihm helfen, indem man die Funktionsstörung dieses steifen Armes und seine Beziehung zum ganzen Körper aufdeckt. Aber die Bedeutung der Steifheit dieses Armes — sein erstarrter Wunsch, zuzuschlagen, Geige zu spielen, den Daumen zum Mund oder die Hand zu den Genitalien zu führen — bleibt unbewußt und unanalysiert. In der körperlichen Umerziehung werden unbewußte Motivationen, Triebe und Abwehrhaltungen in der ausdrucksstarken Sprache des Körpers freigesetzt; aber ihr früherer Sinn bleibt (grundsätzlich) unbewußt, obschon manchmal plötzliche Einsichten in psychodynamische Zusammenhänge »aufblitzen« können. Andererseits kann sogar der, der erfolgreich analysiert worden ist und der seinen unerfüllten Wunsch, um sich zu schlagen, Geige zu spielen oder Befriedigung durch Masturbation herbeizuführen, integriert hat, immer noch einen steifen, tauben, schwachen Arm haben. Jahre des gehemmten Gefühls und der verhinderten Bewegung lassen somato-psychische Narben zurück, die man akzeptieren und mit denen man leben kann (indem man auf andere Weise kompensiert), oder die man nach der Analyse durcharbeitet, um zu einem erweiterten Lebensgefühl zu gelangen.

Viele Jahre lang konnte ich die körperliche Umerziehung für meine Analysanden nur ergänzend oder nach der Analyse verwenden. Die Antriebskraft einer Krankheit und neu erworbenes Wissen über die frühe Kindheit wiesen mir einen gangbaren Weg.
Ich war schwach, lag im Bett (ich erholte mich damals von einer Unterleibsoperation), als ich bemerkte, daß ein Teil meiner Beinmuskulatur ohne Kraft und Gefühl war. Ich konzentrierte mich auf diesen Klumpen schlaffer Muskeln, bis sie etwas wärmer wurden und aufzuwachen schienen. Plötzlich klingelte das Telefon. Als ich zum Telefon ging, bemerkte ich, daß meine Zehen nach innen gerichtet waren. Gleichzeitig fuhr mir durch den Kopf: »Geh nicht übern großen Onkel«. Ich war von der unwillkürlichen Änderung der Gangart und von der freien Assoziation überrascht. Diese Worte waren mir, bis ich zur Schule kam, unaufhörlich immer wieder vorgesagt worden; ich hatte seither nie wieder an sie gedacht. Ich muß allmählich den Wunsch gehabt haben, mich diesen Worten zu unterwerfen, weil ich gefallen wollte. Eine funktionelle Änderung fand nicht statt. Die Muskeln waren nur durch Willenskraft gezwungen und nicht richtig geübt worden (so wie man tatsächlich seine Füße einbinden kann, um sich einem Brauch zu unterwerfen; später kann man auch nur noch schlecht gehen). Ich beschloß, mich auf alle Empfindungen zu konzentrieren, die in den Vordergrund meines Bewußtseins treten würden — auf die gleichsam »freien Empfindungen«, die »freien Assoziationen« parallel laufen. »Freie Empfindungen« fluteten von einem Körperteil zum anderen, sie bestanden aus allen Schattierungen gelinder oder schmerzhafter Spannungen, aus dem Gewahrsein tauber Phasen und Gefühlen strömender Lebendigkeit oder Empfindungen von Wärme oder Kälte usw. usw. Das Gewahrsein dieser Empfindungen paarte sich mit Assoziationen, die dabei halfen, die gegenwärtigen körperlichen Prozesse in ihren entwicklungsmäßigen Zusammenhängen zu verstehen. Ich sah diese Entwicklungen nicht als »psychogen« in dem Sinne an, daß psychische Ereignisse organische Störungen *verursachen*, sondern ich erkannte diese Entwicklung als das dialektische Spiel zwischen der Erfahrung psychosomatischer Störungen und den auf sie folgenden Kettenreaktionen. Alle psychischen Reaktionen treffen im dynamischen Erlebnisfeld des Individuums mit den vorausgegangenen und gegenwärtigen somatopsychischen Störungen und Anpassungen zusammen.
Ein theoretisches Verständnis für diesen Ansatz einer psychosomatischen Psychologie kann man gewinnen, wenn man die Ganzheitstheorie ernst nimmt. Leib und Seele und jede ihrer besonderen Funktionen werden als Ausdruck der »ganzheitlichen Realität des Organismus« (Goldstein,

1934) angesehen. Alle Formulierungen, denen die Vorstellung zugrunde liegt, daß psychische Erfahrungen organische Leiden *erzeugen* oder daß körperliche Ereignisse psychische Störungen *verursachen*, sind nicht wirklich ganzheitlich. Die psychische Seite (der inneren Erfahrung und der Sinnhaftigkeit) und die physiologische Seite (meßbare Beobachtung der Gesetzmäßigkeit) sind zwei Perspektiven, die wir von einem Menschen haben; sie sind aber nicht zwei verschiedene Vorgänge. Die Persönlichkeit wird als eine sich stets ändernde Einheit angesehen; ihre physiologischen und psychologischen Aspekte kennzeichnen einen Wandel, sind aber keine alternativen Ausgangspunkte des Wandels. Die Tatsache, daß uns in einem bestimmten Augenblick entweder die psychische oder die physische Seite wichtiger oder bewußter ist, entkräftet die Hypothese nicht, daß im Grunde jede Persönlichkeitsstörung von beiden Perspektiven aus beschrieben werden kann. Das Scheinwerferlicht unseres Bewußtseins zu jedem gegebenen Zeitpunkt richtet sich nur auf einen schmalen Ausschnitt aller einschlägigen Ereignisse und ihrer verschiedenen Aspekte.

In der psychoanalytischen Tradition wird der Mensch als eine leib-seelische Einheit gesehen. Aber sowohl die Psychoanalyse als auch die psychosomatische Medizin haben auf dualistische Weise gearbeitet, obwohl sie in der Theorie ganzheitlich orientiert waren; sie sind an den Menschen entweder unter dem psychologischen oder unter dem physiologischen Aspekt herangegangen und haben nicht systematisch von der Fähigkeit des Menschen Gebrauch gemacht, seines Körpers bewußt gewahr zu sein. Ein derartiges Gewahrsein nennt man Körperempfindung oder Körperbewußtsein. (Wilhelm Reich, der außerhalb der Gruppe der Psychoanalytiker steht, scheint das therapeutische Hilfsmittel der Körperempfindungen in einem anderen Bezugsrahmen zu verwenden.)

Die verbalisierte Anregung des Psychoanalytikers: »Was geht Ihnen durch den Kopf?«, oder sogar »Wie oder warum fühlen Sie sich so?«, steigert die Produktion der Assoziationen und Gedanken und unterstreicht den Sinn-Aspekt der Gefühle. Sie führt andererseits dazu, daß die Fähigkeit des Patienten abnimmt, sich seiner Erlebnisse auf der Ebene körperlicher Empfindungen bewußt zu sein und sie zu analysieren. (Mir scheint, daß diese Vernachlässigung der Körperempfindungen möglicherweise ein Ausdruck der allgemeinen für die abendländische Kultur charakteristischen Leibfeindlichkeit ist, die vielleicht deren Abneigung gegen die Sexualität noch bei weitem übertrifft. Es könnte sehr gut sein, daß der Leistungszwang dem bewußten Erleben von Empfindungen, das eine Haltung passiven Aufnehmens fordert, eher entgegensteht als aktives Tun. Eine Lebenseinstellung, die das *Dasein* und nicht das *Produzie-*

ren betont, ist den Geistern fremd, die darauf getrimmt sind, etwas zu erreichen, zu leisten und zu konkurrieren.)

Der Analytiker wird dazu ausgebildet, nach einem Verständnis von Gefühlen zu suchen. Er verknüpft Ereignisse mit Gefühlen. Wenn er jedoch der sinnlichen Seite von Gefühlen aus dem Wege geht, vernachlässigt er die Tatsache, daß die Gefühle der Menschen leib-seelische Ereignisse sind. Wir erleben Gefühle als körperliche Empfindungen *und* als Werkzeuge zum Ausdrücken von *Bedeutungen*. Traurigkeit zum Beispiel kann man als Gefühl eines Druckes in der Brust empfinden, man kann sie spüren als flache Atmung, als Verlust eines Gefühls der Lebendigkeit, als Brennen um die Augen. Traurigkeit ist auch die unmittelbare Äußerung von »Ich habe den Geliebten verloren«, »meine Mannschaft ist geschlagen« oder »sie mögen mich nicht«.

In den meisten Fällen sind wir uns der körperlichen Aspekte von Gefühlen kaum bewußt; wir nehmen sie direkt als »Traurigkeit«, »Freude«, »Kummer«, »Liebe« usw. wahr. Eine solche »Unbewußtheit« ist für bestimmte Vollzüge ebenso zweckdienlich wie der Umstand, daß wir nicht wissen, was wir tun, wenn wir eine Treppe hinaufsteigen. Es könnte jedoch für uns wichtig sein, unser Treppensteigen zu analysieren, wenn entweder wir oder aber die Treppen in Unordnung geraten sind, oder wenn wir in künstlerischer Weise das Wesen der Steigbewegung ausdrücken wollen (z. B. durch Tanzen, Schreiben, Malen usw.). Die Analyse von Gefühlen ohne ein tiefes Wissen um ihre körperlichen Aspekte beruht auf einem unbewußten leibfeindlichen Vorurteil und entspricht einem Verzicht auf einen ihrer besten Wegweiser. Auch die psychosomatische Medizin, die wesentliche Tochter von Medizin und Psychoanalyse, hat bisher offensichtlich noch nicht von der Fähigkeit des Menschen Gebrauch gemacht, seinen Körper wahrzunehmen. Die psychosomatische Medizin hat daran gearbeitet, aus psychoanalytischen Fallgeschichten Daten zu ermitteln und sie mit Laborergebnissen zu kombinieren, die man durch Beobachtung und physikalische Methoden erhalten hat. Verschiedene psychosomatische Störungen sind in spezifischer Weise mit psychodynamischen Konstellationen in Beziehung gebracht worden, indem man die Berichte der Psychoanalytiker mit den Untersuchungsergebnissen der Ärzte verglichen hat. Vor kurzem wurde z. B. eine Studie von Shagass und Malmo (1954) veröffentlicht, die an die Muskeln von Patienten einen Elektromyographen angelegt und die in verschiedenen Körperteilen herrschenden Spannungen während psychiatrischer Interviews gemessen hatten. Sie untersuchten die Themen dieser Interviews und fanden heraus, daß sie zu muskulären Spannungen in Beziehung standen, wie der Elektromyograph sie gezeigt hatte.

Seit meinen ersten persönlichen Erfahrungen mit psychosomatischen analytischen Techniken (Integrierung der von der körperlichen Umerziehung verwendeten Technik der Bewußtmachung von Körperempfindungen in die Psychoanalyse) habe ich auf verschiedene Weise versucht, dieses Instrument bei meinen Patienten anzuwenden. Der Elektromyograph kann muskuläre Spannungen quantitativ messen, aber er reicht nicht an die Fähigkeit des Menschen heran, die Vielfalt qualitativ und quantitativ verschiedener Empfindungen wahrzunehmen, alle Arten von Spannungen und Schmerzen, Temperaturempfindungen, Gefühle von fließender Wärme und hemmender Kälte, von Schwindel, von Völle und Schlaffheit usw. usw. Und auch noch so sehr ausgearbeitete physikalische Tests können die Fähigkeit des Individuums nicht ersetzen, Sinn und Empfindung tiefster unbewußter Ebenen so zu kombinieren, daß sie sich auf ein bewußtes Verständnis zubewegen. Dieser psychosomatische analytische Ansatz scheint als therapeutisches Werkzeug von Nutzen zu sein und außerdem ein Hilfsmittel für die Forschung darzustellen.

Die verschiedenen psychosomatischen analytischen Techniken, die ich bei meinen Patienten angewandt habe, haben einerseits explosionsartige Ausbrüche unbewußter Inhalte ausgelöst und sind andererseits auf starke Schranken des Widerstandes gestoßen. Als wirksamste und am meisten abgewehrte Technik hat sich die Anregung des Analytikers erwiesen, sich über eine Zeitspanne von ein paar Minuten oder einer ganzen Sitzung ausschließlich auf das Gewahrsein von Empfindungen zu konzentrieren. Während dieser Zeit wurden Assoziationen durchaus akzeptiert, aber der Patient wurde aufgefordert, sich auch bewußt auf seine Empfindungen einzustellen. Diese Technik führte stets zu tiefen Erfahrungen und Einsichten in vorher unbewußte Zusammenhänge vergangener und gegenwärtiger Beziehungen, die unmittelbare Übertragungssituation eingeschlossen; oder der Widerstand gegen die Technik, der sowohl deren Neuartigkeit wie deren Wirksamkeit wegen besonders stark war, wurde fruchtbar für das Erkennen und die Analyse der Abwehrhaltungen und der negativen Übertragung des Patienten. Diese Technik, die vom Patienten verlangt, sich auf das zu konzentrieren, was er *empfindet*, kann sich auch auf Spannungen und Schmerzen richten, die manchmal als besonders peinigend erlebt werden. Gewöhnlich führt dieser Schmerz den Patienten dazu, daß er ihn überwinden will. Das kann er erreichen, indem er sich auf den Schmerz und die Spannung selber konzentriert, was beinahe immer schon eine symptomatisch-therapeutische Wirkung hat und Einsicht auslöst, oder aber es kann sein, daß die Einsicht auftaucht, noch ehe die Schmerzen nachlassen.

Eine andere hilfreiche Anregung ist, »bei der Empfindung zu bleiben, bis sie sich in Bilder übersetzt«; dies scheint Einsichten zu vermitteln, und zwar mit weniger großen Umwälzungen und dementsprechend weniger explosionsartigen Folgen verbundene Einsichten. Diese Technik eröffnet auch Einsichten in die Entwicklung von Traumsymbolen; denn die Übersetzung der Empfindungen in Bilder ereignet sich bei vollem Bewußtsein des »Träumers«.

Jedoch erfordert die Anwendung solcher spezialisierter Techniken unbedingte Vorsicht; der Analytiker muß außer seiner Erfahrung im psychoanalytischen Handwerk in der Bewußtmachung von Körperempfindungen ausgebildet sein. Meiner Meinung nach sollte jedoch in jeder Analyse eine *dritte Technik* praktiziert werden! Diese »Technik« ist die einfache Hinzufügung des Wortes »Spüren« zu den Fragen: »Was fällt Ihnen ein, was denken Sie? Wie ist Ihnen zumute?« Die Frage »Was spüren Sie im Augenblick?«, scheint jeder psychoanalytischen Technik innezuwohnen; es scheint aber ein Überbleibsel unserer leibfeindlichen Kultur zu sein, daß man diese Frage nicht ausspricht und damit neurotische Tendenzen des Patienten in der Analyse verstärkt, die bekämpft werden sollten. Die Tatsache, daß körperliche Empfindungen *immer* akut und gegenwärtig sind, macht es dem Analysanden unmöglich, von Empfindung zu reden, die nicht in Beziehung zu ihm selbst und seiner unmittelbaren Erfahrung stehen. (Träume dagegen können erzählt werden, ohne daß sie von unmittelbarer gefühlsmäßiger Bedeutung sind.) Assoziationen zu unmittelbaren Empfindungen führen fast unweigerlich zu unmittelbaren Konflikten, Träumen und anderem bedeutsamen Material.

Zwar läßt sich hier jetzt kein eindrucksvolles klinisches Material vorlegen, aber Beispiele solcher Kombinationen von Empfindungen und Assoziationen kommen in den meisten analytischen Sitzungen vor, sobald nämlich der Patient ebenso die Verwendbarkeit einer Empfindung wie die Verwendbarkeit aller anderen flüchtigen Bilder und Empfindungen akzeptiert hat (»Ich habe heute nichts zu sagen, als das, was ich Ihnen schon erzählt habe — heute scheint nichts der Rede wert zu sein. Ich habe Ihnen alles erzählt ... Alles was ich spüre ist ein Rückenschmerz. Er zieht nach oben. Mein ganzer Körper ist wie ein Bogen, mein Körper nach oben gezogen. Die ganze Konzentration sitzt oben auf dem Bogen. Ich kann mir gar nicht vorstellen, was unterhalb des Bogens ist — nichts ist da, ich spüre nichts ... Jetzt füllt es sich auf, wird groß, jetzt zieht es nicht mehr nach oben. Die Rückenschmerzen hören auf, ich kann auf der Couch ruhig liegen. Ich fühle mich groß, voll, so als ob ich schwanger wäre — es tut so weh — es ist wie ... (weint) Ich wollte Ihnen sagen, ich weiß nicht, warum ich es vergessen habe, ich möchte so furchtbar gern ein Kind haben ...«).

Bislang kann man meine alleinstehende, recht sporadische und behutsame Arbeit noch nicht als befriedigendes Forschungswerkzeug ansehen. Jedoch scheint die Methode sogar schon in diesem Anfangsstadium der Arbeit viele Hypothesen über psychosomatische Syndrome zu bestätigen und auch auf offene Fragen zeitgenössischer Theorien hinzuweisen. Alexander (1950; — und Ross, 1952) u. a. haben z. B. herausgefunden, daß eine Gruppe magenleidender Patienten ein ganz bestimmtes Muster der Fixierung an die oral-rezeptive Phase ihrer Kindheitsentwicklung zeigte. Dies ist durch psychosomatisch-analytische Techniken bestätigt worden; jedoch scheint die Sprache des Magens, die beschrieben worden ist als: »Ich bin hungrig, füttere mich, mein Magen will zu essen (und Liebe)« — womit die krankhafte Erscheinung einhergeht, daß die Magensäfte unaufhörlich an den Magenwänden fressen — von mehr als bloß von Hunger zu sprechen. Meine Patienten mit Magenstörungen haben Empfindungen und Gefühle geäußert, die man wie folgt zusammenfassen könnte: »Ich muß etwas an mich heranziehen — von außen (die Armbewegung des liegenden Patienten geht von senkrecht oben auf den Magen zu) — ich will mich an etwas festhalten, was außerhalb von mir ist; es gibt aber nichts, woran ich mich festhalten könnte. Ich kann mich an niemandem festhalten, damit er mich trägt. Ich fühle mich wie ein Gewicht, das nichts um sich herum hat. Der ganze Druck kommt von den Beinen und vom Kopf und von den Armen auf den Magen zu. Ich bin nichts als Gewicht und Magen. Ich muß mich selber halten oder ich platze.«
Der Magen wird also nicht nur als Organ des Aufnehmens von Essen und Liebe erlebt, sondern auch als Mitte und Kern des Individuums. Es kann sein, daß der Säugling schon zu einem Zeitpunkt gezwungen wurde, sich der symbiotischen oder (später) empathischen Beziehung zu seiner Mutter (oder deren Ersatz) zu entwöhnen, als er noch nicht genug Sicherheit und Stärke gewonnen hatte, um die Möglichkeit einer ausgewogenen Ich-Entwicklung zu haben. Er hat sich zu früh an sich selbst festhalten müssen. Das ist so, wie wenn ein Kind, das eben an der Hand oder mit Hilfe eines Möbelstücks ein paar Schritte gehen kann, gezwungen wird, allein zu gehen. Das Kind wird sich buchstäblich an seinen eigenen Haaren oder an seinem Gürtel festhalten. In der Fixierung kann sich das ausdrücken als: »Sich an der Mitte festhalten — am Magen.« (Ich will hier anführen, daß *alle* Patienten, die mit psychosomatisch-analytischen Techniken an sich arbeiten, wie Schizophrene wirken. Ihr Erleben kommt dem auf autistischem und präverbalem Persönlichkeitsniveau nahe. Es ist nicht schizophrener als es die Träume des Normalen sind. Es hat den Vorteil, bei voller Wachheit eine Brücke zu unbewußten Schichten zu sein.)

Die offensichtliche Tatsache, daß Bewußtmachung von Körperempfindungen ein sehr wirksames psychoanalytisches Werkzeug ist, läßt sich mit psychoanalytischen Theorien erklären. Die Psychoanalyse geht von der Interdependenz zwischen Individuum und Welt und von der tiefen Beeindruckbarkeit des Kindes aus. Geniale Hypothesen Freuds sind vor kurzem durch unmittelbare Beobachtung von Säuglingen und Studien über die Entwicklung des Kindes vor der Geburt bestätigt worden (Phyllis Greenacre). Geschehnisse formen einen zum Wohl oder zum Schaden umso mehr, je früher, je häufiger oder je affektbesetzter sie gewesen sind. So tief sind psychosomatische Ereignisse der Zeit vor der Geburt und kurz danach eingeprägt, »... daß jede psychische Erfahrung, die der Fetus und das Neugeborene bis zum Alter von drei Monaten gehabt haben mag, ein dem Organismus so zugehöriger Anteil werden kann, als habe es ihn geerbt.« (Dieses Zitat stammt von M. Fries, aus ihren Erläuterungen zu ihrem Film über »Integrierte Entwicklung«, 1952.) Der Säugling kann durch eine verfrühte Herauslösung aus der symbiotischen oder empathischen Beziehung zu seiner Mutter oder deren Ersatz so tief verletzt werden, daß er möglicherweise nach einem kurzen schmerzhaften Leben stirbt oder daß er auf einer vegetativen Entwicklungsstufe der Persönlichkeit weiterlebt, unheilbar verwundet (Spitz, 1950).

Von meiner holistisch-psychosomatischen Grundannahme ausgehend, nehme ich an, daß die psychische Entwicklung nicht erst beginnt, wenn Reflexe in utero prüfbar sind, sondern schon am Tag der Empfängnis. Gewahrwerden ist eine langsam wachsende Fähigkeit. Es mag in fetalen »organismischen Gedächtnisspuren« (Ferenczi) verwurzelt sein und kann sicherlich beim Neugeborenen hypostasiert werden. Das Gewahrsein von Empfindungen geht offenbar dem Gewahrsein von Sinnzusammenhängen voran. Die bewußte Konzentration auf Empfindungen ist geeignet, tiefste unbewußte Erfahrungen auf präverbaler Ebene zu berühren und freizulegen — und zwar sowohl genetisch als auch strukturell.

Zusammenfassend:

---

1. Die Methode der körperlichen Umerziehung kann in der Analyse mit Gewinn angewendet werden, und zwar in der (nicht-analytischen) Absicht, Symptome zu erleichtern, z. B. bei Panik oder starkem Schmerz oder Druck. In akuten Notlagen ist dieser Ansatz als Ergänzung oder Ersatz für eine medikamentöse Behandlung sehr hilfreich. Die Methode der körperlichen Umerziehung ist besonders nützlich, wo wegen schwe-

rer körperlicher Krankheit eine unmittelbare Erleichterung angezeigt erscheint.

2. Die Anwendung psychosomatisch-analytischer Techniken (die Integration der körperlichen Umerziehung in die Psychoanalyse) löst einerseits explosionsartige Ausbrüche unbewußter Inhalte aus und stößt andererseits auf starken Widerstand. Dies läßt sich vielleicht durch die entwicklungsmäßige Priorität von Empfindungen gegenüber anderen Formen psychischen Gewahrseins erklären sowie durch die Unmittelbarkeit der Empfindungen im jeweiligen Moment des Erlebens. Träume mögen z. B. zur Zeit der Analyse-Stunde gefühlsmäßig nicht im Vordergrund stehen; die sinnliche Erfahrung dagegen ist in der analytischen Sitzung immer ein Ausdruck des jeweiligen Zustandes der Persönlichkeit, ihrer Stimmung oder ihres Konfliktes, und zwar *in der* Analyse-Stunde. Fast immer führt die psychosomatische Analyse von Inhalten in explosiver Weise in den akuten Konflikt des betreffenden Tages, in das Erinnern an kürzlich geträumte Träume und auf einen Weg zu wichtigen Erlebnissen der Vergangenheit. Der Widerstand gegen psychosomatisch-analytische Techniken ist in der Behandlung von Abwehrhaltungen und Übertragungen oft stark, aber fruchtbar.

3. Die Anwendung der psychosomatisch-analytischen Techniken begegnet genauso Übertragungsphänomenen, wie jede andere psychoanalytische Arbeit. Mir scheint jedoch, daß die Tatsache der entwicklungsmäßigen Priorität von Empfindungen solche Übertragungsreaktionen fördert, die in der frühesten Kindheit verwurzelt sind. Gefühle völliger Bindung (Symbiose) einerseits und Gefühle der Verlassenheit (Isolation) andererseits sind bei Konzentration auf die Analyse von Körperempfindungen häufigere Übertragungsphänomene als Gefühle von Liebe, Feindseligkeit, Konkurrenz usw.

4. Die »Sprengkraft« der Methode und der »Tiefgang« der Übertragungsphänomene haben mich veranlaßt, diese Methode nur äußerst behutsam anzuwenden. Erst wenn das Interesse der Psychoanalytiker und Psychosomatiker für diese Methode geweckt werden sollte, wird sie angemessen ausgearbeitet und bewertet werden können. Ich habe mich davon überzeugt, daß die Methode der psychosomatischen Analyse nicht nur in der Therapie, sondern auch in der psychosomatischen Forschung ein brauchbares Werkzeug ist, um Theorien über die Entstehung und die Besonderheit psychosomatischer Syndrome und Konstellationen zu bestätigen, zu verwerfen oder zu ergänzen.

5. Das Prinzip, die Bewußtmachung von Körperempfindungen in der Analyse zu verwenden, ist für die Psychoanalyse kein neues Konzept, weil es schon immer ihre Grundidee war, alle Einzelheiten des inneren

Erlebens in den Prozeß des freien Assoziierens mit einzuschließen. Doch haben wir nach meiner Meinung unbewußt (wegen der leibfeindlichen Normen der abendländischen Kultur) unseren Patienten Fragen gestellt wie »Was geht Ihnen durch den Kopf?« oder »Wie denken Sie *darüber*?«, die meist dazu führen, daß Körperempfindungen aus dem Bewußtsein ausgeschlossen und nicht stärker bewußt gemacht werden. Die Fragen »Was spüren Sie von sich selbst?« oder »Welche Botschaften kommen von Ihrem Körper?« gehören in jede Analyse. Spezialisierte psychosomatisch-analytische Techniken verlangen jedoch, daß der Analytiker in der Bewußtmachung von Körperempfindungen ausgebildet wird. Ebenso wie er selber durch eine Analyse gehen muß, bevor er praktizieren darf, sollte er vielleicht selber die körperliche Umerziehung erleben, damit er diese speziellen Techniken sicher und sinnvoll einsetzen kann.

Literaturhinweise

Alexander, F. (1950): Psychosomatic Medicine. New York (W. W. Norton).

—; Ross, H. (1952): Dynamic Psychiatry. Chicago (University of Chicago Press).

Engel, G. (1954): Selection of Clinical Material in Psychosomatic Medicine. The Need for a New Physiology. *Psychosomatic Medicine*, XVI, 5.

Escalona, S. (1953): Emotional Development in the First Year of Life. In: Macy, Josiah: Problems of Infancy and Childhood. New York (Jr. Foundation).

Goldstein, Kurt (1934/deutsch: 1963): Der Aufbau des Organismus. Den Haag (M. Nijhoff).

Greenacre, Phyllis (1952): Trauma, Growth and Personality. New York (W. W. Norton).

Reich, Wilhelm (o. J.): Charakteranalyse. Köln (Kiepenheuer & Witsch).

Schilder, Paul (1935): The Image and the Appearance of the Human Body. Psyche Monographs, 4. London (Routledge, Kegan & Paul).

Shagass, Charles und Malmo, Robert B. (1954): Psychosomatic Themes and Localized Tension during Psychotherapy. *Psychosom. Med.*, XVI, 4.

Spitz, René (1950): Anxiety in Infancy. A Study of its Manifestation in the First Year of Life. *Int. J. Psychoanal.*, 31.

Wolf, Katherine M. (1953): Observation of Individual Tendencies in the First Year of Life. In: Macy, Josiah: Problems of Infancy and Childhood. New York (Jr. Foundation).

2
Onanie und Liebe

Jeder, der einmal Mutter und Kind beobachtet hat, weiß, daß das Bedürfnis des Kindes, auf dem Arm getragen und liebkost zu werden, sein Pendant im Wärme- und Zärtlichkeitsgefühl der Mutter findet. Wenn Babies in den Müttern keine solchen angenehmen Gefühle wachrufen würden, wären wohl alle Säuglinge schon längst samt ihrer unendlichen Menge schmutziger Windeln im Fluß ertränkt worden!

Gegenseitige Liebe und körperliche Anziehung zwischen Mutter und Baby bilden das Sprungbrett vom unbewußten vegetativen Dasein des Kindes ins erwachende menschliche Leben voll bewußter Lust und bewußtem Schmerz. Die Zuneigung der Mutter, ihr zärtliches Lächeln und ihre innige Bejahung sind die existentielle Brücke von ihrem »Ich liebe mein Baby« zu seinem »Ich liebe meine Mutter« und »Ich liebe die Welt«.

Für das Baby ist jedoch stets das Baby selbst sein Nächster. Seinen eigenen Körper in Lust zu finden, ist sein erster Schritt zur Selbstfindung und zur Selbstbejahung. »Ich mag mich« ist das erste Gefühl eines kleinen Kindes auf dem Wege zum »Sie mag mich« und schließlich »Ich mag sie«. Diese Stufen markieren die menschliche Entwicklung von nur körperlicher Lust zu Selbstfindung und Liebe.

Vor ungefähr fünfzig Jahren entdeckte Freud im Seelenleben Erwachsener, daß die Wurzeln der Sexualität bis hinab in das früheste Kindesalter reichen. Vor dieser Entdeckung hielt man Babies für »unschuldig«. Heute wissen wir, daß das kleine Kind auf seiner neugierigen Suche über und unter den Decken nach irgend etwas, das sich angenehm anfühlt, seinen Mund und seine Genitalien als besonders lustbringende Körperteile entdeckt. Zufällige Berührung wird bald durch willentliches Spiel ersetzt. Dieses sinnliche Spiel könnten wir auto-*sexuell* nennen. Da jedoch die Lust, die das Baby dabei empfindet, über das »*Es* fühlt sich schön an« hinausgeht und zur Erkenntnis »*Ich* bin schön« führt, verwenden wir den Begriff auto-*erotisch*, da dieser neben sinnlich-körperlichen auch emotionale und seelisch-geistige Elemente beinhaltet.

In unserer Gesellschaft müssen wir lange suchen, um ein Kind ausfindig zu machen, dessen Entdeckung des eigenen Körpers, dessen auto-erotische Erlebnisse nicht gestört worden sind. Vorurteile wurden zwar schon abgebaut, aber ihre Schatten trüben immer noch sogar das weiseste Elternherz. Obwohl viele Eltern gelernt haben, damit aufzuhören, Klapse zu geben und Unheil anzudrohen, erlebt das Kind immer noch Masturbationstabus. »Ich spiele mit meinen Genitalien«, beobachtet das Kind, »aber die Erwachsenen tun es nicht. Das bedeutet, daß ich anders bin als sie. Erwachsene sind besser. Also bin ich nicht gut, wenn ich masturbiere«. Oder das Kind stellt fest: »Meine Eltern lieben mich und tätscheln mich überall, aber sie berühren mich nicht ›da unten‹; das bedeutet, daß ich da unten nicht berührt werden soll.« So masturbieren solche Kinder insgeheim mit nicht viel weniger Schuldgefühlen als andere, denen offen gedroht wird. Die Kinder von Eltern, die gewöhnlich freundlich und verständnisvoll sind, haben meist den starken Wunsch, den Normen ihrer Eltern zu entsprechen. Das kann sie zu einer extrem antisexuellen und perfektionistischen Haltung führen.

Wenn das Kind soweit ist, daß es den Unterschied zwischen »Ich berühre mich« und »Jemand anderes berührt mich« erkennen kann, ist es gleichzeitig auch soweit, daß es das Bedürfnis »Ich möchte einen andern berühren« und »Ich möchte, daß ein andrer mich berührt« empfinden und äußern kann. Wir bezeichnen duo-sexuelle Erlebnisse als erotisch, weil ein solches körperliches Spiel die emotionale »Zweisamkeit« und das »erotische« Element der Liebe enthält. Dieser Wunsch des Kindes nach körperlichem Spiel mit andern, das nicht von Liebe zu trennen ist, ist normalerweise nicht an ein bestimmtes Geschlecht gebunden. Das Kind liebt es, sich selbst und andre Menschen *ganz* zu spüren. Die Welt ist weit, ehe wir den Schlüssel umdrehen.

Das Kind hat mehr Gelegenheit, mit sich selbst zu spielen, als mit andern. Das ist bedingt durch die kulturellen Tabus — »Eltern darf man nicht überall berühren«, »Sex-Spiele mit andern Kindern sind verboten oder stark eingeschränkt« — und durch die grundsätzliche Einschränkung: »Die Menschen, die ich mag, können nicht immer bei mir sein.« Möglicherweise gibt es sogar ein angeborenes Bedürfnis, zuweilen allein zu sein.

Wenn das Kind jedoch einmal entdeckt hat, daß es ein Gegenüber braucht, wandert sein Geist, während es mit sich selbst spielt, zu bekannten oder unbekannten Ländern und Menschen. Und wie das Baby von der unwillkürlichen, zufälligen Berührung zur willentlichen Masturbation übergeht, entwächst das Kind zufälligen Tagträumen und entwikkelt willkürliche Masturbationsphantasien. Dabei entdeckt es, daß bestimmte Phantasien den physischen Reiz erhöhen.

Kathy, 8 Jahre alt, sagte: »Und, weißt du, wenn ich mir vorstelle, daß mich die Jungen an einen Stuhl fesseln, und ich bin das einzige Mädchen in der Klasse, und sie lassen mich erst los, wenn ich ihnen meinen ganzen Geburtstagskuchen gebe, dann kitzelt mich das so sehr, daß ich mir das immer wieder ausmale.« Joe, 6 Jahre alt, sagte: »Wenn ich dran ziehe, muß ich immer daran denken, wie ich in der Nacht aufstehe und Mary (seine Schwester) aufwecke, und wir klettern zusammen in den Kamin hinein, und dann erzählen wir einander Geheimnisse, die kein andrer weiß, und ich würde sie ihnen auch nicht verraten, und das macht mich ganz warm und fühlt sich gut an.«

Es ist wohl erwiesen, daß Kinder am meisten masturbieren. Der kulturelle Grund hierfür könnte sein, daß es für Kinder leichter ist zu masturbieren, als sexuelle Beziehungen mit andern zu haben. Es könnte auch noch einen anderen entscheidenden Grund geben: Das Kind ist u. U. sexuell und sozial noch nicht reif genug, um eine Partnerschaft mit einem andern Menschen einzugehen. In jedem Fall ist die Masturbation für Kinder eine lustvolle Betätigung, und Masturbationsphantasien sind eine Brücke zu einem künftigen Partner.

Was aber bedeutet Masturbation im Leben des Erwachsenen, oder besser gesagt: Welche Rolle spielt sie im Leben von *Mann* und *Frau* (denn in bezug auf das Masturbationserlebnis bestehen wesentliche Unterschiede zwischen den Geschlechtern)?

Es scheint der Autorin, als ob die Geister der Vergangenheit auch heute noch in Diskussionen und Schriften über Masturbation und Masturbationsphantasien herumspuken. Diese »Geister« tragen Erkennungstafeln. Die Aufschriften beginnen stets mit »Masturbation ist an sich nichts Schlimmes, aber ...« und es folgen Sätze wie »... man sollte damit aufhören, wenn man erwachsen wird« oder »sie führt dazu, die Anpassung an die Realität zu verhindern« oder »... die heterosexuelle Orientierung ist gefährdet«.

Ist Masturbation schädlich oder hilfreich? Stellt sie bloß eine unvermeidliche Entwicklungsphase dar oder ist sie eine wichtige Komponente des menschlichen Lebens?

Da jeder Mensch von Masturbations-Tabus beeinflußt worden ist, können wir nicht einfach, indem wir Menschen analysieren, beurteilen, was die Masturbation ihnen Gutes oder Schlechtes angetan hat. Wir können nur herausfinden, was die Masturbation, verschmolzen mit Scham und Schuldgefühlen, für die Entwicklung der Persönlichkeit bedeutet hat. Wenn es ein Land mit keinem anderen Wasser als dem aus einem schmutzigen Fluß gäbe, würden seine Bewohner Wasser grundsätzlich für gesundheitsschädlich halten, denn das wäre ihre Erfahrung. Erst wenn es ihnen gelingen würde, das Wasser vom Schmutz zu scheiden, könnten sie den wahren Einfluß des Wassers auf die Gesundheit beurteilen.

Wir haben gelernt zu erkennen, welcher Schaden den Menschen durch irrationale Gefühle der Schuld und Schande zugefügt wird, aber es ist uns nicht gelungen, die Masturbation von derartigen gefährlichen Beimischungen zu trennen. Durch Nachdenken, eine neue Erziehung und erneutes Überdenken werden künftige Generationen vielleicht in der Lage sein, empirische Studien über die Masturbation als solche anzustellen. Bis dahin werden wir mit psychologischen Abstraktionen und Hypothesen, den Werkzeugen wissenschaftlicher Pionierarbeit, arbeiten müssen.

Empirische Forschung über Masturbation — wenn diese Forschung heute betrieben wird — ist nur dann nützlich, wenn wir die Einschränkungen, die durch ihre Verschmelzung mit bestimmten sittlichen Normen bedingt sind, mit einkalkulieren.

Die meisten Menschen, die masturbieren, empfinden sich als wenig attraktiv und nichtswürdig. Unter dem Druck sozialer und verinnerlichter sozialer Tabus (»Gewissen«), empfindet der Masturbator Scham (»Wenn Sie das wüßten!«) oder Schuldgefühle (»Ich bin schlecht«). Er wagt es nicht, sich dem Menschen, den er insgeheim liebt, zu nähern. »Ich bin ein dreckiger Kerl; sie ist viel zu gut für mich«, könnte sein Gefühl sein. Oder er könnte eine »Saure-Trauben«-Reaktion haben: »Ich brauche sie nicht — wenn ich mich selbst befriedige, kann ich tun und träumen, was ich will, und bin von niemand abhängig.«

In seinem Aufsatz über Masturbationsphantasien stellte Jule Nydes im *American Journal for Psychotherapy* fest, daß Masturbatoren, die Schamgefühle haben, in der Therapie bessere Heilungsaussichten haben als jene, die keine Scham empfinden. Ich bin geneigt, das nicht als eine Reflexion über Masturbation als solche, sondern über Masturbation in einer Sexualität und Masturbation tabuisierenden Kultur zu interpretieren. »Normal« ist, daß man sich mit der kollektiven Moral identifiziert und sie in sein eigenes Gewissen integriert. Der scham-lose Masturbator von heute ist daher meist der schizoide, psychotische oder psychopathische Patient, der sich kulturellen Normen entzieht. Solche Menschen könnte man mit Kriminellen vergleichen, die das Gesetz aus Eigennutz brechen und nicht, weil sie das Gesetz für ungerecht halten. Ein Mensch, der die Masturbation als richtig und nützlich ansähe, würde auf eine Änderung sozialer Einstellungen, Sitten und Gesetze hinarbeiten. Er wäre eher so weit, die Praxis eines Psychotherapeuten zu verlassen als sie aufzusuchen.

Die Psychologen stimmen darin überein, daß Körper und Geist untrennbare Aspekte des Menschen sind. Sie sind sich auch einig darüber, daß man seinen Nächsten nur lieben kann, wenn man sich selbst liebt. Warum sollten wir also denken, die sexuelle Befriedigung mit einem Partner würde durch sexuelle Selbstbefriedigung gefährdet? Und doch ist es genau das, was wir annehmen, weil wir anscheinend unfähig sind, den alten Gedanken, daß Masturbation letzten Endes etwas Schlechtes ist, über Bord zu werfen.

Oder wir kommen durch gewisse Gedankenakrobatik zu der Überzeugung, daß Masturbation für Kinder und Jugendliche in Ordnung ist, für Erwachsene aber nicht. Wir können aber nicht sagen, daß die Ich-Liebe aufhört, wenn die Du-Liebe reift. Kinder hören nicht auf zu weinen, wenn sie reden können. Sie hören nicht auf zu gehen, wenn sie laufen können. Sie hören nicht auf, nach Anerkennung zu streben, selbst wenn sie das Bedürfnis der Gesellschaft nach gut getaner Arbeit verstanden haben. Die Schwerpunkte verschieben sich im Laufe des Lebens; aber *nicht alles, was das Kind tut, ist kindisch.*

In seinem Aufsatz vertritt Nydes die Ansicht, die allgemein verbreitete Auffassung, der Weg von der Masturbation zum Wahnsinn sei nicht weit, enthalte »ein Körnchen Wahrheit«, wenn man an die »nahezu psychotische Erfahrung« der Masturbationsphantasien und ihre halluzinatorische Macht denke. Stimmt es, daß solche Phantasien »die Anpassung an die Realität gefährden«? Ist die halluzinatorische Macht von Masturbationsphantasien eine »nahezu psychotische Erfahrung«?

Die Fähigkeit zu phantasieren ist ebenso real wie unsre Fähigkeit zu essen. Ein Haus, in dem man wohnen kann, mag wichtiger erscheinen als ein Traumschloß — aber sogar das Haus, in dem wir wohnen, war ein Traumschloß, bevor wir es gebaut haben. Wirklichkeitsfremd oder schlecht angepaßt ist nicht derjenige, der an Phantasien (sogar solchen von halluzinatorischer Kraft) Vergnügen findet, sondern derjenige, der nicht zwischen Phantasien und der realen Welt unterscheiden kann. Normal und wohl angepaßt und durchaus nicht wirklichkeitsfremd ist der Maler, der mit Ölfarbe und Leinwand einen Apfel schafft; er wäre erst dann verrückt, wenn er versuchen würde, ihn aufzuessen. Normal ist der Mann, der sich, während er masturbiert, in seiner Phantasie eine Aphrodite erschafft; er wäre verrückt, wenn er seinen Freunden erzählen würde, daß Aphrodite letzte Nacht den Olymp verlassen hat, um mit ihm das Bett zu teilen. Gewollte Masturbationshalluzinationen sind dem Wahnsinn nicht näher als die Bewußtseinstrübung im Orgasmus beim Geschlechtsverkehr. Die Grenze zwischen psychotischen und normalen Phantasien oder zwischen Bewußtseinsverlust und -kontrolle besteht darin, ob sie absichtlich und akzeptiert und zeitlich begrenzt oder ob sie unabsichtlich und unbegrenzt sind. Die Tatsache, daß wir weinen können, wenn wir traurig sind, macht uns nicht zu kleinen Kindern; die Tatsache, daß wir bei der Masturbation Halluzinationen haben können, macht uns nicht verrückt.

Ich sehe das Körnchen Wahrheit in dem allgemein verbreiteten Glauben, daß der Weg von der Masturbation zum Wahnsinn nicht weit ist, nicht in der »nahezu psychotischen Erfahrung der Masturbationsphantasien« (wie Jule Nydes), sondern auf einer anderen, symbolischen Ebene. Onan, die biblische Gestalt (von dem der Begriff »Onanie« für Masturbation hergeleitet ist), sollte nach dem Tode seines Bruders seine Schwägerin heiraten und »seinem Bruder Nachkommen schaffen«. Er wußte, daß »die Nachkommenschaft nicht die seine sein würde, und es geschah, als er dem Weibe seines Bruders beiwohnte, daß er seinen Samen auf die Erde ergoß«. Seine Sünde war nicht, wie oft interpretiert wird, die Masturbation als solche, sondern sein Ungehorsam gegenüber dem Gesetz und seinem Bruder, seiner Schwägerin und Gott.

Alles Leben ist Funktion. Die höheren Funktionen des menschlichen Lebens sind schöpferisch. *Die Hauptsünde im Leben ist daher die Nicht-Erfüllung.* Wo Funktion sein sollte, ist Vergeudung. Ich kann mir kein schöneres oder tieferes Symbol für Vergeudung vorstellen, als das Bild des Onan, der seinen Samen auf die Erde ergießt, anstatt mit dem Weib, das ihm Gott gab, ein Kind zu zeugen. Die irrtümliche Gleichsetzung von Coitus interruptus und Masturbation im Begriff »Onanie« macht deutlich, daß nur eine symbolische Interpretation adäquat ist, denn dann spielt es wirklich keine Rolle, auf welche Weise der Samen vergossen wurde.

Ich sehe darum das »Körnchen Wahrheit« der verbreiteten Auffassung, es bestehe ein Zusammenhang zwischen Wahnsinn und Masturbation, in deren symbolischer Bedeutung. Leben ist Funktion. Nicht zu funktionieren, sondern zu vergeuden, ist Sünde gegen Gott, der will, daß alles Lebendige neues Leben schafft. Gottes Strafe für eine Vergeudung des Lebens, für Sünde, ist der Wahnsinn (siehe die enge Verbindung zwischen Sünde und Wahnsinn in der Literatur, z. B. Lady Macbeth, Gretchen im *Faust*, Nebukadnezar usw.).

Wir sagten, daß es verrückt sei, die nicht greifbare Welt der Phantasie und der Symbole fälschlicherweise für die greifbare, reale Welt zu halten (Beispiel: der verrückte Maler, der versucht, den Apfel, den er gemalt hat, zu essen). Onan, der reale Mensch, hat genug Zeit und Kraft, unzählige Kinder zu zeugen, selbst wenn er den Samen auf die Erde ergießt. Wir würden keine Sekunde lang zweifeln, wie ein Mann einzuschätzen sei, der darüber weinen und klagen würde, daß sein Land verloren sei, wenn die Flagge auf seinem Dach vom Wind zerrissen wurde. Wie haben wir uns selbst einzuschätzen, wenn wir darüber klagen, daß die heterosexuelle Orientierung Erwachsener in Gefahr ist, wenn Onan seinen Samen auf die Erde ergießt?

Masturbation, sagten wir, kann eine zusätzliche Erfahrung und Befriedigung sein und auch als solche gewollt sein, wahrscheinlich für Männer mehr als für Frauen. Der Mann, der masturbiert — vom mechanischen Aspekt einmal abgesehen — erschafft in seinem Geist Phantasien, die, da sie von einer realen körperlichen Erfahrung begleitet sind, die Tendenz haben, halluzinatorische Macht zu gewinnen, wie Jule Nydes feststellte. Wie auch immer seine Phantasien aussehen mögen — die Bewegungen des Mannes sind mit den Bildern seines Geistes koordiniert. Seine körperliche Aktivität ist in dem Augenblick am größten, in dem seine Phantasie den Höhepunkt erreicht hat. Wenn die Bilderwelt sehr lebhaft ist, sind das Gefühl der Potenz und die orgastische Ejakulation durchaus mit dem vergleichbar, was Männer beim Geschlechtsverkehr erleben.

Eine Frau masturbiert unter weniger günstigen Bedingungen. Anatomisch gesehen braucht sie geschickte Hände und eine allgemeine Flexibilität, um eine bequeme Lage zu finden. Gefühlsmäßig geht dem Orgasmus bei der Frau eine kurze Periode voraus, die wir als »Nachgeben« bezeichnen könnten. Während das Vorspiel aktiv sein kann, folgt der Höhepunkt meist erst auf ihr Nachgeben gegenüber ihren Empfindungen und der Erwartung des orgastischen Geschehens. Der Orgasmus selbst ist eher mit passiver Empfänglichkeit als mit aktiver Bewegung verbunden.

Beim Geschlechtsverkehr treffen Erwartung und Höhepunkt der Frau mit der Aktivität des Partners zusammen. Bei der Masturbation muß die manuelle oder zumindest die Phantasie-Aktivität noch zu einem Zeitpunkt weitergehen, wenn der Wunsch bereits »Nachgeben« ist. Für Frauen ist das Erlebnis des masturbatorischen Orgasmus deshalb mehr ein Ersatz als ein Äquivalent für den Orgasmus beim Geschlechtsverkehr.

Die Masturbation kann aber auch bei beiden Geschlechtern gleichermaßen als bloßer Ersatz für Geschlechtsverkehr betrachtet und erlebt werden. Wenn kein auserwählter oder begehrenswerter Partner da ist, wird oft die Masturbation zufälligen sexuellen Beziehungen oder der Abstinenz mit ihren häufigen Begleiterscheinungen wie z. B. Reizbarkeit oder depressiver Stimmung vorgezogen. Krieg, Inhaftierung, Krankheit, soziale Vereinsamung usw. können Gründe für eine solche »faut-de-mieux«-Masturbation sein.

Die sexuellen Bedürfnisse Erwachsener können auf unterschiedliche Weise befriedigt werden. Alle Lösungen enthalten gleichzeitig Elemente des Spiels mit sich selbst und der Selbstliebe sowie Elemente des Spiels mit dem Objekt und Objekt-Liebe. Ein Mensch, der nach innen schauen und fühlen kann: »Es ist gut, daß ich bin«, kann leicht auch den Partner

anschauen und empfinden: »Es ist gut, daß es dich gibt.« Wie wäre es denn möglich, »daß ich, wenn meine Hand gefühllos und mein Herz kalt beim Berühren meines eigenen Körpers ist, ohne Schwierigkeiten meine Hände und mein Herz dir zuwenden kann?«
Es ist oft festgestellt worden, daß der Masturbator sich vom »Objekt« zurückzieht, weil er sich unzulänglich fühlt, und zur Selbstbefriedigung Zuflucht nimmt, bei der er nicht scheitern kann. Die Autorin bestreitet nicht, daß es Masturbation als neurotische oder psychotische Flucht vor der Partnerschaft gibt. Eine solche Masturbation kann jedoch nicht als Erfüllung erlebt werden. Der neurotischen und psychotischen Persönlichkeit fehlt die grundlegende Selbst-Bejahung, die für jede Art sexueller Befriedigung notwendig ist. Der neurotische oder psychotische Masturbator, der vor der Partnerschaft beim Geschlechtsverkehr zurückscheut, zieht es vor, unter *Selbst*-Ablehnung zu leiden, statt zusätzlich die eingebildete oder tatsächliche Ablehnung durch einen andern Menschen zu erfahren, die sein Gefühl der Nicht-Annahme und Verzweiflung verdoppeln würde.
Ich habe bisher noch keinen Menschen analysiert, der durch Masturbation voll befriedigt wurde und nicht gleichermaßen beim Geschlechtsverkehr volle Befriedigung gefunden hätte. Der zwanghafte (unfreie) Masturbator, der sich nicht nur zum Vergnügen selbst befriedigt, sondern der versucht, seine Selbst-Achtung wiederzuerlangen, gewinnt nicht mehr Lust aus der Masturbation als der zwanghafte Don Juan aus dem Geschlechtsverkehr.
Versagen kann man sowohl bei der Masturbation als auch beim Geschlechtsverkehr. Physisches Unvermögen zu Erregung und Entspannung, emotionale Farb- und Kraftlosigkeit der Phantasie und Liebe sind Begleiterscheinungen im sexuellen Leben des gestörten Menschen, sowohl bei der Masturbation als auch beim Geschlechtsverkehr. Das Versagen eines Mannes wird dadurch verdoppelt, daß er nicht nur seinem eigenen Körper gegenüber gefühllos ist, sondern auch gegenüber dem Körper der Partnerin. Und das steht stets mit Empfindungslosigkeit auf anderen Ebenen im Zusammenhang. Aber eigentlich ist es ein und dasselbe Versagen: sich nicht dem Erlebnis von Empfindungen und Liebe hingeben zu können. Er hat als Kind seine Lektion im Neinsagen gelernt: »nein« dazu, seinen Körper zu berühren; »nein« dazu, sich selbst zu lieben; »nein« dazu, einen andern Menschen zu berühren; »nein« dazu, einen andern Menschen zu lieben; »nein« dazu, einen andern Menschen und die Welt drumherum wahrzunehmen, zu umarmen, zu lieben.
Bei Geschlechtsverkehr und Masturbation kann die äußere, körperliche Situation aus emotionaler Sicht völlig ins Gegenteil verkehrt sein. Beim

Geschlechtsverkehr können sich die Partner gegenseitig als Masturbationswerkzeuge benutzen. »Ich könnte genausogut irgendein Fremder sein«, sagt er. Und die Macht der »Masturbationsphantasien« während des Geschlechtsverkehrs können den Ehemann in den ersten Mann verwandeln, den sie geliebt hat, während er sein solides New Yorker Haus und seine Frau in seiner Phantasie in ein Teehaus und eine Geisha verwandelt. So können sie sich in ihren Phantasien, während sie miteinander zum Orgasmus kommen, existentiell auslöschen.
Andrerseits kann die Masturbation als etwas erfahren werden, was nach Erfüllung mit einem wirklichen Partner strebt. Emotional käme dabei folgendes zum Ausdruck: »Während ich die Sehnsucht und Leidenschaft meines Körpers spüre, bin ich sicher, daß es die/der Geliebte ist, nach der/dem ich mich sehne; und die Macht meiner Phantasien kann vielleicht meine einsame Sehnsucht in das Glück einer Umarmung verwandeln.«
Wir müssen zur Kenntnis nehmen, *daß es asozialen Geschlechtsverkehr und soziale Masturbation gibt.* Die emotionale Ausrichtung eines Menschen entscheidet also über seine sexuelle Anpassung und seine Liebesfähigkeit — nicht die Richtung, in die er seine Hände bewegt, oder die Lebhaftigkeit seiner Phantasie.
Wenn unsre Überlegungen uns nun zu dem Schluß bringen, daß Masturbation weder schädlich ist, noch eine unglückliche Entwicklungsphase darstellt, sondern daß sie eine durchaus befriedigende und nützliche Komponente des menschlichen Lebens ist, werden wir nicht nur unser Denken, sondern auch unsre Lehren als Therapeuten und Erzieher umorientieren müssen.

3

Gegenübertragung – ein psychoanalytisch-interaktioneller Workshop mit Psychoanalytikern*

Einleitung

In der Vergangenheit haben Psychoanalytiker immer deutlicher erkannt, wie wichtig es ist, daß sie sich ihrer Gefühle und Gegenübertragungsprobleme mit Patienten bewußt werden. Und doch scheinen sich — während Übereinstimmung über die Wichtigkeit der selbstanalytischen Entdeckung und Behandlung von Gegenübertragung herrscht — noch keine spezifischen Ausbildungsmethoden für diesen Zweck entwickelt zu haben.

Im Herbst 1955 veranstaltete ich einen experimentellen Workshop mit der Absicht, die Fähigkeit praktizierender Psychoanalytiker zum Aufdecken und Auflösen von Gegenübertragungserscheinungen zu erweitern. Das Experiment wurde unabhängig von einem Ausbildungsinstitut oder einer Organisation durchgeführt. Die erste Workshop-Gruppe kam durch die Anregung und den organisatorischen Einsatz meiner Kollegin Mildred Newman zusammen. Die Gruppe bestand aus acht jüngeren Analytikern und mir als Leiterin. Wir trafen uns alle zwei Wochen in meiner Praxis.

Bei jeder Sitzung trug ein Gruppenmitglied in freien Assoziationen ein Problem vor, hinter dem Gegenübertragungsschwierigkeiten vermutet wurden. Die Gruppe und die Leiterin fügten ihre eigenen Assoziationen, Bemerkungen, Fragen und Interpretationen zu dem besprochenen Fall hinzu, Ziel war es, den Konflikt des Analytikers zu analysieren, der dem Gegenübertragungssymptom zugrunde lag.

Dieser Workshop läuft nun schon in seinem vierten Jahr. Zusammenhang und Aufbau des Seminars sowie seine Techniken sind im Prinzip dieselben geblieben, mit Ausnahme solcher Änderungen, die sich durch größere Einsicht in Gruppenprozesse ergeben haben.

Die Gruppe trifft sich jetzt wöchentlich. Im Durchschnitt bleibt jedes

* Ich möchte allen Teilnehmern der Workshops meinen aufrichten Dank für ihren Mut und ihren Zukunftsglauben ausdrücken, die dieses Experiment ermöglichten, insbesondere aber Mildred Newman für ihre inspirierende Hilfe bei der Bildung der ersten Workshop-Gruppe. Historisch betrachtet war dieser Workshop der Anfang der TZI. M. Newman und B. Berkowitz schrieben 20 Jahre später Amerikas pädagogisch-therapeutischen Bestseller: »How to be your own best friend« (1975 hinzugefügte Anmerkung).

Mitglied ungefähr zwei Jahre in der Gruppe. Verglichen mit der Zusammensetzung der Gruppe zu Beginn der Workshops ist die gegenwärtige in bezug auf Alter, Erfahrungsniveau und Zeitpunkt des Anschlusses an die Gruppe heterogener. Der praktische Erfolg des Vorgehens und die sich daraus entwickelnden theoretischen Folgerungen scheinen darauf hinzuweisen, daß diese Methode für die Ausbildung und Entwicklung des Psychoanalytikers ein notwendiges zusätzliches nichtakademisches Werkzeug anbietet. Diese Überzeugung hat mich veranlaßt, diesen Aufsatz zu veröffentlichen.

Ursprüngliche theoretische Grundlagen des Workshop-Experiments

Gefühle als Werkzeug

Die gefühlsmäßigen Reaktionen des Analytikers haben dann eine Funktion, wenn sie ihm helfen, den Patienten zu verstehen. Die Gefühle des Analytikers begleiten die freifließenden Assoziationen und das Verhalten seines Patienten auf eine teilnehmende, empathisch mitgehende, jedoch subtile und »homöopathische« Weise. Freude, Traurigkeit, Angst und Hoffnung des Patienten finden im bewußten und unbewußten Erleben des Analytikers ihr stummes Gegenstück. Das aufmerksame, empathisch schweigsame Mitgehen mit den Gefühlen des Patienten ist das Rohmaterial, das die Fähigkeit des Analytikers anregt — aber nicht überfluten soll —, um dann zu denken, zu reflektieren, zu kombinieren, zu bewerten und zu entscheiden, ob und wann Fragen, Kommentare, Interpretationen von Widerständen oder Inhalten angebracht und von Nutzen sein könnten (A. und M. Balint, 1939; Heimann, 1950; Reik, 1949).
Der Analytiker erlebt auch emotionale Reaktionen, die nicht auf diesem empathischen Mitgehen mit dem Patienten beruhen, sondern auf seinen persönlichen Reaktionen auf das Verhalten des Patienten. Solche Reaktionen können vom Patienten provoziert werden. Der Patient mag z. B. die Wut des Analytikers aufstacheln wollen, um seine eigene kindische »Schlechtigkeit« zu beweisen oder um Macht auszuüben, indem er das Verhalten des stets geduldigen Analytikers zum Zusammenbruch zu bringen versucht, das er vielleicht als autoritäre Überlegenheit erlebt. Der Analytiker mag dann tatsächlich die Wut in sich hochsteigen fühlen. Solange jedoch eine solche Wut die Fähigkeit des Analytikers, die Beweggründe des Patienten zu verstehen und dieses Verständnis im Interesse des Patienten zu nutzen, nicht trübt, ist seine emotionale Antwort funktional sinnvoll; denn ein Analytiker, dessen Emotionen oberflächlich oder hinter den »Stacheldraht der Neutralität gesperrt« wären, taugt

nicht für seinen Beruf. Emotionale Reaktionen, empathische sowohl als auch reaktive, sind die Quellen, aus denen der Analytiker die intuitive Kenntnis von seinen Patienten erhält, die dann erst durch theoretisches und technisches Wissen kanalisiert und geklärt wird (M. Balint, 1950; Reik, 1949; Winnicott, 1949).

Dagegen sind funktional sinnlose emotionale Antworten solche, die den Analytiker von seinem Patienten entfremden, anstatt ihn zu dessen innerer Welt zu geleiten. Solche entfremdeten und entfremdenden Gefühle haben verschiedene Gründe, etwa: extreme Diskrepanzen im kulturellen Hintergrund, Verschiedenartigkeit der Persönlichkeitsstrukturen oder der Wertsysteme von Analytiker und Patient. Es erscheint mir zweifelhaft, daß solche Verschiedenartigkeiten in allen Fällen auf Gegenübertragungsprobleme reduziert werden können.

Die meisten nicht-funktionalen emotionalen Antworten gut ausgebildeter Analytiker stellen jedoch zweifellos Gegenübertragungsstörungen dar. Das Wort »Gegenübertragung« hat viele Bedeutungen und Schattierungen. Es wird sehr verschieden benutzt (Lagache, 1953; Macalpine, 1950; Menninger, 1958). Ich benütze das Wort »Gegenübertragung« hier als die Übertragungsreaktion des Analytikers seinem Patienten gegenüber. Übertragungsphänomene sind verzerrte Vorstellungen und Reaktionen des Patienten gegenüber seinem Analytiker, die auf Fixierungen von Wahrnehmungen und Phantasien in der frühen Kindheit zurückgehen; sie standen im Dienste des Abwehrsystems des Kindes (Brody, 1955; Demarest und Teicher, 1954; Lagache, 1953). Gegenübertragung umfaßt auch die in die Behandlungssituation hineinprojizierten zurückgebliebenen Kindheitsfixierungen des Analytikers.

Obschon Gegenübertragung bereits einige Zeitlang als universales Phänomen beschrieben wird, akzeptiert die Berufsgruppe der Analytiker diese Tatsache nur langsam. *Es scheint leichter, sich in der Illusionswelt einer »abgeschlossenen Analyse« aufzuhalten und sich entsprechend zu verhalten, als die Tatsache anzunehmen, daß es bisher nicht gelungen ist, Analytiker ohne emotionale Störungen hervorzubringen.* Die Anerkennung dieser Tatsache würde nämlich voraussetzen, daß die Übertragungsvorstellung von der Unfehlbarkeit des Lehranalytikers aufgegeben wird. Die Schwierigkeit, dieses Stück getrübter Realitätswahrnehmung zu überwinden, ist wiederholt beschrieben worden (Benedek, 1954; Bernstein, 1958).

Wenn das Faktum, daß neurotische Widerstände und Übertragungen zurückbleiben, einmal akzeptiert wird, so muß der Prozeß der psychoanalytischen Behandlung eher als »Arbeit an« infantilen traumatischen Fixierungen und weniger als deren »Aufarbeitung« beschrieben werden.

Die Psychoanalyse führt zu einem fortschreitenden Abklingen emotionaler Wunden und Narben, jedoch nicht zu deren absoluter Auflösung. Mit solch realistischem Ansatz brauchen wir unsere verbliebenen neurotischen Züge nicht zu verstecken, sondern wir akzeptieren die Tatsache der unendlichen Selbst- und Gegenübertragungsanalyse als notwendiges Werkzeug aller Analytiker. Selbst wenn verbliebene Wunden und Narben praktisch unsichtbar zu sein scheinen, ist es doch unter funktionalem Aspekt sinnvoll, ihre Existenz als schwache Punkte in der Persönlichkeitsstruktur vorauszusetzen. Der Analytiker scheitert wahrscheinlich da, wo seine eigene traumatische Geschichte durch innere Konstellationen des Patienten in Bewegung gesetzt wird.

Es wird vorausgesetzt, daß Gegenübertragungen mit folgenden Faktoren in Beziehung stehen: 1. mit der Tiefe der ursprünglichen traumatischen Störungen des Analytikers; 2. mit dem Grad, in dem der Analytiker seine eigenen Widerstände und Übertragungsmuster erkennt und analytisch durchdringt; 3. mit den gelegentlichen Streß-Situationen seines persönlichen Lebens; 4. mit der psychischen Störung des Klienten, die, zufällig oder vom Klienten gewollt, die emotional schwachen Punkte des Analytikers reizt.

Da es für den Analytiker schwierig und notwendig ist, seine Gegenübertragungen zu erkennen, ist es geboten, Wege zu finden, wie man die selbstanalytische Fertigkeit zum Entdecken und Behandeln von Gegenübertragungen verbessern kann.

Die übliche Art, in Ausbildung stehende Analytiker mit Gegenübertragungsproblemen zu behandeln, besteht darin, Kandidaten wieder in die Eigenanalyse zurückzuschicken. Dies erscheint da angezeigt, wo die persönliche Analyse des Kandidaten dessen neurotische Fixierung nicht soweit reduziert hat, daß sie ihm hilft, die Sprache des Unbewußten und seine eigene psychodynamische Geschichte, seine Grundmuster der Übertragung eingeschlossen, wahrzunehmen und zu verstehen. Die Rückkehr in die Eigenanalyse ist jedoch keine Hilfe und kein Ersatz für eine Ausbildung im Aufspüren und Behandeln von Gegenübertragung. Die Hoffnung des Analytikers, alle Fertigkeit dadurch zu erreichen, daß er »wohlanalysiert« ist, ist ein magischer Glaube, den die Berufsgruppe fördert. Es ist offenbar einfacher, an das Wunder einer »abgeschlossenen Analyse« zu glauben, als die Tatsache zu akzeptieren, daß es bisher noch keinen Analytiker ohne Gegenübertragungsstörungen gegeben hat. Diese Wunschvorstellung steht in enger Beziehung zum Übertragungsglauben, der die allwissenden und allmächtigen Eltern-Figuren nun in die Robe des Lehranalytikers hüllt. Während es manchmal geboten ist, einzelne Kandidaten in die Analyse zurückzuschicken — wenn spezifische Gegenübertragungsreaktionen auftreten —, bleibt das Problem, wie man allgemein mit Gegenübertragung umgeht, ein gesondertes Thema. *Die persönliche Analyse hat ihren natürlichen und spezifischen ordnungsgemäßen Verlauf und kann prinzipiell nicht angewandt werden, um mit Gegenübertragungen bei einem bestimmten Patienten zu einem bestimmten Augenblick fertig zu werden.*

Die *Kontrollanalyse* kann und sollte ein Hauptwerkzeug bei der Verbesserung der Fähigkeit zu selbstanalytischem Umgang mit der Gegenübertragung sein. Der Kontrollanalytiker, der sich mit der Supervision des Analytikers beschäftigt, kann seine Aufmerksamkeit auf verschiedene Gegenübertragungsprobleme richten. Es scheint jedoch — wie John Gustin vor kurzem festgestellt hat (Gustin, 1958) — unter Kontrollanalytikern eine allgemeine Übereinstimmung zu geben, daß er die analytische Arbeit (welche die Behandlung der Gegenübertragung einschließt) dem persönlichen Analytiker überläßt. Eine solche Einstellung zwingt den Kontrollanalytiker zu einer unverantwortlichen Nachlässigkeit, da von ihm erwartet wird, daß er auf persönliche Haltungen oder unbewußte Motivationen weder anspielt, noch auf sie einwirkt, sondern sie der persönlichen Analyse des Kandidaten überläßt. Ein wesentlicher Vorteil der Gegenübertragungsbehandlung kontrollanalytischer Sitzungen liegt in der Tatsache, daß der Kontrollanalytiker eine kontinuierliche Kenntnis von seinem Kollegen und dessen Fall hat.

Der psychoanalytische Workshop über Gegenübertragung

Erste Voraussetzungen

Der experimentelle Entwurf des psychoanalytischen Workshops über Gegenübertragung beruhte auf folgenden Vorüberlegungen:

1. Gegenübertragung ist eine in der Wahrnehmung liegende und reaktive Störung in der Beziehung des Analytikers zu seinem Patienten, die auf verbliebene neurotische Fixierungen an Kindheitstraumata und an Entstellungen zurückgeht; deshalb müssen Gegenübertragungsstörungen psychoanalytisch behandelt werden.

2. Gegenübertragung ist für Analytiker (auf allen Stufen ihrer handwerklichen Fertigkeiten und Erfahrungen) ein universelles Problem (obwohl Häufigkeit und Stärke der Störungen mit zunehmender Tiefe der Eigenanalyse, der Erfahrung und der Geschicklichkeit in der Gegenübertragungsanalyse, sich zu verringern pflegen). Das Zögern des Analytikers, seine Gegenübertragungsprobleme zuzugeben, beruht auf der magischen und destruktiven Vorstellung, daß bei guten Analytikern keine neurotischen Abwehrhaltungen und Ängste übriggeblieben sind.

3. Die Behandlung von Gegenübertragung erfordert ein spezifisches Training, das neben der Analyse stehen und über sie hinausgehen muß. Es ist notwendig, daß der Analytiker in der Lage ist, funktional sinnlose emotionale Reaktionen auf einen Patienten oder eine Gruppe von Patienten zu jeder gegebenen Zeit aufzuspüren und zu analysieren.

4. Die Gegenübertragungsanalyse, die der Analytiker innerhalb einer Gruppe durchführt, kann ihn zum experientiellen Entdecken der Universalität und der Annehmbarkeit des Problems führen.

5. Eine Gruppe von Analytikern ist wie ein »vielköpfiger« Supervisor und hat wahrscheinlich viele hilfreiche Vorstellungen und Assoziationen zum Gegenübertragungs-Problem eines Kollegen. In einer Gruppe werden wahrscheinlich eher die gegenseitigen »blinden Flecke« vermieden, wie sie in manchen Situationen bei Kontrollanalytiker und Supervisand entstehen. Eine derartige Gruppe kann auf diese Weise die Arbeit des Kontrollanalytikers ergänzen. Er hat hingegen den Vorteil der eingehenderen Kenntnis eines bestimmten Kontrollanden und seiner Fälle.

In den Vorüberlegungen wurde die gruppentherapeutische Dynamik in der Behandlung von Gegenübertragungsproblemen nicht bewußt beachtet*.

Erste Falldarstellung und Entwicklung der Workshop-Methode

Bei der ersten Zusammenkunft im Herbst 1955 glaubte ich, daß die sinnvollste und bedeutsamste Erfahrung, die ich den jungen Kollegen vermitteln könnte, die spontane Analyse eines meiner eigenen von mir vermuteten Gegenübertragungsprobleme wäre, durch die ich mich als die Frau und die Analytikerin enthüllte, die ich wirklich war. Ich war überzeugt, daß die jüngeren Kollegen ihre Furcht überwinden würden, sich in Gegenübertragungsschwierigkeiten zu sehen und darzustellen, wenn sie eine erfahrenere Analytikerin auf der Suche nach ihren eigenen Gegenübertragungsreaktionen erleben würden. Die Vertraulichkeit der Inhalte von Workshop-Sitzungen hatten wir uns gegenseitig zugesichert.

Ich hatte bewußt vermieden, mich für einen spezifischen Fall vorzubereiten, da ich vermutete, daß die Vorbereitung einer Falldarstellung das Gegenübertra-

* Die Ausgestaltung und der Geist des Workshops waren jedoch durch mein gruppenanalytisches Training mit Asya Kadis (Kadis, 1956; 1958), Alexander Wolf, M. D. (Wolf, 1949 und 1952) und dem verstorbenen Samuel Flowerman, Ph. D. beeinflußt. Vor kurzem wurde über Trainingsgruppen mit verschiedenen Zielsetzungen und Methoden von Hyman Spotnitz, M. D. (Spotnitz, 1957), Thomas Hora, M. D. (Hora, 1957) und Lawrence Kubie, M. D. (Kubie, 1958) berichtet.

gungssyndrom verwischen könnte — ebenso wie ein Patient sich besser nicht auf psychoanalytische Sitzungen vorbereiten soll, da es den Prozeß eher stört als fördert*.

Fall: Irene war eine schizoide Frau, 52 Jahre alt. Ich hatte das Gefühl, daß irgendwas in meiner Haltung ihr gegenüber befremdlich war. Ich hatte jedoch nicht viel darüber nachgedacht, da ich mich mit der Patientin und ihrem therapeutischen Fortschritt wohlfühlte. Ich fragte mich — während ich zur Gruppe über Irene sprach —, warum ich diesen spezifischen Fall als Gegenübertragungsproblem gewählt hatte. Ich hatte einfach ein etwas merkwürdiges Gefühl von Fremdartigkeit.

Ich hatte die Patientin sehr vorsichtig behandelt. Ich erinnerte mich, daß ich geglaubt hatte, sie könnte durch eine psychotische Phase hindurchgehen, wenn ich Druck ausüben würde. Als ich zur Gruppe redete, fühlte ich mich unsicher. Es fiel mir ein, daß ich nicht ernsthaft hatte glauben können, daß Irene jemals zusammenbrechen würde. Sie war ihr ganzes Leben lang durch große Schwierigkeiten und Krisen gegangen, ohne psychotische Phasen zu durchleben. Hatte ich aus irgendwelchen Gründen meinen über-vorsichtigen Behandlungsstil mit der Patientin rationalisiert?

Irene war eine Chemikerin von Weltruf. Ich bewunderte ihren scharfen Verstand. Sie schien bei der Analyse ihrer Verhaltensweisen und ihrer tieferen Ursachen in meiner Gegenwart ebenso erfolgreich zu sein wie bei der Analyse chemischer Ingredienzen. Jeder Kommentar und jede Interpretation meinerseits schienen jedoch keinen Anklang bei ihr zu finden oder wurden von ihr augenblicklich widerlegt. Ich fühlte mich in meinen Sitzungen mit ihr wohl und überließ ihr die Führung. Irene assoziierte, kommentierte, interpretierte, stellte Fragen. Ich folgte ihrer Initiative. Sie war lebendig, brillant, interessant.

Je mehr ich zur Gruppe über Irene sprach, desto unwohler fühlte ich mich mit meiner Selbstaufgabe, meinem befremdlich abhängigen Verhalten der Patientin gegenüber, und meinen (jetzt offensichtlich werdenden) Rationalisierungen.

Irene kam aus einer wohlhabenden und kultivierten aristokratischen Familie. Ihre Kindheit war ein Leben in Etiketten, voll von sexuellen und gesellschaftlichen Tabus und leer an elterlicher Wärme. Später war sie selbst kalt — erfolgreich als Wissenschaftlerin, aber in

---

* Persönliche Daten von Analytikern und Patienten wurden geändert, um deren Identität zu schützen.

ständigen Auseinandersetzungen mit ihren Kollegen. Als Frau war sie frigide.

Ich beschloß, zum Thema »Irene« frei zu assoziieren (wie man zu einem Traum frei assoziiert). Gedanken über Irenes Leben, ihre Ausdrucksform, ihr Verhalten mir gegenüber, meine Gefühle während unserer Sitzungen, Erinnerungen, die sie in mir wachgerufen hatte, Gefühle, die ich mit ihr teilte oder mit denen ich nicht mitgehen konnte — all dies ging mir durch den Kopf und teilte ich der Gruppe sofort mit, zusammen mit anscheinend nicht dazugehörigen Bildern, Gefühlen und Gedanken.

Während ich so assoziierte, kam mir die zuhörende Gruppe langsam zum Bewußtsein. Ich blickte auf, sah die Gesichter der Kollegen, ihren gespannten Gesichtsausdruck, und ich fühlte das dringende Bedürfnis, etwas von ihnen zu hören, verstanden zu werden, eine Antwort zu bekommen. Ich »sog« ihren Gesichtsausdruck ein. Schließlich überflutete das Bewußtsein der Gruppe alle anderen Gedanken. Ich bat die Gruppe eindringlich, auf meine Problemlage zu reagieren — mir zu sagen, was mir mit dieser Patientin passiert war. Ich glaubte, daß die Gruppe alle Antworten für mich hätte — ich wollte zuhören, lauschen: Was würden sie sagen? Und ich hatte das Gefühl: »Sie wissen Bescheid.«

Die Gruppenmitglieder reagierten mit ihren eigenen persönlichen Assoziationen; ihre Aussagen wurden zunehmend spontan, frei und weniger zurückhaltend. Es gab auch Fragen, Vorschläge, Interpretationen. Trotz meines Gefühls, daß »sie Bescheid wüßten«, wog ich im Geiste das, was mir entgegengebracht wurde, geschwind und sorgfältig ab. Ich antwortete, indem ich akzeptierte oder zurückwies, was gesagt worden war, bis das ständige Anwachsen von Bewegung, Aufregung und Spannung sich in einem plötzlichen Geistesblitz emotionaler Erkenntnis entlud:

Ich hatte Irene so erlebt, wie als Kind meinen Vater: überlegen, einsam-zurückgezogen, wissend. Alles, was ich tun konnte, während Irene bei mir saß, war: demütig zuhören — so wie ich neben meinem Vater auf einem kleinen mexikanischen Stuhl gesessen und in ruhiger Zufriedenheit zugehört hatte. Ich lebte in dem Gefühl, daß er ja alles wisse — aber auch in Verzweiflung über seine Distanz mir gegenüber, während er den Menschen, von denen er sprach, nahe zu sein schien: den erwachsenen Menschen und ihren Angelegenheiten.

Ich spürte, wie sich in der Gruppe und in mir die Spannungen lösten. Das Erlebnis blieb mir tagelang gegenwärtig. Ich sah die Gesichter meiner jungen Kollegen wieder vor mir, wie sie gespannt zuhörten und ganz eifrig und bereit waren, mir zu helfen. Ich hörte ihre Assoziationen, Kommentare, Interpretationen — ich erlebte die zunehmende Beschleunigung und Bewegtheit wieder, meine sekundenlange »Leere«, meine Hilflosigkeit, als ich die Gruppe ansah, und die plötzliche Lösung.*

Ein Gefühl der Dankbarkeit für die Gruppe blieb in überwältigender Weise im Vordergrund meines wiederholten Nacherlebens der Sitzung: Acht Menschen hatten mir ihre Fähigkeit zu verstehen und ihren Wunsch zu helfen geschenkt — acht Menschen hatten mich verstanden und mir geholfen!

Zu Beginn der nächsten Sitzung untersuchten wir sowohl die Reaktionen der Gruppenmitglieder weiter als auch die jener Sitzung folgende Stunde mit der Patientin. Die meisten Gruppenmitglieder äußerten den Wunsch, eine ähnliche Falldarstellung zu versuchen. Sie waren sehr erleichtert, daß auch die Leiterin der Gruppe Gegenübertragungsprobleme hatte, diese zugab und daß ihr durch die Gruppe erfolgreich geholfen werden konnte. Die Mitglieder äußerten sich auch zu der Freude, die sie daraus bezogen hatten, »in das arbeitende Hirn eines anderen Menschen schauen zu können«, und sie sprachen von »einem Gefühl des Vereintseins mit Kollegen im gleichen Boot« und der Möglichkeit, »gemeinsam auf abenteuerliche Suche zu gehen«. Einige fürchteten sich auch: »Ich würde nie in der Lage sein, mich so frei wie Sie zu verhalten«, oder »Ich würde den Mut nicht dazu haben«.

Meine Gegenübertragungsstörung gegenüber meiner Patientin war von dieser Sitzung an verschwunden. Ich arbeitete systematisch an den Widerständen der Patientin und stellte ein Gleichgewicht zwischen Deutungen und unterstützenden Techniken her, wie es mir für den Fall als angemessen erschien, ohne mich dabei in bedeutungslose Passivität zurückzuziehen.

Die grundlegende Arbeitsmethode im Workshop war durch den Erfolg

* Dieses Erleben — daß, wenn alles gesagt worden ist, eine Leere entsteht — nannte Perls »impasse« (Sackgasse), als er es im Prozeß der Gestalttherapie entdeckte. Daraus — so Perls — ergibt sich »organismic change« (psychobiologischer Wandel). Dieses Leere-Phänomen am Ende jeder Gegenübertragungsdarstellung in freien Assoziationen wurde mir zum Wegweiser der Gegenübertragungsauflösung; als ich Perls' Arbeit (etwa 10 Jahre später) kennenlernte, wurde mir der Gestalt-Aspekt der Gegenübertragungsauflösung klar (1975 hinzugefügte Anmerkung).

der ersten Fall-Darstellung entstanden. Seit dieser Zeit stellt in jeder Sitzung irgendein Mitglied der Gruppe in freier Assoziation ein Gegenübertragungsproblem, das er bei sich vermutet, vor. Gruppe und Leiterin schließen sich dem Vortragenden mit den eigenen Assoziationen, Kommentaren, Fragen und Deutungen an, die sie sowohl zum Analytiker als auch zu seinem Fall haben. *Das Ziel ist, die irrationalen Bindungen des Analytikers, die den Gegenübertragungssymptomen zugrunde liegen, in dem Maß zu analysieren, wie es für eine funktionierende Arbeitsbeziehung erforderlich ist.* In den Gruppensitzungen wird niemand aufgefordert, keiner bereitet sich vor. Normalerweise möchten ein oder mehrere Analytiker gleichzeitig gerne eine Situation vortragen, in der Gegenübertragungsphänomene vermutet werden. Das Mitglied, das im Augenblick durch einen Fall am meisten belastet erscheint, erhält gewöhnlich das Startzeichen der Gruppe und »fängt an«. Manchmal wird ein stilleres Mitglied gebeten, über einen Fall oder die Gründe seines Schweigens zu reden. Die Spontaneität der Wahl des jeweiligen Falles ist ebenso wichtig wie die Spontaneität der Falldarstellung selbst. Was gesagt oder ausgelassen wird, womit angefangen oder gezögert wird — solche Einzelheiten sind wesentliche Hinweise auf der Suche nach einem Verständnis von Gegenübertragungsphänomenen.

Fallbezogene Übertragungen

Der Analytiker stellt sich und seinen Patienten in der analytischen Interaktion durch freie Assoziationen über und um das Thema dar: »Ich denke oder fühle, daß mich im Zusammenhang mit dem Patienten etwas bei seiner Behandlung stört«. Gewöhnlich hört die Gruppe aufmerksam oder schweigend eine Zeitlang zu. Dieses schweigsame Zuhören verhilft der Gruppe zu einer gewissen Kenntnis und zu einem »Gespür« für die Situation; es fördert auch fallbezogene Übertragungsprojektionen. (Wenn du gar nichts sagst, mache ich mir eine Vorstellung, was du denken oder fühlen *könntest*. Ich bilde mir ein Urteil darüber, wie du denkst oder fühlst, entsprechend meiner Wahrnehmung von dir; auch Phantasien können durch meine Übertragungsillusionen beeinflußt werden oder auf ihnen beruhen.)
Der Analytiker, der sein Gegenübertragungsproblem in freien Assoziationen der Gruppe vorträgt, verwandelt die schweigende Gruppe stets in »die Schauspieler seines Übertragungs-Schauspiels«. Sein Kindheitskonflikt, der in der Behandlungssituation unbewußt auf den Patienten (gegen-)übertragen wird, wird nun auf die Gruppe projiziert. Fallbezogene Übertragungsmuster sind nicht repräsentativ für die generelle Haltung des Analytikers gegenüber der Gruppe; umgekehrt spiegeln die

Reaktionen der Gruppe auch nicht das generelle Gefühl gegenüber dem Analytiker wider. Die fallbezogenen Übertragungsmuster sind gebunden an die Falldarstellung selbst und die Reaktionen der Gruppenmitglieder auf sie. *Das gefühlsmäßige Erleben der fallbezogenen (temporären) Übertragungssituation und ihre Analyse führen zur Auflösung der Gegenübertragung.*

Die psychodynamischen Interpretationen über den Patienten oder den Analytiker sind gewöhnlich nur wirksam, wenn sie in der Übertragungssituation in der Gruppe wiedererlebt werden.

Im Fall Irene trat folgende fallbezogene Übertragung auf:

Als ich »Irene« vortrug, erlebte ich während meines Vortrages, wie ich »blockierte«. Ich war unfähig, das analytische Suchen fortzusetzen und schaute in die Runde, in die Gesichter der Gruppenmitglieder. Mein Suchen nach dem Gefühl, daß »sie (die Gruppenmitglieder) Bescheid wissen«.

An dieser Stelle wurde die Gruppe zur »Übertragungsleinwand«, auf die ich mein Gegenübertragungsproblem projizierte. Ich hatte es Irene jeweils überlassen zu bestimmen, welchem Material sie nachgehen wollte und wann Interpretationen angebracht waren. Ich war mir meiner Gegenübertragungsverzerrung, die ich folgendermaßen ausdrücken möchte, nicht bewußt: »Irene weiß alles. Deshalb braucht sie meine Führung nicht. Ich überlasse sie ihr.« Die Gefühle, die ihren Ursprung in zurückgebliebenen Bindungen an mein Vaterbild hatten, projizierte ich nun auf die Gruppe in Gestalt des mich blockierenden Übertragungswiderstandes: »Sie wissen Bescheid«.

Die Gruppenmitglieder weigerten sich, die Rolle zu akzeptieren, die meine Projektion ihnen abverlangte. Sie begegneten meiner Verzerrung mit realistischen Haltungen. Sie zeigten mir, daß sie »nichts wüßten«, aber sehr bereit waren, mir bei der Lösung meines Problems zu helfen. Ich reagierte auf diese echte Hilfe, indem ich meinen sekundären Vorteil aufgab, den ich aus der Aufrechterhaltung des allwissenden Vaterbildes, des großen Wissenden bezog, der nun durch Irene personifiziert wurde.

Zu unserer großen Überraschung erschienen nicht nur die Probleme des Analytikers in der Interaktion von Gruppenmitgliedern. *Durch quasi-osmotische Prozesse werden auch ständig die Gefühle und Probleme des Patienten durch die Gruppe oder einige Gruppenmitglieder widergespiegelt oder ausagiert**.

---

* Thomas Hora berichtete inzwischen über ähnliche Beobachtungen im Zusammenhang mit der Einzel-Supervision: Der Supervisand kann sich vielleicht —

In Irenes Fall spiegelten die Stimmung der Gruppe und die eifrige analytische Suche die Persönlichkeit und den Hauptwiderstand dieser Frau auf recht genaue Weise wider. Ihr Bedüfnis, zu entdecken statt entdeckt zu werden, war ihr Bollwerk gegen die elterlichen sexuellen und sozialen Tabus. Das hatte ihren Erfolg auf dem Gebiet der Forschung gefördert, aber auch die Einsamkeit dessen, »der nicht entdeckt werden will«, verstärkt. Die Patientin hatte die Gegenübertragung ihrer Analytikerin dadurch gefördert, daß sie mit den verschiedensten Mitteln »forderte«, ihren Widerstand intakt zu lassen. Die Entschädigungen, die die Analytikerin aus der Gegenübertragung, einen »machtvollen Vater« zu haben, bezog, wurde durch die wiederholt beteuerte Zurschaustellung analytischen Fortschritts ergänzt, den Irene selbst der »hervorragenden Technik, ihr freien Lauf zu lassen«, zuschrieb. Die Gruppe hingegen, die sich mit Irenes Forschergeist identifizierte, gebrauchte ihre reflektierende Kraft, um den Übertragungs-Gegenübertragungs-Kreislauf zu durchbrechen.

Gruppenmitglieder verhalten sich nicht so, wie sie sich in der psychoanalytischen Behandlungssituation verhalten würden, sie wägen ihre Antworten zeitlich und inhaltlich nicht ab, *sondern reagieren spontan entweder als »Ko-(Selbst-)Analytiker«* (»Ich behandle dein Problm so, als ob es meines wäre«) oder als *»Ko-Mitglieder einer psychoanalytischen Gruppe«* (»im Augenblick rührst du meine Gefühle an — in dieser oder jener Art«).

Als Ko-(Selbst-)Analytiker vermitteln die Gruppenmitglieder dem in Schwierigkeiten befindlichen Analytiker ein erweitertes Reservoir unbewußten und bewußten Materials sowie ein »Beistands-Ich«. Die numerische Verstärkung an bedeutsamem Material und die Vielfalt analytischer Fertigkeiten vermehrt die Erfolgschancen der Gegenübertragungsbehandlung.

Als Teilnehmer an dem analytischen Workshop begleiten die Gruppenmitglieder den betreffenden Analytiker nicht nur in seiner beruflichen Suche, sie begegnen ihm auch mit ihren persönlichen Gefühlen, Neigungen und Idiosynkrasien. Wenn einem Gruppenmitglied durch den

---

insbesondere unter Komplexe oder Angst hervorrufenden Umständen — unbewußt »mit dem Patienten identifizieren und verhält sich ungewollt in einer Weise, die im Kontrollanalytiker genau diejenigen Gefühle auslöst, die er selbst erlebte, als er mit Patienten arbeitete, die er aber unfähig war, sprachlich mitzuteilen ...« (Hora, 1957). Meine Kollegin, Marie Coleman, teilte mir mit, daß in der Trainingsgruppe von Hyman Spotnitz (Spotnitz, 1957) ähnliche Phänomene beobachtet worden seien.

Analytiker eine illusionäre Übertragungsrolle zugeschrieben wird, so schreitet dieser mit seiner vollen, persönlichen wirklichen Gestalt durch die neblige Übertragungsleinwand hindurch. Die Zuordnung einer Übertragungsrolle kann jedoch auch bei dem betreffenden Ko-Analytiker als Ventil für seine eigenen Einbildungen Anklang finden (z. B. ein älterer beschützender Bruder zu sein) und er kann dementsprechend reagieren.

Ein anderes Gruppenmitglied identifiziert sich unter Umständen mit dem Patienten und nicht mit dem Analytiker und reagiert entsprechend. Die Situation wird noch komplizierter, wenn dann auch die Gruppenmitglieder auf den darstellenden Analytiker oder seinen Patienten mit ihren eigenen Gegenübertragungs-Reaktionen antworten.

Das verschlungene Muster der Beziehungen zwischen dem darstellenden Analytiker, der »Stimme des Patienten« und den Gruppenmitgliedern wird vom Zweckbewußtsein der Gruppe zentral koordiniert. Der Zweck liegt darin, das Gegenübertragungsproblem des Analytikers zu verstehen, um das Gleichgewicht in der Behandlungssituation wiederherzustellen.

Es lassen sich verschiedene Arten von Gruppenreaktionen unterscheiden. Sie sollen durch die folgenden Auszüge aus Tonbandaufnahmen veranschaulicht werden, die die Einsicht des Analytikers in eine spezifische Gegenübertragungssituation fördern.

1. Gruppenmitglieder versuchen als Ko-(Selbst-)Analytiker, bedeutsames Material über den Patienten und den Analytiker herauszufinden.

Im folgenden Beispiel führten auf Informationen ausgerichtete Fragen die Analytikerin (Anne) zu einer klareren Eingrenzung des Gegenübertragungsproblems, obwohl sie den Fragen in defensiver Weise auswich. Achten Sie darauf, wie in dem folgenden Absatz die Einsicht fortschreitet von einem »Ich weiß nicht, wozu der Patient kommt« zu einem »Ich glaube, daß ich ihm nicht helfen will«.

> Anne: ». . . er ist achtundzwanzig. Er kommt nur einmal die Woche. Er arbeitet auf einen Doktorgrad hin, aber es ist ihm eigentlich gleichgültig. Er ist in ganz guter Verfassung . . . Ich weiß nicht, wozu er die Therapie will . . . Er geht wie ein Baby mit vollen Windeln . . . Sieht aus nach Neu-England, rigide . . . Ich *höre* jedes Wort, das er sagt, aber ich *fühle* es nicht . . . Er ist immer so weit weg, sogar jetzt, es scheint, als ob er in Connecticut wäre, wo er lebt . . . Sein Hut und seine Pfeife sehen sonderbar aus . . . Ich habe Angst, ich bin weit weg von euch allen . . . Er sieht aus wie Leute, die ich kenne, ich weiß aber nicht, wie wer (erzählt aus seinem Leben, Vor-

fälle mit seinem Vater, den Vorfall mit einem Mädchen, das ihn der Notzucht beschuldigte). Ich glaube nicht einmal, was er sagt. Ich fühle mich so weit weg von ihm. Er ist wie ein Roboter ...«

Sharon: »Wie versuchst du, an ihn heranzukommen?«

Anne: »Ich kann überhaupt nichts tun, ich bin in Gedanken ganz woanders, obwohl ich alles höre, was er sagt ...«

Fay: »Was ist Neu-England in bezug auf ihn?«

Anne: »Wahrscheinlich nichts, ich fühle es einfach ...«

Sharon: »An wen erinnert er dich?«

Anne: »Nicht an irgend jemand, den ich kenne. Er sieht aus wie jedermann und niemand, einfach gewöhnlich ... rational, vernünftig ...«

Leiterin: »Was in ihm gibt dir das Gefühl, unnütz zu sein?«

Anne: »Je mehr ich sage, desto ängstlicher werde ich.«

Leiterin: »Du sagtest, er wolle Geige spielen, — er hat Wünsche, er ist nicht bloß ein Roboter?«

Anne: »Er will nicht mehr spielen, er will einfach Karriere machen.«

Leiterin: »Er gibt dir das Gefühl von Hoffnungslosigkeit, weil er die Hoffnung aufgegeben hat?«

Anne: »Er will jetzt viel öfter kommen.«

Max: »Er ist nett, in guter Verfassung, kann denken, aber seine Windeln darunter sind dreckig, und du weißt nicht, ob du ihn sauberer oder dreckiger machen solltest.«

Anne: »Wozu er auch immer kommen mag, ich will ihm in Wirklichkeit nicht helfen.«

2. *Als Ko-Mitglieder einer analytischen Gruppe reagieren die Gruppenmitglieder in persönlicher Weise auf das Verhalten des Analytikers, die Übertragungswiderstände eingeschlossen.*

Anne hat auf fast jeden Vorschlag mit »Ich bin weit weg von euch« und anderen negativen oder ausweichenden Reaktionen geantwortet.

Max: »Sie fühlt sich jedem überlegen und verhält sich herablassend uns gegenüber ... Ich habe ihr gegenüber ein ähnliches Gefühl wie sie gegenüber dem Patienten hat. Ich glaube ihr kein Wort.«

Richard: »Ich bin gerade mit etwas anderem beschäftigt, ich kann nicht zuhören.«

Margret: »Sie gibt mir ein Gefühl der Hilflosigkeit — ich kann ihr nicht helfen.«

Fay: »Ich denke über den Fall nach — etwas ist da mit dem Vater — aber nicht genug, um genügend Anhaltspunkte zu haben.«

Ernest: »Ich kann mit Anne mitgehen. Sie ist wirklich aufnahmebereit dem Patienten gegenüber, aber sie kann ihn nicht verstehen, weil sie die Gefühle des Patienten ausagiert.«

Leiterin: »Ich fühle mich Anne nah, als ob ich sie gegen ihn beschützen müßte. Sie könnte verbrennen, wenn sie ihm zu nah kommt. Ihre Lethargie erscheint mir unwirklich.«

Ernest: »Sie steht ihm näher als sie zugibt.«

Leiterin: »Ich fühle mich ihr näher, als sie uns sein läßt . . .«

Anne: »Ich spüre Wellen von ›alles in Ordnung‹ und äußerster Angst.«

Von diesem Zeitpunkt an geht Annes Gefühl der Distanz der Gruppe gegenüber zurück, während ihre Angst zunimmt.

3. Die Gruppenmitglieder antworten als Analytiker auf den zur Diskussion stehenden Patienten.

Die Klärung der Gegenübertragungssituation von Anne schreitet vom ursprünglichen »Ich weiß nicht, wozu er kommt« über das »Ich will ihm nicht helfen« zum »Ich will, daß du mir hilfst« fort.

Ernest: »Wie würde dein Patient aussehen, wenn du ihn von seiner Neurose befreien müßtest?«

Anne: »Er würde nicht denken; eine Art Tier ohne Körper; ohne Gesicht; er würde eine Million Arme haben, mit denen er um sich schlägt. Nicht gegen mich schlägt er, sondern von mir weg. Ich habe jetzt das Gefühl, daß ich meinen Kopf nicht mehr hochhalten kann; ich lasse ihn hängen. Ich bin so nervös . . . Science fiction . . . verrückt . . . unmenschlich . . .«

Ernest: »Ich habe einen Patienten, der in diese Struktur hineinpaßt . . . In den ersten paar Sitzungen war er witzig, er wirkte geistig solide, war rational, zu rational; kein Phantasie-Material, keine Träume, völlige Unfähigkeit zu freien Assoziationen . . . er wollte nicht wissen, was in ihm war. Er blieb lange Zeit auf der intellektuellen Oberfläche . . .«

(Assoziationen und Kommentare von der Gruppe)

Ernest: ». . . schließlich erinnerte sich der Patient, daß ein kleiner Junge einmal zu ihm sagte: ›Bobby, du bist eine geschlossene Nuß mit lauter klebrigem Zeug darin.‹ Mein Patient — als Achtjähriger — hatte das Gefühl, daß der Junge mitten in ihn hineinschaute . . . Er lebte in der Furcht, daß dieses klebrige Zeug herauskommen könnte . . . Als er schließlich an seine Phantasien herankam, waren sie genauso grausig und verrückt wie deine Phantasien über deinen Patienten . . . Felsen, die nach Menschen greifen . . . Frankenstein . . . all das unter der Maske der Normalität . . .«

Anne: »Ich bin mir all dessen bewußt ... Ich reagiere auf die tieferliegenden Phantasien des Patienten ... aber — ich will nicht den Fall vortragen, ich will mich selber zeigen« (Lies: Ich will, daß ihr mir helft.)

Anne kennt jetzt ihr Bedürfnis, selbst Hilfe zu bekommen, und, wie es ihr Bedürfnis, Hilfe für den Patienten zu erhalten, durchkreuzt. Durch diese Einsicht ist der Fortschritt, die traurige Lage des Patienten zu verstehen, weit weniger durch Widerstände gehemmt und geht schneller vor sich.

Anne: »Er ist aggressiv, ohne Ziel, bemüht sich nicht, an mich heranzukommen ... Ich glaube, Ernest sagt da schon etwas Richtiges — darunter liegt bei ihm etwas ... — er ist wie ein Baby, das sich anklammert, — er ist mir gegenüber so besitzgierig, daß ich ihn keine Minute lang alleine lassen könnte.«

Richard: »Du glaubst, daß du diesem Burschen nur helfen könntest, indem du auf ewig seine Mutter bist.«

Anne: »Ich kann ihm nichts geben.«

Max: (berichtet über ein Fernsehspiel, in dem der Sohn zu viel von seiner Mutter verlangt. Die Gruppenmitglieder reden über ihre eigenen Kinder und deren unmäßige Forderungen. Anne erzählt von ihrem zweiten Sohn, der bei der Geburt krank war und sie während seines ersten Lebensjahres ständig brauchte) ...

Ernest: »Warum meinst du, ihm gegenüber nicht zu genügen?«

Anne: »Ich *meine* das nicht, das *ist* so.«

Leiterin: »Was hätte mit dir passieren müssen, um ein Roboter, ein Automat zu werden?«

Anne: »Meine Eltern haben mir vieles gegeben — vielleicht, wenn sie das nicht getan hätten, dann ... Seine Eltern gaben ihm nie irgendwas ... aber meine haben mir sehr wohl etwas gegeben; ich kann es mir also nicht vorstellen.«

Leiterin: »Aber du *bist* doch ein Roboter in deinen Sitzungen mit ihm!«

Anne: »... Es gibt da eine Erinnerung, die ich in meiner Analyse nie verstanden habe — wir haben oft darüber geredet —: Ich war in der Schule, in der 6. Klasse. Ich war aus irgend etwas erwacht, und es war mir, als ob ich vorher nicht lebendig gewesen wäre ... mein Vater war sehr krank, er hatte Tuberkulose, meine Mutter hatte einen Autounfall. — Ich habe die Vorstellung, als ob diese Vorfälle zur gleichen Zeit gewesen sind, aber es lag wirklich ein Jahr zwischen ihnen ...«

Ernest: »In welcher Beziehung steht das zum Patienten?«

Anne: »Er ist einsam, sehr einsam. Ich habe nie daran gedacht. Aber er ist's ... darum kann er mich so hinabziehen, — und ich sterbe wirklich, ich bin in *der* Stunde nicht lebendig ...«
Irma: »Du fühltest dich wie Nichts, wie Niemand, als deine Eltern beide krank waren ... — so als ob du selber sterben würdest — und daraufhin bist du aufgewacht.«
Anne: »Ich hatte Schuldgefühle, als ob es mein Fehler wäre ...«
Richard: »Du hast befürchtet, daß sie beide sterben.«
Ernest: »Ich glaube, du fühlst dich lieber schuldig als hilflos.«
Anne: »Der Doktor sagte mir, daß Vater sich nicht mehr selbst werde helfen können und pflegebedürftig bliebe und daß Mutter lange Zeit im Bett bleiben müsse. Ich habe da nie eine Verbindung hergestellt. — Eine Tante kam zu uns, um zu helfen. Ich habe mein ganzes Leben jedem geholfen, nur damals nicht ...«

Der Gegenübertragungskonflikt liegt jetzt offen da. Die Bedürfnisse des Patienten scheinen unter der oberflächlichen Maske von Rationalisierungen und »Neu-England-Verhalten« überwältigend stark zu sein. Die Ängste der Analytikerin wurden durch ihren Patienten aufgewühlt, und zwar aufgrund von Ähnlichkeiten in ihrem eigenen Umgang mit Befürchtungen und Wünschen durch Verleugnung von echter Gefahr und von Bedürfnissen nach Hilfe für sich selbst.

Durch die verschiedenen Reaktionen aus der Gruppe kam Anne in die Lage, ihr Gegenübertragungsmuster Schritt für Schritt nachzuerleben, anzuerkennen und so die Einsicht zu gewinnen von einem: »Ich weiß nicht, wozu er kommt« zu einem »Er ist einsam, weil man ihm nie etwas gegeben hat.«

Die Gegenübertragungs-Analyse scheint dann befriedigend zu sein, wenn der Analytiker seine fallbezogenen Übertragungsgefühle gegenüber der Gruppe wahrnimmt und anerkennt und eine spontane blitzartige Rückerinnerung an bedeutsame Kindheitsereignisse erlebt. Verbindungen zur Gegenübertragungssituation kommen dann ohne Schwierigkeiten zustande (Weiss, 1957).

Der weitere Verlauf dieses Falles in der nächsten Sitzung zeigte das Verschwinden der Gegenübertragungsstörungen gegenüber dem Patienten. Anne erzählte, daß sie damit fortfährt, das offengelegte Material zu analysieren, daß sie jedoch eine weitere Analyse in der Gruppe nicht wünsche oder brauche, da die akuten Probleme mit dem Patienten gelöst worden seien.*

---

* In diesem Seminar wurde mir schon 1955 das Phänomen bekannt, das ich viel später als Fritz Perls' Sackgasse in der Gestalttherapie kennenlernte. — Bei je-

Longitudinale (in Beziehung zur Gruppe stehende) Übertragungen

Die relativ frühe Erkenntnis von fallbezogenen Übertragungsstrukturen machte mich auf unglückselige Weise blind der Tatsache gegenüber, daß sich *longitudinale gruppenbezogene Übertragungen wie in regulären psychoanalytischen Therapiegruppen auch im Workshop entwickeln.* Solche longitudinalen gruppenbezogenen Übertragungen beruhen auf der Tendenz des Individuums, in der Übertragung andere Gruppenmitglieder oder die gesamte Konfiguration der Gruppe insofern zu benutzen, als er in ihr die Verkörperung von charakteristischen Eigenschaften seiner Ursprungs-Familienkonstellation wahrnimmt.

Wir hatten von Anfang an unsere Arbeit als Gegenübertragungs-Workshop bestimmt und hatten die Tatsache akzeptiert, daß jegliche Gegenübertragungsbehandlung therapeutisch sein muß. Wir hatten jedoch gruppendynamische Phänomene, die über die Gegenübertragungsbehandlung hinausgingen, nicht erwogen.

Über ein Jahr lang kam mir die Tatsache nicht zu Bewußtsein, daß longitudinale Übertragungen in der Gruppe einen schwelenden Untergrund bildeten, der mit seiner vulkanischen Gewalt die Existenz der Gruppe gefährdete. Einzelgespräche mit den Gruppenmitgliedern waren notwendig, um den Druck zu vermindern. Die Explosionsgefahr longitudinaler Übertragungen drückt sich im folgenden Beispiel aus:

> Ein Mitglied erzählte mir: Ich wurde mir der Phantasie bewußt, daß ich in einer reinen, ausgewählten Vergnügungsgruppe mit dir und A, B, C, D sein wollte. Diese Gruppe würde E, F, G, H ausschließen. Dann wurde ich mir der Tatsache bewußt, daß ich meine unangenehmen Eigenschaften ausschließen wollte; als ob ich damit

---

der Falldarstellung in freien Assoziationen kam der präsentierende Analytiker an einen Punkt, wo ihm nichts mehr einfiel, wo er sich leer fühlte, und wo er um Hilfe bat. Wenn die Gruppe (zunächst auffällig) schwieg, hatte der Analytiker fast unweigerlich den wesentlichsten Einfall zur Auflösung des Gegenübertragungsproblems. Die Befreiung war sofort da. Dies Phänomen war so deutlich, daß ich bald anfing, die Gegenübertragungsgruppen zu verpflichten, auf die Forderung des Analytikers ihm an diesem »Leerpunkt« zu helfen, nicht zu reagieren. Dies war immer schwierig und erschien »grausam«. Jedoch der Erfolg war so präzis, daß die Gruppen mit dem Schweigen umzugehen lernten. Die »Sackgasse«, für die ich weder einen Namen hatte, noch die Einordnung in die Idee des »organismic change«, ergab sich als ebenso sichere Heilquelle für Gegenübertragungsauflösungen, wie die »Sackgasse« in Perls Konfliktspaltung in der Gestalttherapie für Lösungen primärer Kindheitskonflikte und »unerledigter Geschäfte« (1975 hinzugefügte Anmerkung).

> meine Mängel verdrängen könnte. — Die Wahl-Familie, das Wahl-Ich.«

Später lehnte sich der andere Teil der Gruppe gegen die Leiterin auf, als sie das Erlebnis einer mystischen Einheit der Gruppe störte — weil sie deren Wunsch nicht teilte, eine lebenslange Bindung an die Gruppe zu unterstützen. Bei einer anderen Gelegenheit diskutierte die Gruppe, ob es wünschenswert sei, den Workshop in eine reguläre analytische Gruppe umzuwandeln.

Ich kam schließlich zu der Einsicht, daß es neben der unmittelbaren Arbeit an einem Fall einen stetigen Fluß longitudinaler gruppenbezogener Übertragungen gibt, der anerkannt und bearbeitet werden muß. *Während in einer regulären Gruppentherapie die Entwicklung von Übertragungsstrukturen zwischen Gruppenmitgliedern gefördert wird, hemmt der Workshop eine derartige Entwicklung, indem auf echte, realistische Beziehungen und auf Themenzentriertheit während der Zusammenkünfte betont Wert gelegt wird. Das intensive Zusammenarbeiten, die Betonung unbewußten Materials und die Offenheit der Äußerungen gaben jedoch nicht nur die Grundlage für enge und bedeutsame Beziehungen ab, sondern auch den Rahmen für die Entwicklung von Gruppenübertragungen. Das verschlungene Netz solcher Übertragungsbeziehungen wurde innerhalb der Workshop-Gruppe solange zu einem destruktiven und explosiven Faktor, wie es nicht anerkannt und bearbeitet wurde.*

Seit *longitudinalen Übertragungen* im Workshop auf folgende Weise Beachtung geschenkt wird, sind Einzelgespräche nicht mehr nötig.

1. Die *Analyse von Gefühlen* der Gruppenmitglieder untereinander/*füreinander ist stets vorrangig, wenn irgendein Mitglied sie als ablenkend erlebt.*
2. Wir wenden *gruppenanalytische Techniken an, um gestörte emotionale Beziehungen in der Gruppe zu analysieren.*
3. *Longitudinale Übertragungen verschmelzen oft mit flüchtigen fallbezogenen Übertragungen und können innerhalb der analytischen Gegenübertragungsarbeit entdeckt, genutzt und absorbiert werden.*
4. *Falldarstellungen werden unverzüglich wieder aufgenommen, sobald akute emotionale Spannungen zwischen Gruppenmitgliedern gelöst worden sind.*

Das *folgende Fallbeispiel* stellt die Verschmelzung longitudinaler und fallbezogener Übertragungen dar:

> Sonia berichtet von einer Patientin, die sie »gern los wird«. Die Patientin hatte ihr nach der Sommerpause gesagt, daß sie sich wohl fühle und keine weitere Behandlung mehr brauche. Sonia bekennt, daß sie hätte versuchen sollen, der Patientin klarzumachen, daß ihr

gegenwärtiger Wunsch nach Beendigung der Behandlung, eine »Flucht in die Gesundheit« darstelle. Sonia hatte sich jedoch darüber erleichtert gefühlt, daß die Patientin »aufhören wollte« und sie selbst sich fähig fühlte, »sie zu entlassen«. Sonja fügt hinzu, daß sie darauf erpicht sei, diesen Fall vorzutragen, da sie ähnliche Gefühle, »gewisse Patientinnen entlassen zu wollen«, schon bei früheren Gelegenheiten erlebt habe.

Die Gruppe reflektiert für einige Zeit die Worte »loswerden« und »entlassen« und macht zu dem kalten maskengleichen Gesichtsausdruck der Analytikerin, der zu ihrem gewöhnlich lebhaften, attraktiven Erscheinen im Widerspruch steht, kritische Anmerkungen. »Du siehst aus wie eine Hexe«, — »Warum haßt du die Patientin?« Sonias starre Haltung und ihr kalter Gesichtsausdruck bleiben unverändert, während sie über viele Einzelheiten des »heuchlerischen Verhaltens der Patientin« berichtet. Die Patientin trieft von gutem Willen und von »Süßigkeit«, aber sie ist darauf aus, die Menschen zu verletzen, wenn sie es hinter vorgehaltener Hand tun kann. Sonia hat das Gefühl, daß sie mit der Patientin arbeiten könnte, daß sie »ihr verzeihen könnte, wenn diese Frau nur *ein*mal zugeben würde, daß sie etwas falsch gemacht hat.« Diese Feststellung wird als möglicher Schlüssel zur Gegenübertragungssituation aufgegriffen: »Woran erinnert dich das: Ich werde dir verzeihen, ich werde dich wieder mögen, wenn du zugibst, daß du falsch handelst?«

Diese Frage bewirkt eine gewisse Veränderung im Erscheinungsbild von Sonia. Ihre starre Haltung bricht zusammen, ihr versteinertes Gesicht verwandelt sich in den verwirrten Ausdruck eines hilflosen Kindes. Kurzes Schweigen. Dann bricht Sonia in Tränen aus und spricht schluchzend über die heuchlerische Lebensweise ihres Vaters und seine gewissenlose Verbreitung von Gerüchten über seine Frau. Er trug Glacéhandschuhe über seinen blutbesudelten Händen. Sonia erinnert sich, daß sie als Teenager über dem Problem gebrütet hat, wie sie ihren Vater dazu bringen könnte, seine Schuld zu bekennen. Nur dann hätte sie ihn wieder so lieben können, wie sie es als kleines Mädchen getan hat. Sie erinnert sich auch an die wiederholte Forderung ihres Vaters, daß sie für alles, was sie falsch gemacht hatte, um Verzeihung bitten müsse.

Je erwachsener Sonia wurde, desto mehr gab ihr Vater seinen beiden Söhnen offen den Vorzug. Sie erinnert sich, daß er sein Bedauern äußerte, als Sonia ihn mit ihren selbstgemalten Bildern überraschte: »Warum bloß können das die Jungen nicht, und du kannst es?«

Auf dem Höhepunkt bewußter Rachegefühle kam Sonia einmal am Abend später nach Hause, als es von ihr erwartet wurde. Ihr Vater forderte sie wie gewöhnlich auf, sich zu entschuldigen. Sonia weigerte sich. Ihr Vater bestand auf einer Entschuldigung. Sonia schloß sich daraufhin in ihr Zimmer ein. In dieser Nacht hatte ihr Vater einen Herzanfall, und dem Arzt wurde erzählt, daß Sonia den Vater so sehr aufgeregt habe. Sonia wurde beschuldigt, den drohenden Tod ihres Vaters zu verursachen.

Als Sonia diese entsetzliche Geschichte erzählte, nahm ihre Stimme wieder die Kälte und Unbeweglichkeit an, die die Gruppe schon beeindruckt hatte, als sie über ihr Bedürfnis redete, »gewisse Patientinnen zu entlassen«. Sie weinte nicht und zeigte auch keine Gefühle mehr, als sie fortfuhr: »Als mich der Doktor beschuldigte, ich hätte den Herzanfall meines Vaters verursacht, war ich froh — nein, ich fühlte mich echt als Siegerin. Endlich war es mir gelungen, ihn zum Zurückzahlen aller Schuld zu bringen, die er Mutter und mir gegenüber hatte. Ich war mächtig, ich hatte ihn besiegt. Ich hatte das Gefühl, daß es schade wäre, wenn er schon bald sterben würde, und ich meine neugewonnene Macht nicht mehr nutzen könnte, um ihn zu quälen.«

Die Gruppe reagiert auf diese Geschichte mit Sympathie, aber auch mit Zweifel. »Du hörst dich ebenso unecht an wie du aussiehst — es war natürlich ein schrecklicher Schock, als der Doktor dich beschuldigte — du fühltest dich schrecklich schuldig.«

Sonia schüttelt den Kopf. »Ich wollte, daß er Mutter und mich liebt, ich wollte, daß er sich entschuldigt — aber ich wußte, daß das hoffnungslos war. Alles, woran ich mich erinnere, ist, daß ich äußerst glücklich war, endlich zu meiner Rache gekommen zu sein.«

Die Gruppe schweigt: Worte scheinen nutzlos; nichts scheint die steinerne Mauer von Sonias Widerstand zu durchdringen. Sonia schweigt auch. Es scheint ihr nichts einzufallen. Schließlich sagt sie: »Ich habe nicht wirklich daran geglaubt, daß er sterben könnte. Ich dachte auch, daß jeder einmal sterben müßte — was macht es aus, ob es heute oder morgen passiert?«

Die Gruppe denkt über Sonias Bedürfnis nach, ihren Kummer zu verleugnen und ihre Schuldgefühle zu rationalisieren. In Wirklichkeit konnte sie die Zurückweisung ihres Vaters nicht ertragen und konnte nur damit fertig werden, indem sie ihn zurückwies. Jemand bemerkt: »Dein Vater hat dich entlassen und du hast ihn dann aus Rache deinerseits entlassen — jetzt entläßt du die Patienten, die dich an ihn erinnern — die Scheinheiligen, die Heuchler.«

Sie stimmt zu. Sie weiß all das. In der Tat, sie wußte es schon immer. Sie ist distanziert, ungerührt, unberührt. Alles sieht kristallklar aus, fast zu perfekt.

An diesem Punkt wenden wir unser Wissen über fallbezogene Übertragungsstrukturen an. Die leitende Frage ist: »Wie fühlst du dich jetzt, Sonia? Wie fühlst du dich gegenüber der Gruppe?« Sonia: »Ich bin nicht zufrieden. Irgend etwas fehlt. Warum entlasse ich denn zum Beispiel keine Männer, warum nur Frauen? Das leuchtet mir nicht ein. Mein Vater war der Heuchler, nicht meine Mutter.«

»Die Gruppe?« — »Ich spüre die Gruppe nicht sehr stark. Ich nehme an, daß du (die Leiterin) bei mir bist und auch Victor, aber er hilft nicht so viel wie letztes Mal ...«

Sonia schaut umher und sagt ein paar Worte über jedes Gruppenmitglied. Niemand scheint echtes Verständnis gezeigt zu haben; niemand ist von besonderem Belang.

Während sie »die Runde macht«, versäumt es Sonia, Fay zu erwähnen, die an den Assoziationen und Kommentaren zu Sonias Geschichte aktiv teilgenommen hat. Die weiterführende Frage lautet daher: »Und Fay?«

»Fay — ist halt Fay ...« (verächtlich). »Es gibt nichts, was man ihr sagen kann, sie gibt mir nichts, sie gibt mir nie etwas, sie will nicht helfen, sie ist einfach jemand, der da ist, jemand Nutzloses. Sie ist eine Hausfrau, nett, reinlich, sittsam, sie verurteilt mich, und was ich auch tue oder sage, sie erinnert mich an meine Tante — die Schwester meines Vaters. Sie waren beide Scheinheilige und Moralisten. Sie quälten meine Mutter und beschuldigten sie der Verbrechen, die mein Vater beging.«

Die Gruppe ist verblüfft. Fay war zugewandt, voller Ideen und Bilder und schien völlig darin aufzugehen, Sonia beim Einreißen ihres starren Panzers zu helfen. Die Verachtung und der Haß in Sonias Stimme und ihr Gesichtsausdruck sind unmißverständliche Zeichen dafür, daß Fay die »entlassene Frau« symbolisiert.

Fay erinnert Sonia an die Tatsache, daß sie während Sonias erster Falldarstellung von ihr selbst als besonders warm und hilfreich angesehen worden war. Sonia stimmt zu und weist darauf hin, daß sich ihre Gefühle grundlegend verändert haben, als Fay sie in der nachfolgenden Sitzung gefragt hätte: »Wie kommt es Sonia, daß du so sehr darauf erpicht warst, in der ersten Sitzung des Workshops deinen Fall einzubringen?« Sonia sagt, daß sie diese Frage als Verrat, als feindseligen Akt erlebt habe, nachdem Fay Freund-

schaft und Interesse vorgetäuscht hätte. »Seitdem mache ich mir nicht das Geringste aus dem, was du sagst oder nicht sagst, daraus, ob du hier bist oder nicht.«
Fay ist bleich und beherrscht. Sie äußert, daß ihre Frage an Sonia damals nicht kritisch gewesen sei. Sie habe vergleichen wollen, ob Sonias Grund, in ihrer ersten Sitzung einen Fall darzustellen, ihrem eigenen ähnlich gewesen sei, als sie, kurz nachdem sie in den Workshop eingetreten sei, einen Fall dargestellt habe: Sie hätte sich beeilt, einen Fall darzustellen, um ein Gruppenzugehörigkeitsgefühl zu bekommen.
Sonias Antwort auf Fays Erklärung bleibt eisig. Sie macht sich nichts aus Fay, sie ist an ihren »Rationalisierungen« uninteressiert, sie hat keine Geduld für ihr »Gequatsche«.
Fay weigert sich, etwas zu sagen, bis einige unterstützende Reaktionen von Gruppenmitgliedern bewirken, daß sie in Tränen ausbricht und bekennt, Sonias Geschichte habe ihr ein Gefühl großer Nähe zu Sonia gegeben. Sie habe sich als Kind auch nach einem unerreichbaren Vater gesehnt. Der Ausspruch »vom Vater entlassen werden« hat sie tief getroffen; er enthielt die Essenz ihres eigenen, nie ausgelöschten Schmerzes. Sonias »Hexenmaske« verschwindet. Unter Tränen sagt sie, fast unhörbar: »Wie kann ich mich so getäuscht haben?«
Es gibt nichts mehr zu sagen. Die Gruppe muß die Wucht der Gefühle abschütteln. Psychodynamische Fäden werden gesponnen, um den Vorfall aufzudecken (und zu verhüllen). Sonia geht zu Fay hin, umarmt sie schnell und wendet sich ab. Es wirkt wie eine scheue Entschuldigung.
In der folgenden Sitzung erzählt Fay der Gruppe, daß sie sich der Tatsache bewußt geworden sei, daß sich mehrere Frauen, die sie sehr bewundert und gemocht habe, von ihr ohne irgendeinen sichtbaren Grund abgewandt hätten. Sie habe sich gefragt, ob vielleicht irgend etwas in ihrer eigenen Persönlichkeit solche unverständlichen Reaktionen auslöse. In dieser Woche habe sie bei ihrer Selbstanalyse entdeckt, daß sie immer dann ein zwiespältiges Gefühl gehabt habe, wenn jemand sie um Hilfe für eine »starke, unabhängige Frau« angegangen habe. Ihre Mutter war ihr als stark und unabhängig erschienen. Aber es habe auch Zeiten gegeben, in denen die Mutter den Wunsch hatte, abhängig zu sein. Fay hatte das als Bedrohung erlebt. Bei ihrem Nachsuchen hatte Fay erkannt, daß ihr Sonia sowohl stark als auch abhängig vorgekommen war, und daß ihre Frage an Sonia (warum sie so erpicht gewesen sei, gleich bei ihrem ersten

Erscheinen im Workshop einen Fall vorzutragen) in Wirklichkeit ein Element der Zurückweisung gegenüber der Übertragungsschablone einer überfordernd und überwältigend wirkenden Mutter enthalten hatte.*

Die einzelnen Schritte von Sonias Gegenübertragungsanalyse können grob wie folgt dargestellt werden:

1. Sonia glaubt, daß ihr Wunsch, »gewisse Patientinnen aus der Behandlung zu entlassen«, ein Gegenübertragungsproblem ist.
2. Die Gruppe hilft Sonia, klar zu erkennen, daß ihre negativen Gefühle gegen die Patientin eine gegenübertragungsgebundene Revanche gegenüber ihrem heuchlerischen Vater sind.
3. Die Schuld am Herzanfall des Vaters wurde ihr zugeschoben. Sie hielt an ihrer Grundhaltung fest, Schuldgefühle zu verleugnen. Diese gründete sich darauf, daß sie ihrem Vater jegliche positiven menschlichen Qualitäten absprach.

Die Gegenübertragungssituation äußert sich folgendermaßen: Die Patienten, die dem Vater ähneln, verdienen keine Behandlung, wenn sie ihre Schuld nicht zugeben. Die Gruppe konfrontiert die Analytikerin mit ihren eigenen Schuldgefühlen. Sonia reagiert mit verbaler Zustimmung und emotionaler Zurückweisung. Sie hält den Übertragungswiderstand aufrecht. (»Ich entschuldige mich, aber ich meine es nicht so.«)

4. Sonias fallbezogene Gruppenübertragung lautet: »Die Gruppe und ich sind aneinander nicht interessiert.« (Rückblendung: »Vater und ich weisen einander zurück.« Gegenübertragung: »Ich bin an Patienten, die meinem Vater gleichen, nicht interessiert.«)

Eine fallbezogene und longitudinale Übertragungsprojektion auf eines der Gruppenmitglieder lautet: »Fay wird ausgeschaltet (entlassen), da sie heuchelt wie mein Vater.«

Sonias Abwehrhaltung bricht durch die Konfrontation mit Fays Gefühlen zusammen: Das »entlassene Objekt« wird ein menschliches Wesen.

5. Fay erkennt ihre eigene unbewußte Feindseligkeit, die Sonia Anlaß gegeben hat, sie als »Projektionsleinwand« zu gebrauchen.

Der weitere Verlauf von Sonias Gegenübertragungsfall zeigt, wie sie vergeblich versuchte, die »entlassene Patientin« zu erreichen und wie es sie enttäuschte, daß sie nicht in der Lage war, die Behandlung wieder aufzunehmen. *Monate später äußerte sie, daß sie »keinen Wunsch mehr verspürt, Patientinnen zu entlassen, die Symptome von Heuchelei zeigen!«*

---

* Hanna Colm beschreibt das »Körnchen Wahrheit« in jeder Übertragungsverzerrung (Colm, 1955).

Sonias Frage, warum sie Frauen und nicht Männer zurückweist, ist kaum berührt worden, obwohl Vermutungen hierüber möglich sind. Auch die Rolle der Mutter und Sonias ambivalente Gefühle ihr gegenüber wurden nicht ergründet.

Eine Gegenübertragungsanalyse muß nicht zu einem »vollständigen« oder auch beinahe vollständigen Verständnis der tieferliegenden neurotischen Züge führen, von denen das Symptom herrührt.

Das Gefühl der »Vollständigkeit einer Gegenübertragungsanalyse«, das die Erkenntnis, »das ist es!«, begleitet, beruht auf dem Erlebnis, Einsicht zu haben in die besondere Konstellation, die die Fähigkeit des Analytikers zu empathischem und verständnisvollem Verhalten gegenüber seinem Patienten blockierte.

Leitung und Gruppenatmosphäre im Workshop

In jeder psychoanalytischen Arbeit gibt es ein persönliches Element, das schwierig zu bestimmen und zu bewerten ist. Da der Gegenübertragungs-Workshop bislang nur eine Leiterin hatte, ist es unmöglich vorauszusehen, wie eine andere als ihre Art der Leitung die Methode und die Ergebnisse beeinflussen könnte. Im Moment kann ich die Leitung eines Workshops nur so beschreiben, wie ich sie durch meine Erfahrung sehe.

Die anfängliche Idee, daß der Leiter partizipiert, hat sich als wertvoll erwiesen; *er ist Leiter als (Selbst-)Analytiker und als Gruppenmitglied zugleich. Wenn jedoch gruppendynamische Vorgänge im Vordergrund stehen (d. h. wenn longitudinale Übertragungen auftreten), ist aktive Führung notwendig.*

Die Rolle des Leiters als Ko-Analytiker unterscheidet sich nicht wesentlich von der jedes anderen Mitglieds. *Er exemplifiziert die Rolle des Gruppenmitglieds; er lehrt sie nicht.* Seine Qualifikation ist die des Psychoanalytikers. Er vertraut der Bedeutung ehrlichen Nachforschens und dem heilenden Element, das in der Erweiterung des Horizontes emotionaler Bewußtheit liegt. *Er glaubt, daß die Kommunikation von bewußten und unsicheren Erfahrungen unter Kollegen wünschenswert ist. Er nimmt sowohl sein psychoanalytisches Wahrnehmungsvermögen, als auch seine Fehlbarkeit als Selbstverständlichkeiten an.* Er baut darauf, daß er sich selbst und seinen Kollegen vertrauen kann, und er setzt seine Arbeit auch dann fort, wenn ein derartiges Vertrauen einmal falsch interpretiert worden ist.

Der Leiter teilt sich der Gruppe in seinen empathischen und aufgeschlossenen Gefühlen und Gedanken mit. Er reagiert auf den Übertragungsdruck des vortragenden Analytikers und der Gruppe mit seinen persön-

lichen Gefühlen. Er hält sich weder aus Selbstschutz, noch um die Gruppe zu schützen, zurück. *Es hat den Anschein, daß die Gruppenmitglieder ihren eigenen Stärken und Fähigkeiten mehr zu vertrauen lernen,* wenn der Leiter sich selbst und die anderen nur wenig in Schutz und unter seine Fittiche nimmt. Da die Funktion des Leiters als partizipierendes Mitglied seine elternhaft-autoritative Position gegenüber den anderen Gruppenmitgliedern auf ein Mindestmaß einschränkt, werden negative Gefühle und Urteile vom Gruppenleiter nicht als »Todesstoß« empfunden; die Gruppenmitglieder beachten deshalb das, was der Leiter mitteilt, je nach der Situation als lohnend oder irrig.

Die Workshop-Gruppe braucht aktive Führung, damit das Wechselspiel von Gefühlen, Gedanken, Übertragungen usw. innerhalb eines brauchbaren Bezugsrahmens aufrechterhalten werden kann. Gruppenwiderstände und longitudinale Übertragungen stören die Gegenübertragungsarbeit, wenn sie unbemerkt und unanalysiert bleiben. Es ist Aufgabe des Leiters, sich der Entwicklung von Gruppenübertragungen und von Problemen einzelner Teilnehmer innerhalb des Gruppenzusammenhanges bewußt zu sein.

Die Aufmerksamkeit des Leiters muß sich daher zwischen seiner Funktion als empathisches und reaktives Gruppenmitglied und seiner Funktion als Gruppenleiter einer analytischen Gruppe aufteilen. Seine Rolle läßt sich mit der eines ersten Geigers in einem Orchester ohne Dirigenten vorstellen. Gewöhnlich bleibt er auf seinem Platz sitzen und spielt als Orchestermitglied. Die anderen Musiker erleben seine leitende Funktion nur durch die Art, wie er seine Geige spielt. *Gelegentlich verliert jedoch das Orchester seinen Zusammenhalt, und er steht auf und benützt den Bogen als Taktstock.* Er kehrt zu seinem Geigenspiel zurück, sobald der Zusammenhalt wiederhergestellt ist. — *Seine Aufgabe ist zweifach: Er muß spielen und sich des Spiels aller anderen bewußt sein.*

Eine schwierigere Situation entsteht, *wenn der Gruppenleiter* als partizipierendes Mitglied *persönlich in eine longitudinale Übertragungssituation verwickelt wird.* Wenn weder er, noch die Gruppe sich dieser Tatsache bewußt sind, treten Störungen auf. Der Geist der Gruppe ändert sich; der Gruppenzusammenhalt nimmt ab; etwas ist durcheinander geraten. *Wenn die Störung des Leiters bemerkt worden ist, übernimmt die Gruppe als Ganzes oder ein einzelnes Gruppenmitglied die Leitung der Analyse seines Problems.* Dieser Prozeß hilft nicht nur dem Leiter, sein Gleichgewicht wieder zu gewinnen, sondern rückt auch die *grundlegende Überzeugung in den Mittelpunkt, auf der die Idee des Workshops beruht, daß nämlich jeder Analytiker an seinen Gegenübertragungsstörungen arbeiten muß, wann immer sie auftreten.*

Fall: Einmal war ich sehr stark darüber beunruhigt, daß ich ein neues Mitglied in die Gruppe aufgenommen hatte, dessen Fähigkeiten und Integrität ich zu bezweifeln begonnen hatte. Ich war nicht sicher, ob meine Zweifel gerechtfertigt waren, aber ich befürchtete, daß John der Gruppe schaden würde (durch zwanglose Gespräche außerhalb der Gruppe oder durch »wilde Therapie« bei seinen Patienten). Ich getraute mich nicht, über meine Gefühle in der Gruppe zu sprechen, da ich fürchtete, den Analytiker zu verletzen. Der Workshop schien wie unter einer Wolke weiterzugehen, der Gruppenzusammenhalt nahm ab, die Arbeit schleppte sich hin. Eines Tages, als meine Befürchtungen größer waren als meine Zweifel an John, sagte ich John und der Gruppe, wie ich mich fühlte. Sofort übernahm die Gruppe die Leitung des Gesprächs und untersuchte Johns und meine Gefühle ebenso wie ihre eigenen Reaktionen darauf. Die Gruppe gewann ihren üblichen wachen Geist wieder. Nach einigen spannungsvollen und eingehenden Sitzungen lösten wir die longitudinale Übertragungskonstellation. In diesem Vorgang war eingeschlossen die Analyse von Johns Bedürfnis, sich zu verschließen und zu verbergen und seiner Phantasien gegenüber Frauen in Autoritätspositionen sowie die Analyse meiner Angst vor solcher Verschlossenheit und den verborgenen Gefahren. John berichtete später, daß diese Episode ihn in seiner persönlichen Analyse einen großen Schritt nach vorn gebracht habe; ich fühlte mich durch seine Gegenwart im Workshop nie wieder bedroht.

Personen in funktional autoritativen Positionen rühren an die Grundsubstanz der Elternbild-Strukturen. Auch der Workshopleiter kann dem nicht ganz entgehen. Seine partizipierende Gruppenmitgliedschaft erzeugt jedoch eine angemessene Atmosphäre, in der Gruppenmitglieder an den Restfixierungen an ihre Eltern arbeiten können. Die Persönlichkeit des Leiters ist in analytischer Hinsicht genauso exponiert wie die jedes anderen Gruppenmitgliedes. Die Konfrontation infantiler Übertragungssehnsüchte mit der vollen Realität einer Autoritätsfigur kontrastiert die ursprüngliche Eltern-Kind-Situation ebenso wie das Verhältnis zwischen Lehranalytiker und Kandidat. Die notwendige Anonymität des Lehranalytikers schafft als ungünstige Nebenwirkung eine Stütze, die die Eltern-Kind-Beziehung am Leben erhält. Mir scheint, daß die Erfahrung persönlichen Wachstums, die Gruppenmitglieder dem Workshop zugeschrieben haben, teilweise mit der erfolgreichen Verringerung von parentalen und pseudoparentalen Bindungen im Zusammenhang steht.
Mein gefühlsmäßiges Verbundensein mit dem Workshop als sein Initia-

tor hat sicherlich die Atmosphäre der Zusammenkünfte beeinflußt. Ich meine jedoch nicht, daß dies allein die Nähe und Wärme des Gruppengeistes dieser Jahre erklärt. Ängste, Konflikte, Feindseligkeiten und Tränen haben wir als Teil unserer »abenteuerlichen gemeinsamen Suche« akzeptiert. Ein Gruppenmitglied formulierte dies so: »Jedesmal ist es so, als ob wir aufbrechen würden, um für einen von uns in der Tiefe des Meeres nach etwas zu suchen; jeder taucht an einer anderen Stelle in den Ozean hinab. Und *es ist, als ob wir uns unter Wasser begegnen und für uns alle das finden, was wir nur für einen zu suchen ausgingen.«*

Es liegt ein Glück im gemeinsamen Erlebnis der Begegnung in unbewußten Tiefen — vor allem für den Psychoanalytiker, der sich mit all dem Reichtum seiner Erfahrungen hinter den geschlossenen und geheimen Türen seiner Profession oft einsam fühlt. *Es gibt zu viele emotionale Erfahrungen in Tagen und Jahren des praktizierenden Analytikers, die er nie jemandem mitteilt.* In Seminaren oder auf Kongressen trifft er Kollegen zu Diskussionen und in Vorträgen, aber er begegnet ihnen nicht in den unbewußten Gründen, die das Besondere seines Arbeitsplatzes sind. Der Workshop erfüllt das Bedürfnis nach Austausch beruflicher Fragen, in einer Tiefe, die der Behandlungssituation entspricht, die dazu noch durch Gegenseitigkeit erleichtert wird. Einige frühere Workshop-Mitglieder haben mir erzählt, wie sie die Erinnerungen an die Workshop-Sitzungen »quasi-automatisch« benutzen, um sich selbst in schwierigen Situationen mit Patienten besser zu verstehen. Sie sprechen von einem Gefühl anhaltender Unterstützung durch die gemeinsamen Abenteuer des Workshops, das über den Erwerb von Fertigkeiten im Umgang mit Gegenübertragungsangelegenheiten hinausgeht. Jedes Jahr habe ich Gruppenmitglieder nach ihrer Meinung über den Workshop gefragt. Die Antwort lautete bis auf wenige Ausnahmen oder Variationen: »Der Workshop war neben meiner Lehranalyse für mich die bedeutsamste Erfahrung in meiner beruflichen Entwicklung.«

Zusammenfassung und Schluß

Die Autorin entwickelte die Idee eines Experimental-Workshops als besonders Werkzeug für die Ausbildung der Fähigkeit, Gegenübertragungsphänomene aufzuspüren und aufzulösen. Sie leitete den Workshop, in dem psychoanalytische und gruppenanalytische Prinzipien zur Anwendung kommen, seit 1955. Der Workshop arbeitete als »offene Gruppe« mit sieben bis neun Mitgliedern und einer durchschnittlichen Beteiligung von zwei Jahren pro Mitglied. Ein ausscheidendes Mitglied

wurde jeweils durch ein neu eintretendes ersetzt. Alle Mitglieder waren praktizierende Psychoanalytiker. —
Mitglieder und Leiter der Gruppe tragen abwechselnd Fälle vor, die Gegenübertragungsprobleme aufwerfen, und untersuchen sie unter Anwendung psychoanalytischer und gruppenanalytischer Techniken. Die Gegenübertragungsprobleme eines bestimmten Falles werden meistens innerhalb *einer* gruppentherapeutischen Sitzung analysiert. Nachfragen haben in fast allen Fällen gezeigt, daß eine befriedigende Lösung des akuten Gegenübertragungsproblems erzielt wurde.
Die Analyse der gestörten Analytiker-Patient-Beziehung in der Gruppe führt zum Phänomen von *fallbezogenen (vorübergehenden) Übertragungen;* ihre Analyse ist das Hauptwerkzeug des Workshops zur Lösung von Gegenübertragungsproblemen. Auch *longitudinale (dauerhaftere) gruppenbezogene Übertragungen* entwickeln sich und werden mit gruppenanalytischen Methoden behandelt; *eine Vernachlässigung der Analyse longitudinaler Übertragungen gefährdet die Funktionsfähigkeit des Workshops.*
Die Autorin betrachtet die hier beschriebene Workshopmethode als höchst notwendiges nichtakademisches Werkzeug zur Förderung der Fähigkeit von Psychoanalytikern, sich in ihren Gegenübertragungen selbst zu analysieren und persönlich weiterzuentwickeln. Der Workshop fördert eine derartige Entwicklung dadurch, daß er dem Analytiker die Analyse seiner Beziehung zum Patienten und zur Gruppe ermöglicht und ihn an den Problemen anderer Analytiker teilnehmen läßt. Die Ähnlichkeit der Beziehungen und Übertragungsmuster unter Kollegen erlaubt die gegenseitige analytische Teilnahme an der Gegenübertragungsanalyse und fördert die Selbstintegration.
Die Workshopmethode scheint für den Bereich der Psychoanalyse und -therapie ein wertvolles Werkzeug zu sein, mit dem die schon sprichwörtlich gewordene Rest-Übertragung der Eltern-Images auf den Lehranalytiker durchgearbeitet werden kann. Die Workshopmethode tendiert dazu, Gruppenmitglieder von der Sehnsucht nach psychoanalytischen Dogmen zu befreien und fördert unabhängiges psychoanalytisches Forschen.
Die Workshop-Erfahrung gewährt den Analytikern die seltene Befriedigung, Kollegen im intimen Feld persönlichen psychoanalytischen Suchens zu begegnen. Solche Begegnungen auf den Ebenen des Unbewußten erweitern den Horizont der Berufserfahrung des Analytikers und schaffen einen Ausgleich für seinen einseitigen Umgang mit Patienten.
Die Methode des Gegenübertragungs-Workshops scheint für Analytiker von Nutzen zu sein, die gründlich analysiert sind und mindestens zwei

Jahre mit Patienten gearbeitet haben. Erfahrenere Analytiker können wahrscheinlich noch mehr Nutzen aus der Workshop-Erfahrung ziehen, wenn ihre Abwehrhaltungen nicht zu sehr erstarrt sind.

Literaturhinweise

Balint, Alice u. Michael (1939): On Transference and Countertransference. *International Journal of Psychoanalysis*, Vol. 20, S. 223—230.

Balint, Michael (1950): Changing Therapeutical Aims in Psychoanalysis. *International Journal of Psychoanalysis*, Vol. 31, S. 117—124.

Benedek, Theresa (1954): Countertransference in the Training Analyst. *Bull., Menninger Clinic*, Vol. 18, S. 12—16.

Bernstein, Arnold (1958): The Problem of Transference in Psychoanalysts. *Psychoanalysis and the Psychoanalytic Review, Vol.* 45, S. 85—91.

Brody, M. W. (1955): Transference and Countertransference in Psychotherapy. *The Psychoanalytic Review*, Vol. 42, Nr. 1, S. 88—94.

Colm, Hannah (1955): Field Theory Approach to Transference and Its Particular Application to Children. *Psychiatry*, Vol. 18, S. 339—352.

Demarest, E. W. u. Teicher, A. (1954): Transference in Grouptherapy. *Psychiatry*, Vol. 17, S. 187—202.

Gustin, John (1958): Supervision in Psychotherapy. *Psychoanalysis and Psychoanalytic Review*, Vol. 45, S. 63—72.

Heimann, Paula (1950): On Countertransference. *International Journal of Psychoanalysis*, Vol. 31, S. 81—84.

Hora, Thomas (1957): Contribution to the Phenomenology of the Supervisory Process. *American Journal of Psychotherapy*, Vol. II, S. 769—773.

Kadis, Asya (1956): Re-experiencing the Family Constellation in Group Psychotherapy. *American Journal Indiv. Psychology*, Vol. 12.

— (1958): Panel Discussion on: Acting out in Grouptherapy. *American Journal of Psychotherapy*, Vol. 12, S. 56 ff.

Kubie, Lawrence (1958): Research into the Process of Supervision in Psychoanalysis. *Psychoanalytic Quarterly*, Vol. 22, S. 226—236.

Lagache, Daniel (1953): Some Aspects of Transference. *Int. Journal of Psychoanalysis*, Vol. 34, S. 1—10.

Macalpine, Ida (1950): The Development of the Transference. *Psychoanalytic Quarterly*, Vol. 19, S. 501—540.

Menninger, Karl (1958): Theory of Psychoanalytic Techniques. *Menninger Clinic Monograph Series*, Nr. 12, S. 77—98. New York (Basic Books, Inc.).

Orr, Douglas W. (1954): Transference & Countertransference. Historical Survey. *Journal American Psychoanal. Assn.*, Vol. 2, S. 621—670.

Reich, Annie (1951): On Countertransference. *Int. Journal Psychoanalysis*, Vol. 32, S. 25—31.

Reik, Theodor (1949): Listening with the Third Ear. New York (Farrar, Straus & Co.).

Spotnitz, Hyman (1957): Resistance Reinforcement in Affect Training of Analytic Group Psychotherapists. *Int. Journal of Group Psychotherapy*, Vol. 8, S. 395—402.

Winnicott, D. W. (1949): Hate in the Countertransference. *Int. Journal for Psychoanalysis*, Vol. 30, S. 69—74.

Weiss, Frederick (1957): (in Round Table Discussion) What is Effective in the Therapeutic Process? *American Journal of Psychoanalysis*, Vol. 17, S. 15 bis 21.

Wolf, Alexander (1949 und 1952): The Psychoanalysis of Groups. *American Journal of Psychotherapy*, Vol. 3 und 4, S. 353 ff.

4

Drei Modelle der Gruppentherapie: Psychoanalyse, Erlebnis- und Gestalttherapie

In den letzten zwanzig Jahren hat die Gruppentherapie in immer weiteren Kreisen Anwendung gefunden. Diese schnelle Verbreitung erfolgte offenbar aufgrund von drei Faktoren: 1. der Bedürfnisse großer Gruppen (in den Bereichen Militär, Pädagogik, Kommunalverwaltung und Wirtschaft), 2. des Wunsches, die Dauer und Kosten der Behandlung seelisch Gestörter zu verringern, und 3. der Suche vieler Einzelpersonen nach einem sinnvolleren und weniger schmerzerfüllten Dasein. Während dieser Zeit sind Psychotherapeuten an Erfahrung, Erkenntnissen und Fähigkeiten reicher geworden, was zu Veränderungen der Einzeltherapie und zu neuen Modellen der Gruppentherapie geführt hat.

Dieser Aufsatz beschäftigt sich mit drei Modellen der Gruppentherapie, wobei er keine schulmäßige Genauigkeit für sich in Anspruch nimmt. Er basiert vielmehr auf meinen persönlichen Eindrücken und theoretischen Überlegungen zu den drei Modellen der Gruppentherapie, die ich selber als Teilnehmerin oder als Therapeutin erlebt habe in Zusammenarbeit mit Kollegen, die in der Methodik der psychoanalytischen Gruppentherapie, der Erlebnistherapie und der Gestalttherapie Pionierarbeit geleistet haben. Es handelte sich bei diesen Therapeuten unter anderen um die Gruppenanalytiker Hyman Spotnitz, Alexander Wolf, die verstorbenen Asya Kadis und Sandy Flowermann, um die Erlebnistherapeuten Carl Whitaker, John Warkentin und viele liebe Freunde von der American Academy of Psychotherapists sowie Fritz Perls als Lehrer in Gestalttherapie-Ausbildungsgruppen*.

Psychoanalytische Gruppentherapie

Der Therapeut schafft eine Atmosphäre, die verbale Exploration und Interaktionen begünstigt. Diese Interaktionen unter den Gruppenmitgliedern helfen dem einzelnen, seine Verhaltensweisen, Gefühle und Gedanken zu erforschen und seine entwicklungsgeschichtliche und gegenwärtige Psychodynamik zu verstehen. Die Aufgabe des Gruppenanalytikers ist es, Interaktionen anzuregen, sich daraus ergebende Inhalte zu

* James Simkin, von dem ich sehr viel über Gestalttherapie gelernt habe, verwendete zu dieser Zeit keine Gruppentherapie.

differenzieren und die Interpretation der Bedeutung von persönlichen und zwischenmenschlichen Zusammenhängen zu vermitteln.

Die psychoanalytische Theorie betrachtet einen Menschen als krank, solange er nicht in der Lage ist, wirklichkeitsgemäß wahrzunehmen und zu entscheiden. Sein Ich, die zentrale Instanz des Wahrnehmens, Integrierens und Ausführens, funktioniert nur mangelhaft. Er wird durch fehlerhafte Fixierungen im Wahrnehmungs-, Gefühls- und Denkbereich beeinträchtigt, die von in der frühen Kindheit festgelegten Verzerrungen stammen. Diese Verzerrungen haben verschiedene Ursachen, z. B. unentwickelte Fähigkeiten (lückenhafte Ich-Entwicklung), infantile Fehlwahrnehmungen oder die Identifizierung mit neurotischen oder psychotischen Erwachsenen. Die Beharrlichkeit solcher Verzerrungen ist hauptsächlich auf deren Verwurzelung in der frühen Kindheit zurückzuführen. Von solchen Verzerrungen ahnt der Neurotiker oft nichts; er glaubt, sein Weltbild sei realistisch, bis er aufgrund seiner Illusion ernstlich und wiederholt scheitert. (Ein Mensch, der immer eine lila Brille tragen würde, könnte kaum umhin, die Welt als lila wahrzunehmen. Genaueres Wahrnehmen könnte nur dann erfolgen, wenn er die Brille absetzen und mit seinem Fehler konfrontiert würde.)

Analytische Therapie setzt sich das Ziel, Wahrnehmung und Wirklichkeitsanpassung zu verbessern. Der Neurotiker mag sich zwar einen solchen Wandel wünschen, jedoch ist der Widerstand gegen grundlegende Änderungen genauso ein biologischer Faktor wie der Verbesserungs- und Wachstumsantrieb. Die Widerstände des Patienten gegen das Erkennen der Realität werden durch den (unbewußten) Wunsch bestärkt, an seinen früheren Abwehrmechanismen festzuhalten, die ihn vor seinen archaischen Ängsten, vor Isolation, Entstellung und Vernichtung geschützt haben. Während Kinder eine Pseudogeborgenheit in ihrer Phantasiewelt aufbauen (z. B. durch Phantasien von allmächtigen Eltern, die Zauberkräfte besitzen), schaffen sie gleichzeitig zukünftige Übertragungsmuster, die auf alle im Leben neu erscheinenden Personen angewandt werden können. Entweder paßt der Patient Menschen seinen Übertragungsmustern an oder er sucht sich solche Partner (Ehegatten, Freunde, Vorgesetzte usw.), von denen er erwartet, daß sie die vorgegebenen Rollen spielen, die er als Kind den wichtigen Figuren in seiner begrenzten Welt zugewiesen hatte.

Im Verlaufe der Therapie muß der Psychoanalytiker die Abwehrmechanismen des Patienten gegen jegliche Änderung, die die Basis seiner Pseudogeborgenheit bedroht, ständig berücksichtigen. Er wird erst dann seine Abwehrmechanismen der Hilflosigkeit und der Omnipotenz aufgeben, wenn er seine realen Fähigkeiten erlebt, die durch zunehmende Integra-

tion der befreiten Es- und Überich-Kräfte in das Ich sichtbar werden. Der genesende Patient lernt, die faktisch vorhandene Unsicherheit zu akzeptieren, die dem Geschick des Menschen innewohnt.
Psychoanalytische Gruppentherapie ist ein neues Werkzeug mit der gleichen Zielsetzung. Kommt der Patient in der Einzelanalyse mit nur einer anderen Person zusammen, auf die er die verschiedenen Beziehungsmuster seiner Kindheit überträgt, so hat er in der Gruppentherapie mehrere Menschen, denen er diese Qualitäten zuteilen kann. Es ergibt sich ein Gewebe von multiplen Übertragungen. Auch in der Einzelanalyse setzt der Therapeut sein fachliches Geschick ein, um seine eigenen Persönlichkeitsmerkmale und Gefühle nicht preiszugeben, es sei denn, daß sie unmittelbar durch den Patienten hervorgerufen werden. In der Gruppenanalyse jedoch hat er seinen Stuhl von hinter der Couch in den Kreis seiner Patienten hineingerückt. Mit dieser Geste hat er zwar seine traditionelle Unsichtbarkeit aufgegeben, nicht aber seinen Wert als Übertragungsobjekt.
Mehr noch, der Patient kommt unmittelbar mit der offenen Wirklichkeit seiner Gruppenpartner in Berührung. Der analytische Fachmann stellte zu seiner Überraschung fest, daß die Übertragungsknospen, die bisher beschützt und genährt wurden (um sie zur vollen Blüte zu bringen, bevor sie analysiert wurden), sich als viel robuster erweisen, als er vermutet hatte: Übertragungen blieben allgegenwärtig, trotz der nichtneutralen, nichtspiegelbildlichen Verhaltensweisen seiner Gruppenpartner.
Mit Fragen, Schweigen, Bemerkungen und Deutungen regt der Gruppenanalytiker die Interaktion an; er akzeptiert sowohl Äußerungen über das Hier-und-jetzt in der Gruppe als auch Mitteilungen über das Dort-und-damals im Leben des Patienten.
Er ermutigt Gruppenmitglieder, ihre Träume und Phantasien zu erzählen und ihre Assoziationen und Gefühle in bezug aufeinander mitzuteilen. Er mag sich einmal auf eine einzelne Person konzentrieren und die Gruppe als Hilfstherapeuten benutzen oder ein andermal seine Interventionen an die Gruppe als ganze richten. Es gibt z. B. drei analytisch richtige Möglichkeiten, die Interaktion eines »monopolisierenden« Gruppenmitglieds zu betrachten: 1. »Warum spricht X so viel? Was will er mitteilen oder verschweigen?« 2. »Warum ist die Gruppe so schweigsam? Was leistet die Gruppe, was meidet sie, wofür benutzt sie X?« 3. »X spricht, alle anderen schweigen« (Beschreibung).
Psychoanalytische Gruppentherapie stützt sich auf Verbalisieren als das einzige annehmbare Mittel der Verständigung und der Integration. Alle nichtverbalen Ausdrucksweisen werden als »internes Agieren« betrachtet (sofern es während einer Sitzung stattfindet) und als »externes Agieren«,

wenn der Patient seinen Konflikt in Handlungen außerhalb der Gruppe austrägt. Beides läßt sich als Widerstand gegen analytische Einsicht analysieren. Zum Beispiel: Der Patient hegt eine Antipathie gegen den Analytiker oder ein Gruppenmitglied; jedoch anstatt für diese Antipathie das Muster aus seiner Kindheit zu suchen, läßt er sie an seinem Chef aus und hält dabei seine Übertragungswelt intakt. Er reagiert sich ohne therapeutischen Gewinn ab.

Während der Sitzung ist körperlicher Kontakt nicht gestattet, und persönlicher Ausdruck durch Bewegungen ist nur in kleinen Ausdrucksgesten zulässig. Trampeln oder Umherspazieren würde als Widerstand gegen Einsicht und Integration gedeutet werden. Einige Analytiker verbieten sogar Rauchen und Kaffeetrinken, um einen hohen Frustrationspegel beizubehalten, von dem sie glauben, er sei die notwendige Triebkraft zur Herbeiführung von Änderungen. Die meisten Gruppenanalytiker verbieten gesellschaftlichen Kontakt unter Gruppenmitgliedern, obwohl »Alternativ-Sitzungen« (therapeutische Sitzungen ohne den Analytiker) von vielen befürwortet werden. Solche ergänzenden Sitzungen erweisen sich als geeignetes Forum für das Familienübertragungsmuster: die Gefühle der Kinder bei Abwesenheit ihrer Eltern.

Heilung in der Analyse betrachtet man als den Prozeß, durch den die abgespaltenen Komponenten der Wahrnehmungs-, Gefühls- und kognitiven Welt des Patienten integriert werden. In der Gruppenanalyse wird dieser Prozeß durch verschiedene »korrigierende emotionale Erfahrungen« unter den Patienten und zwischen Patienten und Therapeuten unterstützt und gefördert. Die Analyse fördert keinen spezifischen Lebenswert außer dem der freien Wahl gegenüber fixierter unbewußter Fesselung. Indem jeder Patient sich selber durch die Verbalisierung seiner vergangenen und gegenwärtigen Konflikte enthüllt, inszeniert und erlebt er aufs neue vergangene Gefühle in der »Familien«-Konstellation seiner Therapiegruppe.

Der Prozeß des Aussortierens von allem, was irrational von der Vergangenheit in die Gegenwart übernommen wurde, vollzieht sich durch emotionale und kognitive Konfrontation, Analyse und die Interpretation dessen, was den Tatsachen und nicht der Einbildung entspricht. Unter der Leitung eines zurückhaltenden, aber verstehend teilnehmenden Therapeuten vollziehen sich die drei Stufen des Heilverfahrens: 1. Analyse und Abbau alter Abwehrmechanismen, 2. Erleben und Deutung von Übertragungen, 3. die korrigierende emotionale Erfahrung innerhalb einer Gruppe von Mitpatienten, die sich mehr und mehr erschließen.

Wie sein Analytiker-Kollege schafft auch der Erlebnistherapeut eine Atmosphäre, in der freie Kommunikation und Interaktion gefördert werden. Jedoch interessiert er sich primär für unmittelbare Verhaltensweisen und Gefühle und erst sekundär für psychodynamische Zusammenhänge und Deutungen. Er beschäftigt sich mehr mit dem *Wie* der Beziehungen eines Patienten innerhalb seiner Familie, an seinem Arbeitsplatz und in der Gruppe als mit dem *Warum*. Die Leitkonzepte sind nicht Übertragung und Widerstand, sondern Authentizität und Unmittelbarkeit. Sein Hauptwerkzeug besteht darin, daß er sich selbst authentisch und spontan in die Gruppe einbringt und damit seine unverwechselbare Identität in ständiger Konfrontation mit der Gruppe bezeugt.

Die Gruppenmitglieder werden ermutigt, allen Gefühlen und Gedanken Ausdruck zu verleihen. Das therapeutische Ziel ist das Annehmenkönnen des Zustandes, im Fluß des Lebens mit seiner Lust und seinem Schmerz zu sein, und das Akzeptieren der Vieldeutigkeit des Daseins angesichts des Todes. Der Weg ist das Ziel, »der Mut zu sein« (Paul Tillich: The Courage to Be) und die Echtheit von Mitteilungen. Während der Gruppenanalytiker durch seine Schweigsamkeit die Gruppe frustriert und durch das Vorenthalten von Mitteilungen privater Natur stimuliert, nimmt der Erlebnistherapeut am Gruppenprozeß als *Partner* teil. Für ihn ist die Gruppensitzung kein Labor, in dem alte Familienmuster neu erlebt, erforscht und durch bessere Beziehungen ersetzt werden, sondern ein wichtiger Teil des Lebens, der sich von anderen Situationen nur durch größere Echtheit, Unmittelbarkeit und Konzentration auf das Wesen des Lebens unterscheidet. (Ein Erlebnistherapeut, dessen Name mir entfallen ist, meinte, als Ende der eigentlichen Therapie könne der Zeitpunkt definiert werden, an dem der Patient jede beliebige Situation therapeutisch ausnutzen kann.)

Natürlich handelt der Erlebnistherapeut weder wahllos nach seinen Gefühlen, noch gibt er alles und jedes vor der Gruppe preis. Er ist nicht impulsiv, sondern äußert sich im Interesse des therapeutischen Prozesses. Von der Vielzahl seiner Erlebnisse wählt er diejenigen Ereignisse, Gefühle und Gedanken aus, von denen er meint oder spürt, sie hätten eine Beziehung zur aktuellen Situation. Die richtige Auswahl der Selbstdarstellungen nenne ich »selektive Authentizität«. Der Therapeut muß das Gefühl haben, daß seine Aussagen richtig sind und sowohl mit seinen eigenen Bedürfnissen als auch mit denen des Patienten im Einklang sind. Seine persönlichen Mitteilungen sind jedoch nicht inhaltlich begrenzt;

sie können sowohl peinliche und schmerzhafte als auch glückliche und stolze Erlebnisse oder Träume und Phantasien enthalten.

In der Erlebnistherapie sind Worte, obwohl vorherrschend, nicht die einzige Form der interaktionellen Mitteilung. Alle aufrichtigen Selbstdarstellungen sind erlaubt und willkommen. Darunter können auch körperliche persönliche Zeichen der Zuneigung und Ablehnung sein (und »punching bags« oder Kissen können verwendet werden). Geschlechtsverkehr, Sachbeschädigung und körperliche Verletzung sind nicht zulässig.

Der Erlebnistherapeut, wie der Psychoanalytiker, meidet gesellschaftlichen Umgang mit seinen Patienten, obwohl er im allgemeinen nicht verlangt, daß seine Patienten sich nicht gesellschaftlich treffen. (Umgang mit Patienten außerhalb der Therapiesitzungen wurde zur überwältigenden Last für die meisten Erlebnistherapeuten, die diese »natürliche« Struktur in früheren Jahren ausprobierten. Schwierigkeiten beim Bewahren der notwendigen therapeutischen Aufrichtigkeit waren größer, als man sie bequem hätte verkraften können.)

Trotz der verschiedenen Arbeitsmodalitäten, die in der Gruppenanalyse zur Anwendung kommen können (je nach Persönlichkeit des Therapeuten und seinen Gruppenkonzepten), ist das analytische Modell der Gruppentherapie klarer umrissen als das der Erlebnistherapie. Es wird eher der Fall sein, daß die therapeutische Arbeit eines angehenden Analytikers durch seine »Kontroll«-Analytiker als richtig oder falsch beurteilt wird, als bei einem angehenden Erlebnistherapeuten und seinem Ausbilder. In einer psychoanalytischen Gruppe werden mehr faktische Daten in Betracht gezogen (biographische Anamnese, psychodynamische Zusammenhänge, Erforschung von Übertragungs- und Gegenübertragungsmustern und Abwehrmechanismen) als bei der Erlebnistherapie, bei der die Hauptbedeutung der Einmaligkeit des einzelnen und seiner Spontaneität in der Gruppeninteraktion zukommt. Die Qualität der Erlebnistherapie hängt von der reifen und großzügigen Einstellung des Therapeuten zum Leben ab. Er muß auch über Kenntnisse der Psychodynamik, über eine geschulte Intuition und viele interaktionelle Techniken verfügen (z. B. Rollen- und Erlebnisspiele, Sensitivity-Training usw.); je besser seine Beziehung zu sich selbst und zur Welt, desto mehr kann er anbieten, womit er intuitiv und schöpferisch auf seine Patienten reagieren kann.

An diesem Punkt möchte ich meinen Ausführungen eine etwas persönlichere Form geben. In den letzten Jahren hat Fritz Perls ein Arbeitsmodell geschaffen, das eine neue Anwendungsmöglichkeit für die Gruppe in der Psychotherapie darstellt. Ich werde deshalb das Modell der Gestaltgruppentherapie durch die Beschreibung meiner Erfahrung mit Perls vorstellen*. Das Hauptmerkmal der Perlsschen Methode besteht darin, daß er Interaktion in der Gruppe fast tabuisiert**. »Wer möchte jetzt mit mir zusammenarbeiten? Ich stehe zur Verfügung«, lautet das Angebot. Der Patient ist immer ein Freiwilliger, mit dem Perls zehn oder 100 Minuten lang arbeitet, je nach Situation, während die Gruppe hauptsächlich zuschaut. Meines Erachtens zeigt sich Perls als radikaler Erlebnistherapeut in seinem Verlangen nach dem Jetzt des Erlebens. Ich betrachte ihn auch als »Schnell-Detektiv«, der geschickt eine vertikale Linie durch den Schlamm der Details und die Felsen der Abwehrhaltungen zieht und direkt zum Kern der emotionalen Fixierungen des Patienten kommt; er nennt diese: »unerledigtes Geschäft«. Perls bittet den Patienten um sein Jetzt, was bedeutet, »im Fluß der Bewußtheit zu bleiben« und »seinen Verstand zu verlieren und seine Sinne zu finden«. Er bleibt im unmittelbaren Wahrnehmungskontakt mit dem Patienten, meistens in Berührungsnähe, und fragt den Patienten, was er sieht oder hört, anstatt, was er denkt.

Perls schenkt seine Aufmerksamkeit den offenbaren und verborgeneren Unstimmigkeiten zwischen verbalen und non-verbalen Ausdrücken, z. B. zwischen den verschiedenen Inhalten des Klanges der Stimme und der gesprochenen Worte. Ein unangebrachtes Lächeln oder eine »annullierende« Handgeste können das ausdrücken, was der Patient nicht wagt zu denken oder hinter platten »Predigten« verbirgt. Perls fordert den Patienten auch heraus, an einem Rollenspieldialog zwischen sich widersprechenden Seiten seiner Persönlichkeit teilzunehmen, oder er fordert ihn auf, einen Traum zu erzählen und danach jeden Teil des Traumes für sich selber sprechen zu lassen (wie Gegenstände in einem Märchen). Der Patient spielt jedes Detail des Traumes, sei es eine Person, ein Stuhl, ein

* Viele seiner Anhänger verwenden eine Kombination von interaktionellen Techniken mit dem Perlsschen Arbeitskreismodell. Unter denen, die mir bekannt sind, tun dies außer mir: Helga Aschaffenburg, John Brinley, Joen Fagan, Norman Liberman, Erwin und Miriam Polster, Ruth Ronall und Irma Shepherd.

** Fritz Perls starb (nachdem dieser Artikel in »Gestalt Therapy Now« erschienen war) im Alter von 76 Jahren in Chicago.

Teil des Körpers, ein Haus oder ein Land. Es (er) spricht. Das ähnelt einem »Fiction-writing« in Umkehrung: Die erdichteten Gegenstände sprechen mit ihrem Autor, der sich nicht bewußt war, sie erfunden zu haben. Der Patient hört dann seinen selbst erfundenen Geschöpfen zu, die von abgelehnten oder unbekannten Wesen zu emotional aufregenden und akzeptierten Teilen des Selbst werden.

Wie Freud betrachtet auch Perls den Traum als den königlichen Pfad zur Genesung und zum Fortschritt. Jedoch macht er eher erlebnismäßigen als psychoanalytischen Gebrauch von Träumen. Der Patient erlebt die ausdrücklich verbalen und gespielten Aussagen der Teile seiner Träume und hört sich ihre Mitteilungen an. Freie Assoziationen, die spiralenartig auf den Kern des Traumes zugehen, werden durch Traumstimmen ersetzt, die einen vielstimmigen Chor bilden. Die Musik ergibt sich im Prozeß des Singens und bedarf keiner Interpretation. »Das Medium ist die Botschaft« (McLuhan: »The medium is the message«).

Die Ähnlichkeit und der Unterschied zwischen Psychoanalyse und Gestalttherapie zeigen sich am deutlichsten im Verhältnis beider Methoden zum Traum. Der Analytiker regt eine Vielfalt von Bildern und Gedanken im Bewußtsein des Träumers an und hilft ihm, abgespaltene Ereignisse und Gefühle aus seinem vergangenen und gegenwärtigen Leben zu integrieren. Bei der Gruppentherapie wird dieser Versuch durch multiple Übertragungsprojektionen auf Gruppenmitglieder unterstützt. Ihre Reaktionen, Assoziationen und Interpretationen helfen dem Patienten (durch die Ähnlichkeit unbewußter Vorgänge), sein Verständnis des Traums zu verbreitern und zu vertiefen. (Das Jungsche Konzept des »kollektiven Unbewußten« hilft, diesen Vorgang zu verdeutlichen.)

Der Gestalttherapeut bezieht sich auf die Unmittelbarkeit von Traumaussagen dadurch, daß er jeden einzelnen Teil anpeilt und »ausleuchtet«. Dieses Verfahren verbindet die Gefühle der Gegenwart und der Vergangenheit in einer teleskopischen Mehrfachbelichtung und führt zu dem relevanten »unerledigten Geschäft«.

Vermeidung und *unerledigtes Geschäft* sind, meines Erachtens, Perls' Kernbegriffe in der Gestalttherapie. Zum *unerledigten Geschäft* gehören Gefühle, Ereignisse und Erinnerungen, die unausgedrückt im Menschen fortleben. *Vermeidung* ist die Methode, durch die man sich vom *unerledigten Geschäft* fernhält. Durch *Vermeidung* versucht die Person, den Gefühlen zu entfliehen, die erlebt werden müssen, bevor diese ihre Herrschaft über sie aufgeben.

Dem Psychoanalytiker kommen diese Konzepte und Hypothesen sicherlich bekannt vor; sie scheinen fast identisch zu sein mit den Konzepten der Integration verdrängten unbewußten Materials und der Vorherrschaft des Ichs als Leitkraft. Obwohl jedoch die Konzepte der Vermeidung und des unerledigten Geschäfts mit den analytischen Konzepten des Widerstands und der Fixierung eng verwandt sind, weisen die unterschiedlichen Bezeichnungen auf wesentliche Unterschiede zwischen den beiden Methoden hin. »Widerstand und Fixierung« drücken den deterministischen Hintergrund einer Denkweise aus, die sich an Ursache und Wirkung orientiert. Der Analytiker »behandelt« den Patienten und »kontrolliert« den Studenten. Er übernimmt die Verantwortung für seine Interventionen genauso sorgfältig, wie der Bauherr seine Arbeit mit dem Abbruchunternehmen, dem Architekten und der Baufirma plant. »Vermeidung und unerledigtes Geschäft« kennzeichnen eine Haltung, die den Patienten herausfordert, die Verantwortung zu übernehmen für das, was er ist, was auch immer das sei. Der Therapeut oder Lehrer hilft ihm, Blindstellen in seiner Persönlichkeit aufzuspüren und sich selbst zu akzeptieren.

Dementsprechend erscheint Perls nicht als Therapeut im analytischen oder erlebnistherapeutischen Sinne des Wortes, sondern eher als ein Zen-Meister, der seinen Lehrling auf den paradoxen Weg der Selbstbeherrschung, der Disziplin und der Freiheit führt. Er lehrt seinen Patienten, aus jedem Moment seines Lebens das zu machen, was er will, und sich nicht zu verstecken hinter einem »ich kann nicht« (Perls läßt »ich kann nicht« immer wieder geduldig durch »ich will nicht« ersetzen) oder hinter Katastrophenerwartungen — die Furcht vor dem, was passieren werde, wenn er sich als das, was er wirklich ist und fühlt, akzeptiert.

»Unerledigtes Geschäft« impliziert die ständig nörgelnden unterschwelligen Gefühle, die für den Patienten in seinem täglichen Leben so lange unzugänglich sind, wie er vermeidet, seinem Schmerz, seiner Angst, Trauer und Wut ins Gesicht zu sehen und sie voll zu erleben. Während die Interventionen eines Analytikers zeitlich sorgfältig abgestimmt sind, um Ängste auf ein erträgliches Maß zu verringern, ermutigt Perls das Erleben der intensivsten Gefühle im Jetzt der Therapiesitzung. Es ist die Katastrophenerwartung in der Vorschau von schmerzhaften Gefühlen und ihrem psychophysischen Niederschlag, die Angst, Schmerz und Wut vergrößert und sie mit ihrer zermürbenden und zerstörerischen Kraft weiter existieren läßt. Die volle unverhohlene Annahme von Gefühlen und die totale Hingabe an sie führen zur »organismischen Veränderung«, die eher mit Erlebnis als mit Einsicht zu bezeichnen wäre*.

---

* Ich habe jedoch die Erfahrung gemacht, daß Einsicht fast immer etwas später darauf folgt (wie auch bei anderen Formen der Therapie) — ein Phänomen, das ich die »zementierende« Funktion der Interpretation nenne.

Perls verbietet »wenn«, »aber«, »ich kann nicht« und »ich habe Schuldgefühle« während der Therapiesitzung. »Wenn« und »aber« werden durch »und« ersetzt, »kann nicht« durch »will nicht« und »ich habe Schuldgefühle« durch »ich fühle Ressentiments«. »Ich will meinem Freund schreiben, aber ich kann nicht« wird zu »ich will meinem Freund schreiben, und ich will ihm nicht schreiben«. Die beiden durcheinandergebrachten »Wollen« werden dann entflochten und sprechen für sich selber oder miteinander. Der Gefühlskonflikt kommt in wiederholten und immer stärkeren emotionalen Formen zum Ausdruck, oft nach dem Schema des »Soll-Hundes« (topdog), der als »das Sollte« (»du solltest diesen Brief schreiben«) mit einem »underdog« (»ich will diesen Brief nicht schreiben«) spricht. Solange der Pseudokonflikt immer wieder gespielt wird, gewinnt der »underdog«. (Er sorgt dafür, daß der Brief nicht geschrieben wird. Schuldgefühle sind der Preis, den der »underdog« dem »topdog« für das Nichtschreiben zahlt.)
Die geschickte Zerlegung von Konflikten in ihre beiden Seiten und das darauffolgende Spielen führen nach einer Reihe von Dialogen zu Gefühlen der Leere, Verworrenheit, Hilflosigkeit usw. Dieses Erlebnis ist die »Sackgasse« (the impasse): der allerletzte Ausdruck zweier Bestrebungen, die in entgegengesetzte Richtungen hinaus wollen. Die anleitenden Worte des Therapeuten heißen »sei leer«, »sei verworren«. Wenn der Patient das Ausmaß seiner Gefühle der Verworrenheit, der Leere, der Machtlosigkeit usw. ertragen und erleben kann, findet die »organismische Veränderung« statt. Diese Theorie des »Sackgassen«-Phänomens betrachte ich als Perls' einzigartigen und wichtigsten Beitrag zur psychotherapeutischen Praxis. Sie hat auf eine aufregende und fruchtbare Art und Weise geholfen, die Wirksamkeit der Psychotherapie, sowohl hinsichtlich Tiefe als auch hinsichtlich Schnelligkeit, zu erhöhen.
Wie die meisten Erlebnistherapeuten behält Perls die Kontrollen der »selektiven Authentizität« bei. Jedoch teilt er selten Gefühle mit, die nicht als Erwiderung auf die Verhaltensweise des Patienten erscheinen. Diese Auswahl der Mitteilungen hat Ähnlichkeit mit dem Motto des Analytikers, Gefühlen nur dann Ausdruck zu verleihen, wenn es scheint, die Verhaltensweise des Patienten hätte dies »hervorgerufen« (»induzierte« Gegenübertragung).
Während Perls mit einem Patienten aus der Gruppe zusammenarbeitet, der sich freiwillig gemeldet hat (niemand wird gebeten oder gezwungen, auf dem »heißen Stuhl« Platz zu nehmen), muß die Gruppe schweigen. Zu einem bestimmten Zeitpunkt aber bringt Perls die Gruppe ins Spiel. Die besondere Weise, wie er das macht, nenne ich die Methode des »griechischen Chors«. Der »griechische Chor« sagt voraus, unterstreicht und

festigt die Bestrebungen und Leistungen des arbeitenden Patienten auf eine Weise, die Konditionieren mit einer sehr begrenzten aber wirksamen Form der Gruppeninteraktion kombiniert. Zum Beispiel, der Patient ist zu einer therapeutischen Einsicht gekommen: »Ich muß doch keines Menschen Erwartungen erfüllen.« Er wird dann aufgefordert, »die Runde zu machen«, und jedem Teilnehmer diesen Satz zu sagen, unter Hinzufügung von individuellen Formulierungen wie »ich bin nicht dazu da, um deine Erwartungen zu erfüllen, ich muß dir nicht meinen Stuhl anbieten, wenn ich nicht will«, »ich muß kein Referat mit dir zusammen schreiben«. Die Gruppenmitglieder geben kurze Antworten mit ihren Reaktionen, wie auch immer sie aussehen mögen, z. B. »da hast du recht, du mußt nicht. Und ich muß deine Erwartungen ebensowenig erfüllen wie du meine« usw. Nichtverbale Ausdrücke der Zuneigung oder Ablehnung sind erlaubt.

Ich habe Arbeitsgruppen zum Thema »Fünf Modelle der Gruppeninteraktion« geleitet, die sich mit dem erlebnistherapeutischen, dem analytischen und dem gestalttherapeutischen Modell beschäftigt haben sowie mit der T-Gruppe und meiner eigenen »themenzentrierten interaktionellen Methode«. In diesen Arbeitsgruppen wurden die Studenten als aktive Teilnehmer an jedes Modell herangeführt. Ohne Ausnahme zeigten die Gruppen das größte persönliche Engagement bei dem gestalttherapeutischen Modell, obwohl sie die meiste Zeit nur Zuschauer und keine agierenden Teilnehmer waren. Den dramatischen therapeutischen Dialog zu beobachten, hatte einen größeren Effekt als persönliche Interaktion. Der vertikale Sprung des Patienten in früher vermiedene Gefühle schien die Zuschauergruppe im Sinne der Identifikation und Katharsis eines griechischen Dramas zu berühren. Die Mitglieder des griechischen Chors scheinen in der Tat die tragischen und freudigen reaktiven Gefühle des Patienten in sich selber zu erleben*.

Zum Schluß möchte ich eine Episode aus einer Perlsschen Arbeitsgruppe beschreiben. Er sagte: »Könnt ihr euch vorstellen, daß ich, der Gestaltmann, früher ein Lehranalytiker an einem analytischen Institut war?« Und ehe ich merkte, was ich sagte, war es schon herausgerutscht: »Des-

* Allerdings war ich bei den Gestalttherapie-Gruppen, die ich geleitet habe, von dem Wunsch der Teilnehmer sehr beeindruckt, die intensiven Erlebnisse, die sie als Zuschauer gemacht hatten, durchzuarbeiten. Deshalb habe ich entweder die gestalttherapeutische Arbeitsgruppe mit interaktionellen Nachsitzungen kombiniert oder aber ich habe die Techniken der Gruppenintegration innerhalb des gestalttherapeutischen Dialogs verwendet. Die Gruppe hat auch gelegentlich die Rolle des Therapeuten übernommen.

halb kannst du es auch so gut, Fritz.« Da die Phrase »*es* rutschte raus« tabu ist für eine Perls-Schülerin, die zu ihren Gefühlen und Handlungen mit »ich« und nicht »es« stehen soll, werde ich meinen Satz mit einem Glaubensbekenntnis begründen: Ich bin der festen Überzeugung, daß Perls' Geschicklichkeit, seine Patienten in einer geraden vertikalen Linie zu ihrem unerledigten Geschäft zu führen, ohne dabei die Grenze ihrer Belastbarkeit zu überschreiten, mit seinen reichhaltigen Kenntnissen und Erfahrungen aufs engste zusammenhängt. Dazu gehören Theorie und Praxis der analytischen Psychotherapie, der erlebnistherapeutische Glaube an die Hier-und-jetzt-Werte der Authentizität und Unmittelbarkeit, Vertrautheit mit Morenos Psychodrama und mit der Zen-Philosophie und die auf Körperbewußtheit abzielenden Arbeitsweisen.

Die drei Modelle der Gruppentherapie, die hier geschildert wurden, haben sich in derselben historischen Reihenfolge aus früheren Verfahren entwickelt, und jedes hat in einigen wichtigen Punkten das Vorangegangene überholt.

5

Psychoanalytische und erlebnistherapeutische Gruppentherapie – eine falsche Dichotomie

Oft erzählen mir junge Gruppentherapeuten von einem persönlichen Dilemma, wenn sie mehr als einen Lehranalytiker bzw. Kontrollanalytiker (supervisor) haben. Der eine mag vielleicht zu seinem Kandidaten sagen: »Wenn Sie sich hinter einer Rolle verstecken, wie können Sie erwarten, daß Ihr Patient das Wagnis eingeht, zu sich selbst stehen zu lernen und er selbst zu sein? Sie haben ein Recht auf Ihre Gefühle als Mensch und diese Gefühle werden Ihren Patienten helfen, authentische Individuen zu werden, die sich ihrer Gedanken und Gefühle nicht schämen.« Der zweite Supervisor sagt vielleicht das Gegenteil: »Sie können nicht erwarten, Ihren Patienten bei ihren Problemen zu helfen, wenn Sie sie mit Ihren eigenen belasten; sie haben ein Recht auf Ihre volle Aufmerksamkeit. Prüfen Sie im stillen Kämmerlein Ihre Gefühle und finden Sie heraus, ob sie durch die Krankheit des Patienten oder durch Ihre eigenen ungelösten Probleme ausgelöst worden sind, und sprechen Sie nur, wenn Sie sich einigermaßen sicher sind, daß Sie ausschließlich im Interesse des Patienten handeln.«

Ich möchte euch meine eigene Ansicht über diese Kontroverse in unserem Beruf mitteilen. Ich vertrete die folgende Hypothese: Alle korrekten therapeutischen Interventionen leiten Heilungsprozesse ein, die die ganze Persönlichkeit des Patienten beeinflussen. Dies geschieht, wenn der dargebotene Stimulus es dem Patienten erleichtert, irgendeinen wesentlichen Teil seiner persönlichen Wirklichkeit zu erkennen, von dem er sich zuvor isoliert hatte oder der ihm wesensfern erschien. Solche Heilungsprozesse treten ein, wenn der Patient etwas erfährt, das ihm hilft: 1. Verzerrungen in seiner Wahrnehmungs- und Gedankenwelt zu beseitigen, 2. vorher zu kurz gekommenen oder verkümmerten Persönlichkeitsbereichen neuen emotionalen Inhalt zu geben und 3. aus einer vorhandenen Starre zu physischer Mobilität zu gelangen.

Obwohl Therapeuten je nach ihrer beruflichen Einstellung verschieden auf diese drei Möglichkeiten reagieren, beeinflussen alle den dem Patienten innewohnenden Drang zur Gesundung, der seine Gesamtpersönlichkeit beeinflußt — an welcher Stelle auch immer der Heilungsprozeß eingeleitet wird. Man kann solche Prozesse mit Injektionen vergleichen, die man einem Kranken gibt; wo auch immer die Ansatzstelle ist, der Organismus reagiert als Ganzes auf die therapeutische Intervention.

Ich glaube, daß der psychotherapeutische Prozeß durch die verschieden-

sten Interventionen in Gang gesetzt werden kann, z. B.: durch Verwendung von Deutungen, um Einsicht herbeizuführen; oder durch realistische therapeutische Begegnung, die auf Heilerlebnisse eingestellt ist.
Er kann auch durch eine therapeutisch orientierte Hier-und-jetzt-Erfahrung gefördert werden, durch das analytische Verbinden von Vergangenheit und Gegenwart, auch durch Verstärken von Wertvorstellungen, Zukunftszielen oder durch direkte Arbeit an psychosomatischen Fixierungen.
Individuelle Vorlieben entheben uns nicht der Notwendigkeit, nach optimal wirksamen Methoden zu suchen und unsere Fähigkeiten zu vervollkommnen. Wir müssen zu berücksichtigen lernen, welche Techniken für welchen Patienten zu welchem Zeitpunkt am hilfreichsten sein können. Bei jedem Patienten existieren ständige und vorübergehende *Arten der Zugänglichkeit für therapeutische Interventionen*, die von seiner Konstitution, seinem Charakter, seinem aktuellen Energieniveau und seinen unmittelbaren Motivationen, Spannungen usw. bestimmt werden. Entsprechend hat jeder Therapeut für ihn typische Aktions- und Reaktionsschemata, spezifische Fertigkeiten und Überzeugungen, die die verschiedenen Perioden seines Lebens und vorübergehende Stimmungen widerspiegeln. Analytiker mögen Verhaltensmuster als Fixierung im Rahmen einer genetischen Konzeption der Libidoentwicklung und als Übertragungs- und Widerstandsreaktionen sehen, während Erlebnistherapeuten die gleichen Phänomene in ihrer Beziehung zum Wachstumspotential, zur Authentizität der Begegnung und zu Vermeidungsmustern definieren. Es ist die Aufgabe des Therapeuten, nach Verfahren zu suchen, die der optimalen Aufnahmefähigkeit des Patienten und seinen eigenen Fähigkeiten entsprechen.
Meine Hypothese besagt, daß das angeborene Wachstumspotential des Patienten auf die Erkenntnis jedes wichtigen Faktors seiner persönlichen Gegebenheit positiv reagiert. Wenn der Therapeut die Gegebenheit des Patienten akzeptiert, hilft er, einen fließenden Heilungsprozeß in Gang zu setzen. Wenn der Therapeut eine wichtige Facette der Gegebenheiten des Patienten falsch erfaßt, wird der Heilungsprozeß inhibiert. Selbst solcher Irrtum bedeutet nicht das Ende des therapeutischen Prozesses, wenn der Patient das Maß von Autonomie erreicht hat, welches ihm ermöglicht, auf einen negativen Reiz positiv zu reagieren.
Die Treffsicherheit des Therapeuten, die Aufnahmefähigkeit und das Potential seines Patienten zu erkennen, zeigt sich daran, ob seine Interventionen »Treffer« oder »Fehlschüsse« sind. Die treffende Intervention setzt voraus, daß der Therapeut fähig ist, gesunde und kranke Tendenzen zu erkennen und die akut optimale Aufnahmefähigkeit und das

Energieniveau des Patienten richtig einzuschätzen. Der Augenblick solcher Erkenntnis kann sich in einem Aha-Erlebnis ausdrücken, einem Aufleuchten erhöhten Bewußtseins, oder von der Überraschung begleitet sein, daß eine unangehmen Spannung im Kopf oder im Nacken verschwindet. Die fehlgehende Intervention ist im allgemeinen (wenn auch nicht immer) kontratherapeutisch.
Sie kann durch fehlerhafte Kommunikationsprozesse zustande kommen, die an der psychischen Lage des Patienten vorbeigehen, oder dadurch, daß der Therapeut die Tragfähigkeit des Patienten auf psychischer oder somatischer Ebene falsch einschätzt.
Ich sehe also den Heilungsprozeß in der Therapie als einen fließenden intrapsychosomatischen Vorgang an, der aus einer interaktionalen Hier-und-jetzt-Erfahrung hervorgeht und die Totalität des Dort-und-dann von Vergangenheit und Zukunft einbezieht. Der Prozeß bewegt sich auf ein neues Hier-und-jetzt zu, das den therapeutischen Stimulus und die Folgen des therapeutischen Ereignisses integriert hat. Ein solcher Reiz geht aus von einem Interaktionsprozeß zwischen dem Patienten, dem (oder den) Therapeuten und/oder einer Gruppe.

Fallbeispiel

Ich möchte, daß ihr mir auf eine imaginäre Reise mit der Patientin Dina in die Gruppentherapiesitzungen von Dr. Allen Ashley (analytisch orientierte Gruppentherapie) und Dr. Eric Emory (Erlebnistherapie) folgt. Begleiten wir Dina (eine mir bekannte Person), während sie mit diesen beiden Therapeuten und ihren Gruppen (die es ebenfalls wirklich gibt) interagiert. Ich nehme mir jedoch die dichterische Freiheit und konstruiere zwei Episoden, die synchron ablaufen:
Ich möchte, daß ihr euch in diesen Darstellungen auf die Patientin Dina und ihre Therapeuten konzentriert. Sie ist 35 Jahre alt, verheiratet, und hat ein zweijähriges Kind. Immer, wenn sie etwas ausführlicher über sich selbst spricht, tut sie es mit kaum hörbarer Stimme und ohne Betonung. Aber sie spricht mit lebhafter und lauter Stimme über andere. Ihr Gesichtsausdruck ist entsprechend — entweder maskenhaft und tot oder lebendig. (In dieser Episode bedeuten alle kursiv geschriebenen Sätze Gedanken; die regulären Buchstaben direkte Aussagen.)

Psychoanalytische Gruppentherapie

Dina: (Ich muß mich zwingen zu sprechen ... mir ist es so schrecklich ... es ist schwierig ... aber ich muß mir einen Ruck geben ...) Bob ... mein

Mann ... gestern abend ist er wieder spät nach Haus gekommen ... ich war auf ... das Baby war gerade aufgewacht ... und hatte ein Glas Wasser getrunken, und als die Tür aufging, versuchte ich zu lächeln und so zu tun, als sei nichts los ... als sei ich nicht verletzt. *(Sie wissen auch, warum er fort war ... er muß eine andere Frau haben ...)* Er war wütend auf mich und ging aus der Küche. *(Vielleicht ist er eifersüchtig auf das Baby ... aber das kann ich nicht ändern — ich will es nicht vernachlässigen.)* Nachher, im Bett ... er hat sich zur Wand gedreht ... und ich hab die ganze Nacht geweint. *(Ich muß seinen Körper ganz nah an meinem fühlen ... ich muß mich anschmiegen ... ich will das der Gruppe nicht erzählen.)* Ich kann es einfach nicht ändern, daß ich so deprimiert bin, wenn er spät nach Hause kommt.

Sharon: Oh, warum machen Sie nicht damit Schluß ... werden Sie ihn doch los. Sie haben keine Ahnung, wieviel besser es mir geht, seit ich mich von meinem Mann getrennt habe. Er ist auch so mit anderen Frauen rumgelaufen ...

Dina: (Sharon versteht nicht ... ich kann nicht ohne Bob sein ... ich liebe ihn ... ich muß ihn neben mir haben ... und ich brauch ihn für Freddy ... vielleicht bin ich nicht gescheit genug für ihn oder nicht sexy genug, und er hat eine Bessere gefunden.)

Craig: Wissen Sie, ich kann ihm da gar keinen Vorwurf machen. Wenn ich mit Dinas Winseln und Nörgeln fertig werden müßte, würd' ich auch nicht nach Haus kommen. Blablabla ... immerzu ... nichts, was der arme Kerl tut, ist richtig ... und diese Heulstimme ... ganz wie meine Mutter ... die hört auch nie auf ...

Dina: (Ich fühl' mich verkrampft ... mein Magen ... Hals ... Ersticken ... beweg dich nicht, es tut weh ... Craig tut mir weh ... was hat er gesagt? Ich weiß nicht, was er gesagt hat.)

Jane: Craig, wie können Sie so roh sein! Hören Sie nicht, wie außer sich Dina ist ... sie kann kaum sprechen.

Craig: Ah, Sie sind auch so eine ... so eine Kastrationsexpertin. Sie, Dina, Sharon ... ihr seid alle Spezialisten auf diesem Gebiet.

Dina: (Warum sagt Dr. Ashley nicht was ... warum hilft er nicht ... er schweigt ... er empfindet wahrscheinlich mir gegenüber genau so wie Craig ... was hat Craig gesagt?)

Morty: Ich seh' das überhaupt nicht so, Craig ... ich wäre auch außer mir, wenn meine Frau jeden Abend spät nach Hause käme ... aber ... mit Dinas Stimme ist was ... mit dieser leisen Stimme ... man muß sich anstrengen. Ich möchte zuhören und ich kann es nicht.

Dina: (Morty ist nett ... Jetzt erinnere ich mich, was Craig gesagt hat ... er hat mich beschuldigt, ich nörgle an Bob rum.)

Jane: Immer, wenn Dina spricht, hab' ich das Gefühl, ich sollte mit meinen dummen Problemen keine Zeit in Anspruch nehmen ... ihre sind so viel schlimmer ...

Dina: (Oh, Jane ... es tut mir leid ... sie braucht Dr. Ashley mehr als ich, und ich nehme all die Zeit in Anspruch ... Verdammt, ich brauch ihn so, gerade jetzt, und er sitzt einfach nur da.)

Dr. Ashley: (Dina weint. Sie sieht verwirrt aus ... bestürzt ... besser als ihr Winseln ... Ich kann diese Stimme nicht ausstehen ... sie fällt mir auf die Nerven ... widerlicher Masochismus ... Schuldgefühle als Abwehr ... wenn sie sich nur offen gegen andere Leute wehren würde ... aber ich will vorsichtig sein.) Sie scheinen den Tränen nah zu sein, Dina. Ich möchte wissen, was Ihnen durch den Kopf geht.

Dina: Mir ist gräßlich zumute ... einfach schrecklich ... ich glaub', Bob hat das Gefühl ... wissen Sie ... wie Craig gesagt hat. Und ich bin dran schuld. Wenn ich fröhlich wäre ... wenn ich lächeln könnte wie Jane ... meine kleine Schwester ist so, sie lächelt immer, auch wenn's weh tut ... und ich kann das nicht, und ich weiß, daß Bob das haßt.

Dr. Ashley: (Ihre bewußten Schuldgefühle wirken als Abwehr, um nicht aggressiv zu werden.) Sie glauben, Sie seien an allem schuld?

Dina: Ich weiß es, und ich möchte hier eigentlich gar nicht reden, weil *(weil sie alle auf mich stürzen werden)* ... weil ich allen auf die Nerven gehe.

Dr. Ashley: (Vielleicht stimmt das ... mir geht sie oft auf die Nerven.) Craig war der einzige, der gesagt hat, Sie gingen ihm auf die Nerven. Sie scheinen ein Radarsystem für negative Beurteilungen zu haben ... Sie hören immer nur das Negative.

Dina: (Was sagt er? ... kann nicht denken ... so red' doch jemand! ... bitte ... ich kann nicht sprechen.)

Dr. Ashley: (Ich nehme an, sie hat den Faden verloren ... hat bei mir auch eine negative Einstellung herausgehört ... vielleicht kann ich ihr helfen zu sehen, woher diese Abwehr kommt ...) Ich frage mich, warum Sie jetzt abschalten ... kommt Ihnen etwas aus Ihrer Kindheit in den Sinn, wenn Sie an »negative Urteile« denken?

Dina: (Nichts ... nichts ... nebenan gehen sie ins Bett ... Mammi, Pappi ... Radarstation fürs Negative ... Nein ... nichts ... sie meine Eltern ... sie haben mich einfach nicht beachtet ... ich mußte still sein, wenn Pappi nach Hause kam ... nur nicht, wenn ich gute Zeugnisse hatte. Ich mußte still sein ... immer ... wenn meine Eltern einschliefen, mußte ich mit meinen Puppen flüstern, damit sie mich nicht hörten ... und damit ich meine Schwester nicht weckte ...

Dr. Ashley: Wenn Ihre Puppen sprechen könnten, würden sie uns vielleicht sagen, wie wütend Sie auf Ihre Eltern waren, weil Sie still sein mußten, weil Sie auf sie und Ihre Schwester so viel Rücksicht nehmen mußten. Und wie Sie Ihre Stimme verloren haben.

Jane: Dina, eben war Ihre Stimme laut ... ich frag' mich, warum.

Dina: (Verdammt ... warum muß sie unterbrechen? ... ich weiß nichts mehr ...) Ich hab' meine Stimme nicht bemerkt.

Sharon: Dina spielt das brave Mädchen ... beantwortet alle Fragen von Dr. Ashley.

Craig: Ich bin froh, daß er's ihr mal gibt ... jemand muß ihr mal die Meinung sagen ...

Dr. Ashley: (Ich hab ihr eine wichtige Deutung gegeben ... eine Verbindung zwischen der Feindseligkeit, von der sie wußte und von der sie zu ihren Puppen gesprochen hat, und der Tatsache, daß sie heute ihre Aggressionen nicht herausläßt ... Craig, Jane, Bob gegenüber ... wahrscheinlich auch gegen mich ... ihre erstickte Stimme ... ich laß es dabei und wende mich an Craig; er ist so blind gegen seinen Haß und macht sein männliches Ideal aus mir ...) Craig, Sie sind ja richtig geladen auf Dina ... auch auf Sharon und Jane ... sie müssen in Ihnen etwas auslösen ...

Craig: Darauf können Sie wetten!

(Später am gleichen Abend, zu Hause.)

Dina: (Dr. Ashley hat mich nicht so gern wie Jane oder Craig ... er hat mir nur so wenig Zeit gegeben und hat sich den ganzen Abend mit Craig beschäftigt. Ich weiß, daß er mich nicht wirklich gern hat, aber er sagt es nie. Er muß mich wirklich, wirklich hassen ... und Bob, er kann mich auch nicht ausstehen ... es ist mir gleich ... nein, es ist mir nicht gleich. Warum beschäftigt sich Dr. Ashley nicht mit mir? Ich hasse ihn ... ich hasse ihn ... ich hab Lust, ihn mit der Faust auf seine Glatze zu hauen ... wie kann das sein? Ich bin doch gar nicht so ... Freddy liebt mich ... meine Puppen fallen mir ein ... die haben mich auch lieb gehabt ... das ist komisch ... jetzt rede ich mit mir selber, wie ich es früher mit meinen Puppen Irmie und Edith gemacht hab ...

Und sie hatten mich gern ... selbst wenn ich mir ausgedacht hab', den Wasserhahn aufzudrehen und alle zu ertränken, das ganze Haus, außer mir und Irmie und Edith ... Ich bin wirklich komisch ... wenn ich mir selber zuhören würde, wie meine Puppen es getan haben ... dann würde ich mich mögen. Komisch ... der Gedanke gefällt mir: »Ich würde mich mögen. Ich würde mich selber mögen.« Machen Sie nur so weiter, Dr. Ashley ... übersehen Sie mich nur ... hassen Sie mich ... und sehen Sie, was mir das schon ausmacht! Ich hasse euch alle ... das ist gut ... »Meine Puppen mögen mich, und ich mag mich, und ich hasse euch.«

Meinem Kopf geht's jetzt gut.) Bob, hab' ich Dir jemals erzählt, daß ich früher gesungen hab'? Das war, bevor ich diese gräßlichen Kopfschmerzen bekam ... als ich noch auf der Schule war ... ich war die beste Sängerin ...
Bob: Nein, das hab' ich nicht gewußt ... aber ich weiß, daß du eine großartige Stimme hast ... ich mag deine Stimme, wenn du singst.

In dieser kurzen Episode hatte Dr. Ashley die Absicht, Dina zur Erkenntnis ihrer verdrängten Feindseligkeit zu führen, die sich in ihrer masochistischen Art manifestierte, Bob mit ihren weinerlichen Vorwürfen zu quälen und die Gruppe und den Analytiker mit ihrer Sprechweise zu tyrannisieren. Die hier verwendete Methode besteht in:
1. professioneller Haltung — der Therapeut spricht zur Patientin und von ihr, ohne dabei über seine eigene Erfahrung zu reden;
2. Leitfragen, die sich an Dinas Widerstand orientieren, der darin besteht, durch Schuldgefühle Feindseligkeit abzuwehren (»Sie glauben, Sie seien an allem schuld?«);
3. Leitfragen, die auf wichtige Erinnerungen abzielen;
4. Deutung der verdrängten Wut Dinas.
Obwohl der Analytiker einen Prozeß der Einsicht in die Dynamik verdrängter Feindseligkeit in Gang gesetzt hatte, war Dina vor allem mit dem Gefühl beschäftigt, Dr. Ashley könne sie nicht leiden. Dieses Gefühl war eine Mischung aus Übertragungswahn und einer Wahrnehmung von Dr. Ashleys unausgesprochenem Ärger, den sie in den Übertragungszusammenhang hineindeutete, er habe sie nicht gern. Das macht ihr Sorgen. Ihr Wissen, daß sie selber Dr. Ashleys »Abneigung« gegen sie und den Umstand, daß er »andere Kinder« vorzog, haßte, verschmolz mit der Erinnerung, daß sie ihre Wut über ihre Eltern ihren Puppen anvertraut hatte, und mit der Erinnerung an deren Nachfolger, den Ehemann und das Baby Freddy. Diese erhöhte Bewußtheit vertiefte sich dann zur Erfahrung einer Erkenntnis, die sich hier mit erwachendem Humor und der zunehmenden Fähigkeit manifestierte, mit ihrem Mann auf einer nichtmasochistischen Ebene zu kommunizieren.

Erlebnistherapie

Dina: (Ich muß mich zwingen zu sprechen ... es geht mir schrecklich schlecht ... es ist schwierig, aber ich muß mir einen Ruck geben.) Bob ... mein Mann ... gestern abend ist er wieder spät nach Hause gekommen ... ich war wach ... das Baby war gerade aufgewacht ... und hatte ein Glas Wasser getrunken, und als die Tür aufging, versuchte ich zu lächeln und so zu tun, als sei nichts los ...

Dr. Eric Emory: Bitte sprich lauter! Du lächelst, wenn du wütend bist!
Dina: (Ruck ... erstickte Stimme ... ich kann nicht ... ich kann nicht lauter sprechen.) Ich will Freddy nicht mit unseren Problemen aus dem Gleichgewicht bringen.
Morty: Du weißt, daß das unmöglich ist ... unsere Kinder nicht aus dem Gleichgewicht zu bringen ...
Dina: (Ich werde Freddy nicht so leiden lassen, wie ich gelitten habe, Morty versteht das nicht ... er hat keine Kinder.)
Craig: Wie falsch sie ist! So etwas hab' ich noch nicht erlebt.
Dina: (Was hat er gesagt? Ich kann nicht verstehen ... er ist wütend ...)
Sharon: Craig reitet wieder seine Tour ... acht' nicht auf ihn, Dina. Was ist also zwischen dir und Bob geschehen?
Dina: Er war ... einfach wütend ... als er ins Bett ging, drehte er sich zur Wand ... *(Ich kann ihnen das nicht erzählen. Ich kann es nicht aushalten, allein zu schlafen.)*
Eric: (Ich fühle mich gereizt, verärgert.) Dina, ich kann dich nur mit größter Mühe verstehen ...
Jane: Es ist schwierig mitzubekommen, was sie sagt ... aber ich verstehe ... es würgt sie ... es ist schmerzlich, darüber zu sprechen.
Sharon: Es würde dich vielleicht nicht umbringen, dich ein bißchen anzustrengen, Eric ... schließlich hast du nicht Dinas Probleme!
Eric: Ich will mich nicht anstrengen. Dina kann lauter sprechen.
Dina: (Ich will, daß Eric zuhört ... daß er hilft ... und Eric sieht so selbstzufrieden aus ... ich bin ihm gleichgültig ... warum sollte das auch anders sein?)
Jane: Du solltest dich weiterhin mit Dina beschäftigen, Eric ... das solltest du wirklich.
Eric: (Jane imitiert Dinas Stimme.) Was beunruhigt dich, Jane?
Jane: Ich glaube, Dina braucht dich jetzt, und du solltest dich noch mit ihr beschäftigen.
Eric: Ich will deine »sollte« nicht. Ich brauche sie nicht. Ich will jetzt zu dir übergehen. Sprich für dich selbst, Jane!
Jane: Meine Probleme sind nicht so groß wie die von Dina. Bei mir geht es nicht um einen Ehemann und ein Kind.
Sharon: Richtig! Meine Probleme waren halb so groß von dem Tag an, an dem ich Mike verließ. Ich sag' Dina immer wieder, sie sollte sich von Bob befreien ...
Dina: (Ich bin Eric gleichgültig, er kann mich nicht leiden. Was stimmt mit mir nicht? Er ist so nett zu allen anderen.) Sharon, ich kann nicht von Bob weggehen. Alles, was passiert ist, ist meine Schuld. Wenn ich fröhlich wäre wie Jane, würde Bob vielleicht rechtzeitig nach Hause kommen.

Morty: Du weißt nicht, was du wirklich fühlst, Dina. Du flüsterst, wenn du redest, und du lächelst, wenn du verletzt oder wütend bist.
Dina: (Morty bringt mich ganz durcheinander ... ich möchte weinen ... ich will nicht, daß sie es wissen.)
Eric: Was ist los, Dina?
Dina: Nichts ... mach mit jemand anderem weiter.
Eric: Du siehst aus, als ob du weinst.
Dina: (Ich will nicht.) Nein.
Jane: Die Gruppe ist nicht Freddy. Er ist noch klein, aber wir können es ertragen.
Dina: Ich will hier nicht weinen ... ich weine die ganze Zeit, wenn ich allein bin ... gestern abend ... die ganze Nacht.
Eric: Mir ist gerade ein Bild durch den Sinn gegangen ... der riesige Ozean ... mit einem einzigen kleinen Boot ... ganz weit draußen.
Dina: (weint) *(Ich bin in dem Boot ... ganz allein.)* Kein Mensch hört zu ... sie hören nie zu ... wenn man jemand braucht ... niemals ist jemand da ... Du, Eric, dir ist es auch gleich, mit deinem selbstanbetenden Lächeln auf dem Gesicht ... nie, nie nimmst du Anteil ... alles was dich interessiert, ist das Geld, das du deiner Frau nach Hause bringst.
Eric: Ja, Dina, mir sind meine Frau und das Geld nicht gleichgültig. Aber du bist mir auch nicht gleichgültig. Und deine Wut eben hat mich getroffen. Aber jetzt sprichst du so, daß ich dich hören kann.
Dina: Nein, du hörst mich nicht. Du hörst mich nie.
Eric: Du kannst das jetzt sagen. Das macht es mir leichter.
Craig: Sie glaubt, du bist so falsch wie sie selber.
Eric: Um Himmels willen, Craig, merkst du nicht, wenn jemand echte Gefühle äußert?
Craig: Du mußt doch wissen, daß sie unecht ist.
Eric: Ich frage mich, Craig, ob nicht hinter dir mehr steckt als nur diese Eingleisigkeit.
Dina: (Da ist er wieder ... er kümmert sich nur um Craig ... ich sollte nicht so eifersüchtig sein ... aber er macht es immer so ... er läßt mich immer fallen ...)

(Später am gleichen Abend, zu Hause)
Dina: (Ich verstehe Eric einfach nicht ... ich bin so wütend geworden ... er hört immer allen anderen zu, nur mir nicht. Ich nehme an, ich sprech' wirklich zu leise ... Aber Jane bringt es immer fertig, mich zu verstehen. Er hat aber traurig ausgesehen ... und er hat mir geholfen zu weinen ... das Boot ... ich bin in einem Boot ... weit weg, Mami und Papi in ihrem Schlafzimmer, damals hab' ich immer mit meinen Puppen geredet.

Ich war so allein, daß ich ihnen erzählt hab', wie mir zumute war, weil meine Schwester immer alles bekam ... sie war genau wie Jane, so teilnahmsvoll und fröhlich und lieb ... nein, aber vielleicht lag ihnen auch an ihr nicht wirklich was; sie sagt es wenigstens, sie waren zu egoistisch, Geld, Geld, Geld, das war das einzige, worüber sie jemals geredet haben und worüber sie sich anschrien. Mami hat immer geklagt, sie könnte uns nichts zum Anziehen kaufen ... ich wollte gar nichts zum Anziehen ... ich wollte nur, sie sollten aufhören zu schreien ... egoistisch? ich hab' nie dran gedacht ... wie Eric, Geld, Geld ... er will sich für mich nicht »anstrengen«, will nur Geld, wen kümmert das schon ... ich will nicht mit ihm reden. Nein, das ist nicht wahr. Ich sage, er will nicht zuhören, aber in Wirklichkeit will ich nicht, daß er weiß, wie mir zumute ist. Als ich ihn angeschrien hab', ging es mir allerdings besser ... und er sagt, ihm auch ... vielleicht hätte ich meinen Eltern was sagen sollen, vielleicht hätten sie zugehört und mich verstanden, daß ich nicht wollte, daß sie schrien, daß ich keine Kleider wollte ...) Bob, ich frage mich ... nein ... ich möchte gern wissen, wie du dich gestern abend gefühlt hast, als du nach Hause kamst.
Bob: Ganz gut, bis ich dein Gesicht sah. Es hat mir wirklich leid getan, wieder so spät zu kommen, aber du sahst aus, als sei dir der Grund ganz egal ... deshalb hatte ich keine Lust, es zu erklären.
Dina: Ich bin so unsicher ... ob du mich liebst.
Bob: Das ist das einzige, was ich an dir nicht leiden kann — es tut mir weh, wenn du immer unsicher bist über mich.

Eric (der Therapeut) brachte seine eigenen Bedürfnisse offen und leicht zum Ausdruck, ebenso wie seine Gedanken, Phantasien und Gefühle soweit sie Dina (und die anderen Gruppenmitglieder) betrafen. Eric benützte seine Offenheit als Mittel, den Heilungsprozeß anzuregen. Er gab Dina durch seine offenherzigen Äußerungen die Gelegenheit, ihrem eigenen ohnmächtigen Zorn freien Lauf zu lassen. Dina, deren Lebensgeschichte darauf hinwies, daß sie am schöpferischsten war, wenn sie allein war, rekonstruierte später den Gruppenprozeß und fand wesentliche Zusammenhänge zwischen der Therapiesitzung und ihrer Kindheit. Sie dachte über Erics scheinbare Gefühllosigkeit nach, die nicht zu seiner Beziehung zu ihr und den Bildern in seiner Vorstellung zu passen schien. Von da aus konnte Dina die Egozentrik ihrer Eltern im Licht ihrer Eheprobleme und ihrer Beziehung zu ihren Kindern erkennen. Nun war sie auf dem Weg zur Einsicht ihrer eigenen egoistischen Zauberformel: »Eltern und Therapeuten dürfen nur für ihre Kinder und Patienten leben und müssen sie ohne Worte verstehen.« Als sie dieses Verhalten vage erkannt hatte, begann sie mit ihrem Ehemann spontan eine direkte Aussprache.

In beiden Therapiesitzungen erlebte Dina einen Erkenntnisprozeß, der durch die Interaktionen des Therapeuten in Gang gesetzt worden war. Dr. Allen Ashley bewahrte primär eine objektive Haltung und führte Dina unmittelbar zur Einsicht in dynamische Zusammenhänge zwischen ihrer Verdrängung von Feindseligkeit in der Vergangenheit und ihrem jetzigen masochistischen Verhalten. Dr. Eric Emory zeigte sich als Mensch mit persönlichen Gefühlen und subjektiven Bedürfnissen, und er erleichterte es damit Dina, sich ihrer eigenen Gefühle bewußt zu werden.

In beiden Fällen war die ganze Persönlichkeit der Patientin an dem fließenden Heilungsprozeß beteiligt. Dr. Ashleys Patientin arbeitete sich von vermittelter Einsicht zu emotionaler und physischer Befreiung durch; Erics Patientin benützte die therapeutische Begegnung, um Einsicht zu gewinnen.

Menschen sind psychische Einheiten, deren Erfahrungen in der Vergangenheit und Erwartungen für die Zukunft sich im Konvergenzpunkt des Hier-und-jetzt begegnen. Dieser kleine Platz im Raum, trotz seiner Begrenztheit, ist der einzige Augenblick der Freiheit zur Handlung und Entscheidung, der uns im Leben zur Verfügung steht. Dieser Kreuzpunkt von Vergangenheit und Zukunft ist soweit auch der einzige effektive Ort, wo Therapeut und Patient interagieren können. *Die therapeutische Aktion geschieht im Hier-und-jetzt der Intervention* und der Bereitschaft zur Beeinflussung — einer Straße mit zwei Richtungen, bei der auf einer die Betonung liegt. Jedoch, da das Hier-und-jetzt durch den fließenden Prozeß des Dann-und-dort, Vergangenheit und Zukunft bestimmt wird, bezieht der therapeutische Prozeß alle früheren Erfahrungen und die antizipierte Zukunft des Therapeuten und des Patienten mit ein.

Obwohl ich die Hypothese aufstelle, daß die therapeutische Wirksamkeit jeder Therapie sich im fließenden Heilungsprozeß vollzieht, möchte ich doch Unterschiede und Wirksamkeit der beiden Methoden nicht zu gering veranschlagen. Erlebnistherapie, wenn sie auf psychodynamischen Konzepten beruht, ist kein Abwenden von Freud, sondern die Weiterführung seiner Methode.

Freud kam in Theorie und Praxis der Anwendung des Hier-und-jetzt-Prinzips der modernen Erlebnistherapie ständig näher. Die Entdeckung des Phänomens der Übertragung machte die Gegenwart zum Forum therapeutischer Interventionen. Sein Konzept vom Widerstand diente dazu, im Hier-und-jetzt der Psychoanalyse die Macht der Abwehrmechanismen als Wirkungskräfte im analytischen Prozeß zu erleben. Auch die Bedeutung in der Beziehung zwischen Arzt und Patienten, die ursprünglich als medizinisches Behandlungsmodell angesehen worden war, erfuhr Veränderungen: Analytiker erkannten, daß die Persönlichkeit des Therapeuten positiv oder negativ den therapeutischen Prozeß mitbestimmt. Konzepte der »therapeutischen Persönlichkeit« und des »erzieherischen Erlebnisses der Psychoanalyse« bewirken die »korrigierende Erfahrung« durch den interpersonalen Vorgang. Aber in erster Linie werden noch immer Fragen, Kommentare, dynamische Deutungen und eine akzeptierende Haltung des »abstinenten« (neutralen) Therapeuten angesehen.

Die Erlebnistherapie hat die persönliche Beteiligung des Therapeuten und der korrigierenden Erfahrung einen Schritt weitergeführt. Die Intensivierung persönlicher Kommunikation und unmittelbarer Begegnung ist die Fortführung der Auffassung Freuds von Übertragung und Widerstand als aktiven Elementen der Vergangenheit in der Gegenwart. Die wichtigsten Werkzeuge des Erlebnistherapeuten sind seine Wahrnehmungsfähigkeit für die Gefühle des Patienten, sein Scharfsinn beim Verstehen verbaler und nichtverbaler Äußerungen und, daß er offen ausspricht, wie er persönlich den Patienten erlebt. Eine solche Mitteilung verbindet subjektive und objektive Perspektiven der Persönlichkeit und des Verhaltens des Patienten. *Die Wirkung der offenen Kommunikation ersetzt einseitige, auf den Patienten bezogene Deutungen. Er sieht das therapeutische Mittel nicht in der innerpsychischen, sondern in der interpersonalen Echtheit. Wenn jedoch Erlebnistherapeuten die Bedeutsamkeit der Vergangenheit als Wirkungskraft in therapeutischen Prozessen vernachlässigen, ist dies unrealistisch und daher antitherapeutisch.* (Dies gilt ebenso für die heute häufige Leugnung der Bedeutung von intellektueller Einsicht im therapeutischen Prozeß. »Die Stimme des Intellekts ist leise, aber durchdringend.«)

Während in der Psychoanalyse Interpretationen zukünftige Einsicht und Integration vorwegnehmen, benützt die Erlebnistherapie Deutungen als Befestigung der gerade erlebten therapeutischen Intervention. Diese geschichtliche Veränderung ist eine natürliche Weiterentwicklung der Maxime Freuds, »an der Oberfläche zu bleiben« (der Unmittelbarkeit des Hier-und-jetzt) und im Deuten dem Patienten »nur um einen Schritt voraus« zu sein (und nicht mehr).

Sowohl analytische als auch erfahrungstherapeutische Richtungen verwenden Gruppenteilnehmer als Hilfstherapeuten. Analytiker sprechen von multipler Übertragung, Erfahrungstherapeuten von Gruppen-Encounter. Während Patienten dazu neigen, ihr Verhalten nach den theoretischen und praktischen Erwartungen der Therapeuten zu richten, läuft die Geschichte der Gruppentherapie parallel mit dem allgemeinen historischen Trend, im psychoanalytischen Prozeß die Erfahrung in den Vordergrund zu stellen. Gruppentherapie als Methode hat sehr viel dazu beigetragen, dem klassischen Psychoanalytiker zu helfen, die Wirksamkeit größerer Offenheit für das Erleben zu akzeptieren. In Gruppen hat sich die Stärke von Übertragungsverzerrungen besonders gezeigt, da Patienten ihre Gruppengenossen auch dann durch ihre subjektiv gefärbte Brille sehen, wenn sie die Geschichte und die Eigenschaften jeder Person real kennen. Dies gilt ebenfalls für die Übertragungsprojektionen auf den Gruppenanalytiker, dessen persönliches Verhalten deutlicher in Gruppen zutage tritt als in Einzeltherapien*.

Zusammenfassung

Der scheinbare Gegensatz zwischen Psychoanalyse und Erlebnistherapie wird als falsche Dichotomie gesehen. Die Autorin stellt die Hypothese auf, alle Heilungsprozesse seien fließend. Alle therapeutischen Interventionen sind wirksam, wenn sie zur Integration persönlich bedeutsamer Aspekte der Realität führen, die dem Patienten vorher unzugänglich waren. Der innerpsychosomatische Heilungsprozeß lenkt konstruktive Prozesse von einer Persönlichkeitsebene auf alle anderen. So führt psychoanalytische Einsicht zur Befreiung von emotionaler und körperlicher Spannung, und erlebende Begegnung fördert psychoanalytische Einsicht. Unterschiede — jedoch keine Dichotomie — bestehen und beziehen sich auf die Rolle des Therapeuten und die Betonung des Hier-und-jetzt (im Gegensatz zum Dort-und-dann) in den Therapiesitzungen. Die Autorin sieht einen historischen Trend — in der Gegenwartseinstellung, beginnend mit Freuds Begriffen von Übertragung und Widerstandserlebnis — auf immer mehr Erlebnis-orientierte Haltung in psychodynamisch ausgerichteter Einzel- und Gruppenpsychotherapie.

* Im Rahmen einer gruppenanalytischen Arbeit mit meinem Kollegen Dr. Max Markowitz entdeckten wir, daß unsere Patienten uns über lange Zeit je nach ihrer Übertragungsmatrix als dominant oder unterwürfig sahen; manche Patienten schrieben meinem männlichen Kollegen die Rolle des dominierenden Partners zu, manche mir.

6

Ein Kind mit Magenschmerzen

Eine kombinierte Anwendung von psychoanalytischen Konzepten und gestalttherapeutischen Techniken

Die neunjährige Laura ist eine von drei Töchtern eines befreundeten Psychotherapeuten-Ehepaars. Die Eltern fühlen sich mit ihren Töchtern eng verbunden und sind froh über ihr Verhältnis zu ihnen. Ich verbrachte in den letzten Jahren mehrere Wochenenden in ihrem Haus auf dem Land.

Vor einigen Monaten berichtete mir Elaine (Lauras Mutter), während sie mich im Wagen abholte, sie sei von Laura, die seit mehreren Wochen über andauernde Magenschmerzen klage, ziemlich aus der Fassung gebracht. Laura beschrieb die Schmerzen als sehr quälend; sie hatte mehrmals Schreianfälle. Elaines Vater war vor kurzem, nach langer und schwerer Krankheit und mehreren Operationen, gestorben. In dieser Zeit hatten die Eltern ihre Kinder ziemlich lange allein gelassen, um für den immer schwächer werdenden Vater zu sorgen und beunruhigte Familienmitglieder aufzumuntern.

Laura hatte vorher immer dann unter Magenschmerzen gelitten, wenn sie sehr erregt war. Elaine erinnerte sich, daß der erste Vorfall dieser Art mit der Entlassung ihrer Säuglingsschwester zusammengefallen war; damals war Laura ein Jahr alt. Aber bis vor kurzem hatten die Magenschmerzen sich immer schnell gelegt. Diesmal waren die Symptome so hartnäckig, daß der Arzt den Verdacht auf eine Magen-Darm-Erkrankung äußerte, obwohl die Beschwerden, nachdem die Großmutter ein paar Tage zu Besuch gewesen war, ein wenig nachgelassen hatten.

Elaine machte einen ziemlich abgekämpften Eindruck, während sie mir über Lauras Schwierigkeiten berichtete. Sie fühlte sich von den Anforderungen ihrer Familie und dem Verlust ihres Vaters körperlich und emotional ausgelaugt. Es war ihr nicht gelungen, ihrem Vater vor der Unwiderrufbarkeit seines Todes noch so nahe zu kommen, wie sie es sich gewünscht hätte. Als ich ihr vorschlug, ohne ihre Familie und ihre anderen Verpflichtungen ein bißchen Urlaub zu machen, meinte sie, daß das wegen Lauras körperlichem und seelischem Leiden unmöglich sei.

Ich bot ihr an, mit Laura, die zwei Jahre zuvor an einem experimentellen Zweifamilien-Wochenend-Workshop unter meiner Leitung* teilgenommen hatte, zu sprechen. Nach unserer Ankunft im Haus verhielt sich

* Dieser Workshop wurde im Rahmen des Membership-Workshop of the American Academy of Psychotherapists 1967 veranstaltet.

Laura, als wäre sie bei meiner Unterhaltung mit ihrer Mutter dabei gewesen. Sie näherte sich mir mehrmals mit einem zutraulichen und bittenden Lächeln und Worten wie »Ich bin so froh, daß du hier bist«, »... Ich bin so froh, daß du kommen konntest«. Wir hatten geplant, daß Elaine mit Laura über eine Sitzung mit mir im Büro des Vaters sprechen würde. Da Laura jedoch auf mich zukam, antwortete ich mit der Feststellung, daß ich über böse Bauchschmerzen etwas Bescheid wisse und manchmal helfen könne. Laura berichtete ihren Angehörigen aufgeregt von meinem Vorschlag und drängte mich in das Gästezimmer zu ihrer »privaten Sitzung«. Ich ließ Laura sich auf das Bett legen und legte ihr, während ich sie aufforderte zu sagen, wo es weh täte, die Hand auf den Magen. Sie zeigte auf die rechte Seite, auf eine Stelle genau unter ihrem Brustkorb. Diese Stelle blieb der Schmerzpunkt während der ganzen Sitzung.
Ich fragte sie, was es für ein Schmerz sei, und sie sagte, der Doktor habe sie das auch schon gefragt. »Aber es ist nicht wie ein Messer oder wie Feuer oder Brennen.«
Nach weiterem Befragen sagte sie: »Es ist wie ein Gewicht.«
Ich fragte, was es für ein Gewicht sei: »Wie ein Ding oder wie ein Tier oder was sonst?«
Sie sagte spontan: »Es ist wie jemand.«
»Gib ihm einen Namen, Laura.«
»Er heißt Chuck. Alle Chucks, die ich kenne, sind zu schwer.«
Ich fragte sie nach den Chucks, die sie kenne.
»Chuck ist ein Rechtsanwalt, und ich kenne noch einen anderen Chuck.«
»Wer ist der andere Chuck?«
»Auch ein sehr netter Mann.«
Mehrmals schlug ich ihr während der Sitzung vor, ihre Aufmerksamkeit auf das körperliche Symptom zu richten und es so genau wie möglich zu beschreiben, oder: »Gib ihm eine Stimme.« Unterdessen strich ich mit meiner Hand sachte über die schmerzende Stelle und veränderte dabei die Druckstärke.
»Wie fühlt sich meine Hand jetzt an?«
»Wie ein Gewicht.«
»Und jetzt, wenn ich sie wegnehme?«
»Ist das Gewicht immer noch da.«
Nach und nach, im Verlauf der Sitzung, bemerkte Laura, daß der Schmerz zwar nachließ, aber noch da war.
»Ist der Schmerz immer gleich oder ist er manchmal schlimmer?«
»Nachts ist er immer schlimm oder wenn ich mich mit Kathy zanke. Aber er ist immer da, auch wenn ich froh bin und ihn kaum spüre. Er ist immer da, auch wenn ich nicht weiß, daß er da ist.«

»Was sagt der Schmerz nachts . . . zu Kathy?«
»Er sagt: ›Kathy, fall tot um.‹ Mami hält immer zu Kathy. Die kriegt immer ihren Willen, und Mami glaubt, was sie sagt.«
»Und dann würdest du am liebsten sagen: ›Mami, fall tot um.‹«
»Nein, aber nachts hab' ich immer Angst.«
»Was sagt die Nacht?«
»Es ist ein böser Geist im Haus und der sagt: ›Du hast eine Todsünde begangen.‹«
»Was sagt der böse Geist noch?«
»Er ist von Großvaters Friedhof gekommen. Er ist zu uns gekommen, weil er nicht zu Großmutter gehen kann, weil sie zu alt ist und zu sehr erschrecken würde. Und wir sind nach Großmutter die nächsten. Großvater hat etwas getan, was dem bösen Geist nicht recht war, und deshalb verfolgt er ihn. Ich habe Großvater angefaßt, und nun liegt der Hauch des Todes auf mir und uns allen.«
»Und so sagt der böse Geist, daß noch ein anderer sterben müsse?«
»Ja, und ich denke dauernd, die nächste ist Großmutter, und dann komme ich dran.«
»Großmutter ist die älteste, aber du bist die jüngste. Warum denn du?«
»Weil ich so böse bin.«
»Bist du das wirklich? Ist nicht Kathy für dich die wirklich Böse? Und Mami?«
(Laura lächelte.)
»Tu so als wärst du der böse Geist. Sei sehr bös, geh durch das Haus und erschreck die Leute.«
»Unten im Haus ist eine große Sitzung mit dem Präsidenten und den ganz wichtigen Ministern, und die reden über Raketen, die die Welt explodieren lassen, wenn sie nicht irgendwas tun. Und der böse Geist bläst alle Dokumente und Dinge davon und so wird die Welt untergehen.«
»Mach das alles jetzt noch mal ganz genauso in deinem eigenen Haus, Laura. Da wird eine Sitzung abgehalten, und du bist der böse Geist. Nicht ›es‹ oder ›er‹. Du spielst den bösen Geist und sagst: ›Ich, der böse Geist . . .‹.«
»Okay, Daddy hat eine Sitzung und spricht, und ich bin der böse Geist, und der böse Geist löst Daddys Schuhbändel und fährt ihm mit seinen Fingern durch die Haare, daß er die ganzen Schuppen in seine Augen kriegt, und er kann kaum noch sehen, was um ihn ist.«
»Laura, meinst du, dein Vater könnte wegen der Schuppen in seinen Augen nicht mehr um sich sehen?«
»Nein.«
»Aber als böser Geist dachtest du, daß du das tun könntest: ihn nicht

sehen lassen, was du ihn nicht sehen lassen willst. Du kannst denken, Kathy soll tot umfallen, und deine Mutter soll tot umfallen, und du kannst dir das wünschen, und du kannst es fühlen — aber das macht nicht, daß es passiert. Das ist sehr wichtig zu lernen, Laura, daß man schrecklich viele Dinge wünschen und fühlen kann, und das macht Spaß und tut gut, aber macht nicht, daß sie passieren.

Hast du dir gewünscht, daß dein Großvater stirbt, als ihn deine Eltern so oft besucht haben und sich alle mehr um ihn gekümmert haben als um irgend jemand andern und du so oft allein warst?«

»Nein, ich wollte nicht, daß er stirbt, aber als ich nicht in meinen Unterricht gegangen bin, hab ich eine Freundin dem Lehrer bestellen lassen, daß ich zum Begräbnis meines Großvaters gehen muß, und dann starb er wirklich. Und eine Freundin von mir hat gesagt, ihr wäre das auch passiert, als sie gelogen hätte.«

Dann ging Laura zu Details über, welche die Geräusche, die der »böse Geist« nachts von sich gab, und die Symptome ihrer Angst betrafen. Ich riet ihr, in der Nacht, wenn der »böse Geist« wiederkäme, selbst den »bösen Geist« zu spielen, wie sie es gerade getan hatte, und dabei ihre lauteste Stimme zu gebrauchen. Ich machte ihr auch einige praktische Vorschläge: sie solle eine beruhigende Diät einhalten und auf ihren Bauch eine Wärmflasche legen.

Am nächsten Morgen sah Laura ihren Vater und mich zusammen und fragte, ob ich »ihm die ganze Sache erzählt« hätte. Ich sagte wahrheitsgemäß, daß ich ihm zusammenfassend berichtet hätte, aber gar keine Einzelheiten. Sofort erzählte ihm Laura, meist wortgetreu, was in der Sitzung geschehen war; sie vergaß lediglich meine Worte, daß Wünsche nicht die Kraft der Tat haben. Bei der Identifizierung mit dem »bösen Geist« zeigte sie die gleichen Schwierigkeiten, die sie während der Sitzung gehabt hatte, und sagte wiederholt: »... und er löste Daddys Schuhbändel.« Ich berichtigte das durchweg in: »Ich, der böse Geist, löste Daddys Schuhbändel.«

Kurz darauf wiederholte Laura die Geschichte ihrer Mutter gegenüber und betonte, »das wichtigste, was ich gelernt habe, ist: Wünsche sind Gefühle und lassen Dinge wie Sterben nicht geschehn.«

Etwas später am selben Tag bat sie um noch eine Sitzung. Aber wir waren beide müde, und es kam wenig Weiterführendes dabei heraus. Sie berichtete jedoch: Während sie in meiner Gegenwart ihrem Vater den Verlauf der Sitzung erzählte, hätte sie irgendwie die Vorstellung gehabt: ›Was würde Mami denken, wenn sie hereinkäme, während der böse Geist über die Schuppen in Daddys Augen spricht?‹

In dieser zweiten Sitzung erkundigte sich Laura, mit welcher Wahrscheinlichkeit der Geist ihres Großvaters im Hause sei. Ich erklärte ihr, daß ich eher annehme, sie höre das Knarren des alten Holzfußbodens bei Temperaturschwankungen oder die Schritte ihres Vaters, wenn er ins Badezimmer gehe, als das Umherwandeln von Geistern*.

Nach sieben Wochen besuchte ich die Familie erneut. In der Zwischenzeit hatte Laura weder unter Bauchschmerzen noch unter Schreianfällen gelitten, noch hatte sie mich in positiver oder negativer Weise erwähnt. Als ich das Haus betrat, begrüßte sie mich in ihrer gewohnten freundlichen Weise und teilte mir sofort mit: »Ich habe keine Bauchschmerzen mehr.« Sie blieb freundlich, zeigte aber im übrigen während meines Wochenendbesuchs kein besonderes Interesse an mir.

Als ich vier Monate später wieder zu Besuch war, erwähnte sie ihre Bauchschmerzen oder unsere »besondere Beziehung« überhaupt nicht. Ihre Eltern bestätigten das Verschwinden aller Symptome.

Erläuterungen und Diskussion

Den vorhandenen Trainings- und Erfahrungsschranken zwischen den »psychotherapeutischen Schulen« galt lange Zeit mein Interesse. Es scheint an der Zeit, diese Schranken als veraltet zu betrachten, damit die Wahl der Behandlungsform von den Bedürfnissen des Patienten in bezug auf Diagnose, vergangene und gegenwärtige Lebenssituation und gleichermaßen von der Persönlichkeit des Therapeuten bestimmt wird. In der Therapeuten-Ausbildung sollten die verschiedenartigen Konzepte, Methoden und Techniken aller relevanten therapeutischen Schulen dargestellt werden.

Früher hätte ich einem Freund gegenüber niemals meine Hilfe angeboten, wenn sie eine psychotherapeutische Intention oder die Anwendung psychotherapeutscher Techniken mit sich gebracht hätte. Als Psychoanalytikerin stimmte ich mit meinen Kollegen darin überein, daß die Übertragung und Realitätsverkennung beiden, der persönlichen Beziehung und

* Bevor Laura ihrem Vater die Geschichte über den »bösen Geist« erzählte, war ich eine Zeitlang mit ihm allein zusammen gewesen. Er erzählte mir über seine persönlichen Erfahrungen während der Krankheit seines Schwiegervaters und über seine eigenen Gefühle der Hilflosigkeit angesichts der medizinischen Probleme. Während seine Frau bei ihren Eltern war und er mit den Kindern allein, fühlte auch er sich innerlich aufgewühlt und ängstlich. In mehreren Nächten wachte er um 2 Uhr morgens mit der vagen Empfindung einer »Anwesenheit« im Haus auf. Er machte das Licht an, ging ins Badezimmer und wieder zurück, um weiterzuschlafen.

der therapeutischen Intention, im Wege stehe. So prägten ein befreundeter Analytiker (John Brinley) und ich den »Aphorismus«: »Behandle niemals einen Freund — du wirst sonst auf beides verzichten müssen.«

In den letzten Jahren aber habe ich im Zuge der Anwendung einer Vielzahl therapeutischer Fertigkeiten gelegentlich unter ganz speziellen Umständen Kollegen und Freunde in Situationen, in denen sie unter akuten psychosomatischen Schmerzen, unter Panikstimmung oder Depressionen litten, mit gestalttherapeutischen Techniken behandelt (oft als Brücke zur Psychotherapie mit jemand anderem). Unter diesen sorgfältig ausgewählten Umständen hat das weder der leidenden Person noch der Freundschaft geschadet. Die Anwendung der gestalttherapeutischen Maxime, immer nah an der unmittelbaren Erfahrung des Patienten und seiner Gefühlswahrnehmung in der Gegenwart zu bleiben, scheint die Gefahr, daß unbewältigte Übertragungselemente die persönliche Beziehung beeinflussen, klein zu halten.
Ich entschied mich für eine therapeutische Sitzung mit Laura wegen der Möglichkeit, daß *ein* Gespräch mit mir ausreichen könnte, um zu bestimmen, in welchem Maße psychosomatische Komponenten hinter oder anstelle einer Magen-Darm-Erkrankung standen. Da sowohl das Kind als auch die Familie in dem experimentellen »Familien-Workshop« vor zwei Jahren psychotherapeutische Erfahrungen mit mir gemacht hatten und ein allgemeines Vertrauensverhältnis schon bestand, schien eine Sitzung mit Laura in dieser spezifischen Situation angemessener, als Mutter und Kind auch noch die zusätzlichen Belastungen des Besuches bei einem anderen Therapeuten aufzubürden.
Die beschriebene Sitzung enthält beides, Gestalt- und psychoanalytische Technik, gefiltert durch meinen persönlichen Therapiestil, der aus meinem Interesse an psychosomatischen Ansätzen in Psychoanalyse und »emotional skill-training«* erwachsen ist. Die Placierung meiner Hand auf den Bauch des kleinen Mädchens und die Frage: »Wo und wie tut es weh?« und »Wie empfindest du meine Hand?« spiegelt die Unmittel-

* Ich habe das Konzept des »Emotional Skill« in die Lehrmethode eingeführt, die dazu befähigen soll, jemanden darin zu trainieren, seine Gefühle konsistent für sinnvolle Zwecke einzusetzen. In der Psychotherapie ebenso wie in anderen lebendigen und kreativen Bemühungen können wir unsere Empfindungen wie Zärtlichkeit, Feindseligkeit, Furcht und Wut fühlen, eingestehen und bewußt und konstruktiv gebrauchen. Wir können solches Gewahrsein der Gefühle mit bestimmten Techniken trainieren, u. a. in themenzentrierten interaktionellen Workshops und in Gestalttechnik-Workshops.

barkeit der Gestalttechniken wider, die das Gewahrsein von Körper und Gefühl steigern. Lauras Reaktion führte zu der Beschreibung eines Gewichtes, das »ist wie jemand« — ein Mann, ein liebenswürdiger (aber schwerer) Mann. Meine Gedanken verbanden ihre Worte zu einem psychoanalytischen Bedeutungsrahmen. Ich erkannte diese Feststellung als Ausdruck einer positiven aber »schwergewichtigen« Beziehung zu und Wunsch nach engem Kontakt mit ihrem Vater. Meine Frage jedoch blieb innerhalb der nichtinterpretativen Hier-und-jetzt-Techniken: »Wie empfindest du meine Hand jetzt?« ... »Was sagt der böse Geist?«.

Psychoanalytische Fragen wären: »Warum bist du nachts ängstlich?« »Worüber grübelst du in der Nacht?« »Was hörst du nachts?« »Was ist dir nachts Böses zugestoßen?«

Unreifere, vorschnelle psychoanalytische Interpretationen hätten gelautet: »Vielleicht hast du böse Gedanken oder du tust Dinge, die du als schlecht empfindest, wie etwa mit dir selbst ›rumspielen‹.« Die einfache Frage: »Was sagt die Nacht?«, führt direkt in den unmittelbaren, schmerzlichen Bereich des Konfliktes, der sich als »böser Geist« darstellt. Außerdem vermied ich Fragen über die Bedeutung des bösen Geistes und der »Todsünde«. Ich untersuchte nicht, wie der katholische Begriff der Todsünde diesem jüdischen Mädchen in den Sinn gekommen war, sondern fragte ganz einfach, was der böse Geist sage. Dies führte zu einer gefühlvollen, lebendigen Beschreibung von Lauras Furcht.

Das Gespräch über den bösen Geist einleitend, stellte ich eine analytische »Dort-und-dann-Frage«: »Ist der Schmerz gewöhnlich der gleiche oder wird er manchmal schlimmer?« Sowohl diese Frage als auch die interpretative Vermutung, daß sie ihre Mutter oder Schwester oder beide gern tot umfallen sehe, stellen psychoanalytische Hypothesen dar. Sie sollten dazu führen — und führten auch dazu —, daß Laura die Verbindungen zwischen den akuten Symptomen sich steigernder Schmerzen in der Nacht und Rivalitätskonflikten gewahr wurde. Ich stellte dann noch einmal anstelle analytischer Interpretation der Nacht und der Rivalitätssituation ganz einfach die Hier-und-jetzt-Frage: »Was sagt der Schmerz?«

Obwohl Laura die Interpretation, daß sie den Wunsch habe, ihre Mutter tot umfallen zu sehen, offenbar zurückwies, reagierte sie unmittelbar, indem sie über den bösen Geist erzählte, was mir die analytische Interpretation zu bestätigen scheint: Der böse Geist möchte die Welt sprengen oder in die Mann-Vater-Welt einfallen, in der ein kleines Mädchen nicht bestehen kann.

Ich verwendete Lauras Begriff vom »bösen Geist« für therapeutische und erzieherische Zwecke:

1. Es ist gut, Gefühle, sogar schlechte, zu erfahren, sie sind lebenswichtig.

2. Gefühle und Wünsche haben keine äußere Macht. Sie sind Ausdruck, keine Taten — sie können nicht töten.
3. Der »böse Geist« ist eine Projektion innerer Gefühle in die Außenwelt. Der »böse Geist« muß als etwas Inneres erlebt werden, als ein legitimes Gefühl, und nicht als eine äußere machtvolle Kraft.

Die Gedanken gehören in den psychoanalytischen Konzeptionsrahmen, wurden aber hier gebraucht in Kombination mit Frederick Perls' Techniken, wie »sag' ›ich‹, nicht ›es‹ oder ›er‹« und seiner Forderung nach direkter Rede, auf der er manchmal sogar besteht wie: »Ich, der böse Geist, möchte ...«

Eine andere Dort-und-dann-Interpretation war: »Wünschtest du, daß dein Großvater sterben würde?« Wieder wies Laura diese Interpretation scheinbar zurück, antwortete aber mit der Mitteilung ihrer Furcht, daß sie die Allmacht haben könnte, ihren Großvater zu töten — mit der Lüge gegenüber dem Lehrer. Die praktischen Vorschläge über die Nahrung, die Wärmflasche und die Bedeutsamkeit der medizinischen Fürsorge waren mit ihren Eltern vor der Sitzung besprochen worden und dienten als Brücke zu deren Autorität.

7

Die Erlebnistherapien – Autismus oder Autonomie?*

Hier und jetzt bin ich erregt. Ich will dieses Papier jetzt schreiben — in dieser freien Zeit, in der ich ungestört bin von Berufsarbeit und anderen Aufgaben, die mir sonst wichtig sind. Diese Zeit gehört mir; sie ist mein Eigentum.

Ich sitze im Zahnarztstuhl. Ich habe keine beruflichen Verabredungen, bereite keine Vorträge vor, besuche keine Freunde und muß nicht telefonieren oder Notizen ausschneiden. Diese freie Zeit gehört mir zum Denken und zum Schreiben.

Ich bin erregt. Es ist mir sehr wichtig, über den Experientialismus (Erlebnistherapien und Erlebnispädagogik) zu schreiben. Ich gehöre zu dieser Schule und fürchte mich vor einer zur Zeit anwachsenden Strömung innerhalb ihrer Gruppen, die das Kind mit dem Bade auszuschütten bereit ist; sie steht nahe der Philosophie des »doing my own thing« (übersetzt etwa: »ich kümmere mich nur um meine eigenen Angelegenheiten«) und der Tendenz, ohne Rücksicht auf humanistische oder mich transzendierende Verantwortlichkeit zu handeln. Dieses »mich nur um meine eigene Angelegenheit kümmern« scheint mir die neue »heilige Kuh« (oder das »goldene Kalb«) der über das Ziel hinausschießenden modernen Gesundheitsbewegung zu sein. Als ich meine Besorgnis in einem Brief an das Informationsblatt der »American Academy of Psychotherapists« skizzierte, bekam ich mehr Antworten (Verrisse und Glückwünsche) als auf irgendeine andere meiner Schriften; darunter war auch Thomas Greenings Aufforderung, diesen Artikel für das »Journal of Humanistic Psychology« zu schreiben. Ich war ihm für diese Aufforderung dankbar.

Meine eigene Hier-und-jetzt-Erfahrung ist durch die Tatsache bestimmt, daß ich eine Zahn- und Kieferoperation brauche und daß ich über die Erlebnistherapien und ihre Bedrohung schreiben möchte, da ich zu ihren Initianten gehört habe und ihr im tiefsten Sinn zugehöre.

Zu meiner unmittelbaren Zukunft gehören, so hoffe ich, reparierte Zähne, Rückkehr zur Arbeit und Redigieren dieses Artikels. Mein Hier-und-jetzt ist auch der Stuhl, auf dem ich sitze, mit einem um den Hals gewickelten Plastikschurz. — Durch das Fenster sehe ich den New Yorker Himmel, der durch die Spitzen der Wolkenkratzer hindurch winkt, und die Reflektion des Central-Parks

---

* Erlebnistherapie (englisch: experientialism) ist ein Sammelbegriff für eine Anzahl humanistischer und psychologischer Bestrebungen, die aus psychoanalytischen, existential-philosophischen und gestalt-psychologischen Anfängen erwachsen sind. Ihnen ist gemeinsam, daß der Therapeut oder Lehrer nicht als »neutraler« oder dirigierender, sondern als ein partizipierender, sich selbst als Person einbringender, Leiter teilnimmt.

in einem Seitenspiegel. Mein Hier-und-jetzt ist auch mein leidenschaftlicher Wunsch, meine Besorgnisse zu Papier zu bringen.

Ich möchte dieses Papier über die Erlebnistherapien auch im Prozeß erlebenden Schreibens ausdrücken. Ich möchte versuchen, mit euch Lesern in einen, zumindest imaginären, erlebnishaften Prozeß zu kommen. Und ich möchte, was ich im Hier-und-jetzt erlebe, für das Thema, über das ich schreibe, auffangen.

Amerikas Schlagwort »do your own thing« hat in den letzten paar Jahren weitere Kreise gezogen. »Kümmere dich um deine eigenen Angelegenheiten!« Die Welle dieses Schlagwortes hat auch unsere Human-Berufe beeinflußt; es berührt mich wie sein älterer Verwandter, das amerikanisch-traditionelle »take care of yourself« (etwa: sei um dich selbst besorgt). Beide Schlagworte enthalten die gute, praktische Anweisung, sich um Autonomie zu bemühen; gleichzeitig aber bedeuten sie Verführung zur Isolierung und zum Autismus. *Autonomie jedoch ist nicht Autismus, sondern verantwortungsvolle Partnerschaft.*

Mein Anteil an der Entwicklung des Experientialismus reicht in die frühen fünfziger Jahre zurück. Ich sah damals, wie auch heute, diese Bestrebungen als Ausdruck eines Humanismus, dem ein Wertsystem zugrunde liegt. Dieses Wertsystem gebietet Achtung vor dem menschlichen Wesen in seiner Autonomie und Interdependenz.

Das humanistische Wertsystem steht im Gegensatz zu dem der autoritären Pädagogik und dem des sogenannten »medizinischen Modells« der Psychotherapie. Der Schüler ist keine tabula rasa, kein zu behandelnder Gegenstand, der mit Drogen oder Interpretationen verändert wird, sondern ein Mensch, mit dem der beruflich kompetente (»berufene«) Partner kooperiert.

Der Erlebnistherapeut und -pädagoge achtet sich selbst und seine Patienten und Schüler in ihrer Persönlichkeitsentwicklung als wertvoll. Er fördert das Bewußtsein der Verantwortlichkeit für Entscheidungen in jedem Hier-und-jetzt. Er wendet sich gegen die Tendenz nebelhafter Nicht-Entscheidungen. (Auch *klare* Nicht-Entscheidungen sind Entscheidungen).

> *Beispiele:* Viele Eltern sagen: »Du mußt *jetzt* in der Schule etwas lernen; du wirst es »später im Leben brauchen!« Der Erlebnispädagoge betont die Wichtigkeit des lebendigen Lernens für das Hier-und-jetzt.
>
> Viele Analytiker sagen: »Triff wichtige Entscheidungen nicht *jetzt*, während du in der Analyse bist. Du mußt warten, bis du dich besser kennst!« Der Erlebnistherapeut betont die Wichtigkeit aller Entscheidungen, auch solcher, die revidiert werden müssen.

Die Erlebnispädagogen und -therapeuten betonen, daß sie sich nur in ihrer Funktion, nicht in ihrer menschlichen existentiellen Problematik von ihren Schülern und Patienten unterscheiden. Sie verbergen sich nicht hinter Rollen und Masken; sie können sich erlauben, Schwierigkeiten zu haben, betroffen zu sein und es auszusprechen.
In der Erlebnistherapie und der Erlebnispädagogik ist Echtheit zum Arbeitswerkzeug geworden. »Selektive Echtheit« (ein von mir zur Verdeutlichung eingeführter Begriff) bedeutet, authentisch zu sein, ohne Personen zu schädigen und ohne sich realitätsunangemessen zu verhalten. Angemessenheit bedeutet, weder impulsiv, noch verhalten zu sein. Angemessen kann unter Umständen völlige Offenheit über alle Tatsachen und Gefühle sein; in andern Fällen ist Vorsicht und Einschätzung der Ich-Stärke von Patienten oder Schülern wichtig. *Der geübte Experientialist hat gelernt, sich seiner eigenen Bedürfnisse, Befürchtungen und Wünsche und denen seiner von ihm zu betreuenden Menschen bewußt zu werden und sich mit disziplinierter Spontaneität zu äußern.*

Ich warte auf den Zahnarzt; und ich *warte* nicht. Ich schreibe. Als meine Kinder klein waren sagten sie, unruhig an der Autobus-Haltestelle von einem Bein aufs andere hopsend: »Mutti, wie kannst du so gut warten, wie kommt es, daß du warten kannst?« »Ich warte ja gar nicht, ich warte nie!«, sagte ich. Ich war damals nicht ganz echt in meiner Antwort. Es gab Situationen, in denen auch mir das Warten schwerfiel. Damals glaubte ich an die Notwendigkeit, die Rollen der weisen und lebenstüchtigen Mutter, Lehrerin oder Therapeutin spielen zu müssen. Ich glaubte an die Notwendigkeit »objektive Neutralität« zu symbolisieren. Heute erscheint mir solches Rollenspiel schädlich zu sein und zur Generationenkluft beizutragen.

Der Erlebnistherapeut glaubt, daß Heilung weitgehend von der Echtheit der therapeutischen Begegnung abhängig ist. Durch seine eigene Authentizität hilft er dem Patienten, die Befürchtungen zu überwinden, die von unechten und vergewaltigenden Begegnungen seiner Kindheit herrühren. Er bringt einen neuen klaren Lebensansatz an den Patienten heran, in dem die Kluft zwischen den inneren Erlebnissen und Phantasien des Kindes im Patienten und seiner Vorstellung von den andersartigen Erwachsenen überbrückt wird.
Ich bin froh, daß ich — seit ich erlebnistherapeutisch und nicht klassisch-analytisch arbeite — von der illusionären Rolle der neutralen, distanzierten und relativ unverletzlichen Analytikerin befreit bin. Ich freue mich auch, Begriffe wie »Objekt-Beziehung«, »Liebesobjekt« und »das ist nichts als ...«-Reduktions-Philosophie ad acta gelegt zu haben. Interpretationen bleiben meist dem Patienten überlassen oder werden in späteren abstrahierenden Auseinandersetzungen gefunden. — Ich setze mich

nicht mehr schweigend hinter die Behandlungscouch, habe das Berührungstabu aufgehoben und fühle weniger irrationales Soll von Regeln und mehr Freiheit zu sein, wer ich bin und an was ich wirklich glaube. Dies bedeutet nicht, daß ich alles über Bord werfe, was ich durch meine Ausbildung und Erfahrung als Psychoanalytikerin gelernt und gewonnen habe. Ich sehe im Gegenteil den Experientialismus als klare Fortsetzung von Freuds genialen Anfängen, die Vergangenheit des Patienten in die Gegenwart hinein zurückzurufen — nämlich durch die Wegweiser von Übertragung, Widerstand (gegen Veränderung und Angst) und »Mechanismen« von Abwehr.

Die Erlebnistherapie hat zu diesen Begriffen Einsichten aus neueren Wissenschaftsgebieten und Theorien hinzugefügt — speziell die der Feld- und Gestalttheorie. Dadurch wurde der Patient mehr und mehr zum Partner und verlor seine Position als Beobachtungs- und Behandlungsobjekt.

Sich selbst als Person einzubringen, bedeutet für den Therapeuten, sich über sich selbst äußern zu lernen. So bin ich z. B. auch als Therapeutin nie nur Therapeutin, sondern *auch* Frau, Emigrantin, Mutter, Freundin — immer eine, die in einer bestimmten Stimmung ist und eine bestimmte Entwicklung durchlebt. Dies bedeutet, daß ich versuche, mich im jeweiligen Augenblick so zu akzeptieren, wie ich bin, und mir dieser inneren Realität bewußt zu sein. Dies bedeutet, die Beziehung des Patienten inklusive ihrer Übertragungskomponente wahrzunehmen und Realität und Illusion klar zu unterscheiden — und so offen zu sein, wie es für mich erträglich und für den Patienten brauchbar ist.

All dies war und ist noch immer eine neue Welt. Viel mehr Patienten als früher werden gesund und finden sich im Leben zurecht — und dies oft nach wesentlich kürzerer Behandlungszeit und mit wesentlich weniger Qualen.

Ich freue mich jetzt über meine Gedanken und mein Schreiben. Der Zahnarzt ist offenbar noch damit beschäftigt, Röntgenaufnahmen zu betrachten oder andere Patienten zu behandeln. Die Sprechstundenhilfe kommt ab und zu herein, um mir zu versichern, daß er bald zu mir kommen wird. Ich bin froh, daß er noch nicht da ist. Ich erlebe meine »Eigentumszeit« als ein Geschenk.

Erinnerungen an Fritz Perls tauchen plötzlich in mir auf. Ich erlebte ihn als den radikalsten Psychoanalytiker und den radikalsten Experientialisten zugleich, der mit Techniken die Fixierungspunkte im Leben des Patienten direkt therapeutisch anging. Er war so echt in seiner Verzweiflung in den frühen 60er Jahren, daß alle Therapeuten — er selbst miteinbegriffen — betrügerische Scharlatane seien, wie er einige Jahre später echt war, als er glaubte, einen Weg gefunden zu haben, Neurosen permanent und in wenigen Monaten zu heilen.*

Fritz Perls zeigte uns den Weg, die wesentlichen Störungen des Patienten, seine »Sackgasse«, zu erreichen und durch die Agonien seiner Ängste und Wut zum Erledigen seiner »unerledigten Geschäfte« zu gelangen. Der Analytiker Perls, mit geübter Intuition und Wissen über die Bedeutung traumatischer Vergangenheit, hatte eine subtile und künstlerische Technik gefunden, das Dort-und-damals traumatischer Erlebnisse emotional gegenwärtig zu machen. Fixierte und zersplitterte Energien konnten nun einer integrierten Gegenwart zugeführt werden. Ich halte Perls' Fähigkeit, pathogene Vergangenheit durch die Kombination psychoanalytischen Wissens mit Gestalttechniken in die therapeutische Hier-und-jetzt-Begegnung zu bringen, bis heute für den Höhepunkt psychotherapeutischer Entwicklung.

Mein Dank an Perls für seinen therapeutisch-pädagogischen Beitrag ist jedoch verwoben mit meiner traurigen Überzeugung, daß er gleichzeitig gefährliche Fermente in die Entwicklung des Experientialismus hineingebracht hat, welche diesen von seinen humanistischen Wurzeln abzuschneiden drohen. Diese waren schon zuvor gefährdet durch den amerikanischen Trend des »do your own thing«. Diese Tendenz findet ihre Fortsetzung in Perls »Gestaltgebet«, welches in Posterform Tausende von Zimmerwänden jugendlicher Paare und Büros von Erziehern und Therapeuten dekoriert: »I do my thing, I am I, you do your thing, you are you. I am not in this world to live up to your expectations, neither are you to live up to mine. I am I and you are you and if by chance we find each other, it's beautiful, if not, it can't be helped.« (Ich kümmere mich um meine Angelegenheiten, ich bin ich; Du kümmerst Dich um Deine, Du bist Du; ich bin nicht auf dieser Welt, um Deine Erwartungen zu erfüllen, noch bist Du's für die meinen. Ich bin ich und Du bist Du, und wenn wir uns durch Zufall finden — wunderbar. Wenn nicht, läßt sich's nicht ändern.«)**

Diese Aussage ist hilfreich gegen die übliche irrationale Forderung, daß

---

* Diese Beobachtungen stammen aus den jährlichen »offenen Workshops« der »American Academy of Psychotherapists«, die eine zentrale, vielleicht die wichtigste, Begegnungsstätte der Initiatoren des Experientialismus war.

** Meine Variation für diesen Poster — ohne lyrischen Anspruch: »Ich kümmere mich um meine Angelegenheit, ich bin ich; Du kümmerst Dich um Deine, Du bist Du. Die Welt ist unsere Aufgabe; sie entspricht nicht unseren Erwartungen. Doch wenn wir uns um sie kümmern, wird sie sehr schön sein, wenn nicht, wird sie *nicht sein*«.

mein(e) Partner(in) so sein soll, wie ich ihn oder sie haben will und daß sein oder ihr Leben meine Erwartungen erfüllen soll. Jedoch enthält dieses »Gebet« auch die Gefahr einer Ermunterung zum Scheuklappen-Egoismus. Zudem finde ich es kaum glaubhaft, daß Perls die letzte Zeile gesagt hat: »if not, it can't be helped«. Dies paßt nicht zur Sprache der Gestalttherapie. Ich habe mich öfter gefragt, ob nicht diese Zeile ein fremder Zusatz zu Perls' ursprünglicher Aussage war. In der Gestaltsprache gibt es nämlich weder ein unpersönliches »es ist« für menschliche Prozesse, noch ein »man kann's nicht ändern«. Wenn dieser Satz in der Gestaltsprache gesagt würde, könnte er etwa so heißen: »Und wenn wir uns nicht verstehen können, so will ich entscheiden, was ich tun werde.« Damit verbleibt die Verantwortung für die Handlung bei der Person.
Erlebnistherapeuten in ihrer Abwehr gegen Pseudo-Objektivität und maskenhaftes Rollenspiel konventioneller Haltung betonen die Wichtigkeit der Authentizität als Grundlage für jede fachliche Ausbildung und Erfahrung. Perls sagte öfter (authentisch) daß sein Ziel sei, ein »Dorfidiot« zu werden. Für ihn bedeutete das wahrscheinlich einen Ausgleich zu seinem eigenen verfeinerten Intellektualismus. Das Motiv des Dorftrottels jedoch ist kaum ein Ziel für unreife oder mäßig ausgebildete Menschen, die nicht wie er die strenge Schulung des Arztes, Philosophen, Zen-Buddhisten, Psychoanalytikers durchgemacht haben. Perls hatte sein Wissen integriert. Seine Intuition war geschult. Ein »Dorftrottel« zu werden, war für ihn eine ausgleichende Phantasie. Was von seinen Aussagen jedoch fälschlich abgeleitet wurde (und das gilt auch für Aussagen anderer Erlebnistherapeuten), war die schnell um sich greifende Entwertung von umfassender Ausbildung und Erfahrung. Es breitete sich der Aberglaube aus, daß Sensitivität und Intuition an die Stelle von erlernten Fähigkeiten und Wissen treten könnten. Intuition jedoch ist geübtes Talent. Sie wächst auf der Basis von innerer und äußerer Realitätswahrnehmung. Wenn diese Wahrnehmung defekt ist, liegen Projektionen und Täuschungen vor — nicht Intuition. Intuition muß überprüft werden; sie wächst mit Übung und Überprüfung. Unüberprüfte — selbst echte — Gefühle sagen nur etwas über die innere Realität des Menschen aus — nichts Definitives über die äußere.
Das *Verächtlichmachen von Wissen und Denken ist nicht weniger destruktiv als das Herabschauen auf Gefühle und Sensitivität.*
Neulich sagte mir eine ältere, befreundete Psychotherapeutin am Telefon in freudiger Erregung: »Endlich hab ich's geschafft, daß ich hundertprozentig Patientin mit meinen Patienten sein kann. Jetzt bin ich zufrieden mit meiner Praxis; ich weiß, daß die meisten meiner Patienten gesund werden.«

(Mein Schreiben wurde hier unterbrochen.) Der Zahnarztstuhl wurde in die Horizontale gesenkt, und die Sprechstundenhilfe fragte mich, welche Musik ich am liebsten hätte: klassisch, Oper, Rock? Bach, Beethoven? — »Beethoven wäre mir lieb.«
Sie legt die 6. Symphonie auf in Stereo und durch die Kopfhörer spielt sie direkt in mein Ohr. »Bitte tief atmen.« Irgend ein Ding wird über meine Nase gelegt. Kein Geruch. »Es muß Lachgas sein«, denke ich.

Jetzt schreibe ich »poetische Wahrheit« erlebnisverdichtend aus dem Gedächtnis. Die Stützpunkte des experientiellen Schreibens sind wie die der experientiellen Gruppe: das Thema, die Leser, ich selbst.

Ich bin etwas unsicher und enttäuscht in meinem Zahnarztstuhl. Ich muß im Kopf weiterschreiben, weil ich im Liegen kein Schreibpapier mehr halten kann. »Tief atmen« — wo war ich denn nur? »Ich bin jetzt endlich so weit, daß ich hundertprozentig Patientin mit meinen Patienten sein kann ...« Mein Leib löst sich in Wellen auf. Ich werde zu einer unerfreulichen Wahrnehmung konzentrischer Kreise, die sich vom Zentrum meiner selbst wellenförmig zur Peripherie schlängeln. Mein Herz schlägt laut und schnell. Ich habe Angst. Wo ist die Sprechstundenhilfe? Stimmt etwas nicht mit mir?
Ich kann nicht in meinem Kopf schreiben. Nichts existiert als mein Herzklopfen, konzentrische Kreise und meine Angst. »Gib doch nach, Ruth, gib doch auf«: Experientialismus, Gestalt, sie sagen »gib dich dem Augenblick hin, wie er wirklich ist, sei was du im Augenblick bist« — jetzt bin ich die Furcht meines Herzklopfens. »Sei dein Herzklopfen, sei deine Furcht!« Die Wellen verändern sich, sie werden weich und bewegen sich sanft und sacht wie Wellen in einem Teich. Ich fühle mich leicht. Gewichtloser Flug. Ich könnte eine Wolke sein. Ich fühle mich frei. Mein Körper stört mich nicht mehr. Mein Herz hat sich beruhigt. Ich bin meine Freiheit ohne Schmerz und Spannung. Mein Geist ist schnell und klar. Ich scheine bewußter und klarer zu sein als je zuvor. Ich schaue in die Welt, draußen. Dort ist der weite blaue Himmel, in den sich die Türme der Fifth-Avenue-Gebäude hineinweben. Die Fenster spiegeln das Netzwerk der Bäume, die Äste des Central-Parks und dessen Eisbahn wider. Ich spüre meinen Körper nicht mehr. Ich probiere, ob ich mich bewegen kann. — Ja, ich kann meine Finger bewegen. Nun muß ich es nicht mehr tun. Es genügt, daß ich es weiß.
Ich freue mich, daß mein Bewußtsein frei ist. Ich bin ein freies Bewußtsein! Mein Geist ist beschwingt und unbeschwert von Müdigkeit und Schmerz. Ich höre der Musik zu — himmlische Töne umschweben mich, dringen in mich ein, sind Musik in mir. (Wie kann ich euch Lesern erzählen, was ich fühle und höre? Wie kann ich euch auf meine Himmelsreise mitnehmen?)

Die Erlebnistherapien verbinden das Erlebnis des Hier-und-jetzt mit der Bedeutung des Dort-und-damals. Bedeutung schließt immer die Verbindung mit anderen Phänomenen oder Ideen ein. Mein Ziel ist hier und jetzt, über Experientialismus zu schreiben — seine Bedeutung, seine Herkunft und die Gefahren, die ich aufsteigen sehe, wenn seine traditionelle Verwurzelung im Humanismus verloren geht.

»Verneine nicht deine Schmerzen, deine Angst, deine Lust; erlebe sie, steh zu ihnen, bleib in ihnen. Fühle, was du fühlst! Lebe in Bewußtheit! Flüchte nicht vor deinen Gefühlen; flüchte nicht vor deinem Geist! Fühle tief, denke genau; Gefühle und Gedanken gehören zu dir — erlebe beide, sie gehören zusammen!«

Der Experientialismus glaubt, daß die Energie eines Menschen dem Hier-und-jetzt zufließt, wenn ihr freier Fluß nicht blockiert wird.

Der Zahnarzt steht vor mir und beobachtet mich. Ich mache meinen Mund auf und schließe die Augen. Ich glaube, daß ich in guten Händen bin. Die leichte Empfindung einer Betäubungsspritze. Der Arzt arbeitet. Ich muß mich nicht darum kümmern. — Ich bin glücklich. Beethoven hat sein Orchester direkt in meinem Gehör aufgebaut — seine Symphonie spielt immer weiter. — Woran hatte ich gerade gedacht?
Experientialismus: hier und jetzt —. Niemals habe ich mich Drogensüchtigen so nahe gefühlt. Ich verstehe sie jetzt. Wie schwer würde es mir fallen, mich von diesem herrlichen Erlebnis loszureißen, wenn mein Leben elend und unerträglich wäre. Welche seltsame, beglückende Erfahrung, daß die Chemie mir alle Sorgen abnehmen könnte!
Ein Atemzug, ein Einatmen, ein Schlucken, und dann kommt schon die Wolke, die mich zum Gipfel der Welt hochträgt, direkt unter den Himmel über Manhattan, und alle Sorgen sind weg: Kein Schmerz berührt mich. Mein drogentrunkener Bob, Bill und Eve, was könnte ich mir ausdenken, um solchen Flug weniger begehrenswert erscheinen zu lassen und euer übriges Leben mehr wünschenswert? Darüber sprechen? Mit euch über gute Gründe reden? (Wie naiv könnte ich sein?!)
Heute Nacht, wenn das Lachgas und diese Stimmung vorüber sein werden, werde ich Schmerzen haben; dann wird man mir ein anderes Mittel geben, eine andere Droge. — Und ihr: Trips in Therapie, die wir zusammen gemacht haben, das Glück solchen Erlebens, können sie eine solche abenteuerliche Himmelsreise ersetzen? Können sie den tieferen Schmerz überwinden? Welch schöne Welt müßten wir finden, um euch zu veranlassen, auf solche schillernden Erfahrungen zu verzichten? (Die Wirklichkeit? Diese Realität ist jetzt für mich so wirklich wie die Erfahrung, daß ich denken und fühlen kann, ohne meinen Körper wahrzunehmen — ihn los zu sein und doch starke Empfindungen zu erleben.)

Was fange ich jetzt mit dieser Freiheit an? Ich lasse mich schweben, zurück zu meinen Patienten und Studenten. »Wie kann ich dieses Erlebnis benutzen?« Die Stärke des ersten Gas-Inhalierens hat nachgelassen. Mein Antrieb ist, in die Zukunft zu schauen. Wie kann ich diese Erfahrung ausnutzen? Ich neige nicht zum Drogenkonsum. Ich erlebe die Verbindung zwischen dem Hier-und-jetzt zu dem Dort-und-dann der Zukunft. Meine Zukunft enthält meine Hoffnungen. Mein Hier-und-jetzt ist nur *eine* meiner menschlichen Dimensionen. Ich habe auch andere. *Die Hier-und-jetzt-Welt ohne Bewußtheit möglicher Zukunfts-*

deutung ist seicht. Seichtheit verführt zur Suche nach immer größerer Intensität von Farben, Licht, Ton, Wellen — mehr Drogen, mehr Gas, neue Spritzen. — Jetzt fällt mir's ein: Ich möchte es in mein Bewußtsein einprägen, so daß ich es nicht vergessen werde, wenn ich nicht mehr auf diesem Stuhl sitze:

Der Drogensüchtige ist der Hier-und-jetzt-Gläubige, der um keine andere Zukunft weiß als die, sein Hier-und-jetzt durch weitere Drogeneinnahme zu verstärken.

Wie kann ich in meinem Erlebnis hier etwas finden für meine Bills, Bobs und Eves — ihnen die Samen zukünftiger Kreativität zeigen, so daß die Abenteuerphantasie ihrer Zukunft die Hier-und-jetzt-Vergnügungen in den Schatten stellen? Wie kann das Hier-und-jetzt-Lustprinzip überwunden werden? —

»I do my own thing«, sagt er, sagt sie. »Ich tu ja niemand etwas zuleide, laß mich doch in Ruhe!« — »Wacht doch auf, Kinder, keine Drogenfarben und Drogentöne sind so tief wie eure schöpferische Seele!«

Die Musik wechselt; die Sprechstundenhilfe legt ein anderes Tonband ein. Bach! — Manchmal ist das Geräusch des Bohrers sehr laut. Dann geht mir die Musik verloren. — Ein kleiner Hammer klopft in meinem Mund. Töne und Berührung. Kein Schmerz. Ich schaue auf. Das Gesicht des Zahnarztes: ein Bild der Konzentration. Symbol und Wirklichkeit von Zielgerichtetheit. Der Arzt ist ganz in seinem Hier-und-jetzt, welches das Zukunftsziel in sich enthält. Dies ist es, worum es in der Kunst des Bogenschießens geht. Der Meister ist eins mit seinem Bogen; er ist sein Bogen und sein Ziel. Er läßt sich nicht gehen. Er ist seine eigene Konzentration und seine eigene Tat.

Die Brille des Zahnarztes ist voller Blutspritzer. Ich lächle und wische sie ab. Die Arztgehilfin hantiert mit ihrem Werkzeug, auf das sie konzentriert ist, ebenso wie auf mein Gesicht und dessen Ausdruck. Sie lächelt mich an.

Ich liebe diese zwei schönen Gesichter nebeneinander; sie sehen nicht meine Seele, sondern den Körper, der sie beherbergt: dieses körperliche Selbst, welches ich jetzt mehr als *ihr* denn als mein Eigentum empfinde. Ich wünschte, ich hätte einen Fotoapparat. Sind diese zwei Menschen wirklich so schön? Oder habe ich einen Zaubertrunk in meinem Blut, der jedem Ding Schönheit verleiht, sogar dem häßlichsten Blutfleck?

»Medizinisches Modell?« Was ist das eigentlich, das medizinische Modell? Wir, humanistische Psychologen, haben es so genannt als das Modell, das Leute »verdinglicht« — ein Modell, das Menschen als Objekte behandelt und nicht als kooperative Partner. Aber sind wirklich alle Operationen und Drogen nicht human? Immer? Oder manchmal? Wann?

Hier fühle ich mich nicht wie ein Objekt behandelt (mit Ausnahme der ersten Momente, als mich die Arztgehilfin allein ließ und mir Gas gab, ohne es mir zu erklären). Jetzt sind der Arzt und die Gehilfin ganz bei mir. Sie geben Zeichen ihrer Fürsorge, anerkennen meine Kooperation und fragen mich von Zeit zu Zeit, wie es mir geht. Ich besinne mich auf frühere Operationen und Untersuchungen, wo es anders war. Die Ärzte und Schwestern lachten miteinander oder stritten sich oder sprachen über belanglose Dinge, während ich voller Angst und Schmerzen war. Hier werde ich nicht »verdinglicht«.

Das echte, Tausende von Jahren alte, »medizinische Modell« ist oft humanistisch gewesen: wann immer ein Arzt den Patienten als einen Menschen betrachtete, der fühlt und denkt und Wert hat. So jedoch war und ist es im 19. und 20. Jahrhundert selten. Der Mensch wurde und wird vielfach als ein Bündel von Eigenschaften und Funktionen gesehen, das man behandelt.

Psychotherapie, Medizin und Erziehung *können* humanistisch sein. Ein Arzt jedoch, der nicht aufmerksam seinen Patienten zuhört, ihrer Geschichte, ihren Besorgnissen und Wünschen, oder ein Psychoanalytiker, der sich weigert, das Erlebnisfeld offen mit seinen Patienten zu teilen, oder der Lehrer, der Schüler behandelt, als könnten sie mit dem Nürnberger Trichter gefüttert werden, sind nicht humanistisch. Diese Professionellen sind die »Verdinglicher« von Menschen und leisten ihren Beitrag zu der ständig ansteigenden Anzahl enttäuschter Menschen, die ihre Heilung und Führung überall eher suchen als bei den Berufstätigen des Establishments.

Es fällt mir ein, daß ich angefangen hatte, von meiner Kollegin zu erzählen, die sagte: »Ich habe jetzt den Punkt erreicht, wo ich hundertprozentig Patientin mit meinen Patienten sein kann. Auch mein Ko-Therapeut macht es so. Wir wachsen zusammen mit unseren Patienten. Wir sprechen hundertprozentig offen über alles. Und seitdem passiert viel mehr für uns alle. Wir experimentieren und sie experimentieren. Wir sind alle im selben Boot.« »Im selben Boot? Zahlen sie euch nichts mehr?« »O ja«, sagte sie, »natürlich zahlen sie uns.« Ich äußere meine Verwunderung, daß Patienten Therapeuten bezahlen, die selbst *nur* Patienten sind. Sie: »Ich nehme an . . ., sie haben diese Frage wirklich nicht gestellt, als wir unsere Methode wechselten. Ich nehme an, sie zahlen, weil wir weiter sind in unserer Entwicklung als sie, reifer und offener mit unseren Gefühlen — wir können sogar miteinander streiten.« Ich: »Ich glaube nicht, daß es das ist. Ich könnte z. B. eure Patientin sein eine Zeitlang, und würde mich für ebenso reif halten wie euch, es muß etwas anderes sein, das euch zu Therapeuten macht, anderes als persönliche Reife. Es liegt in eurer Funktion. Ihr wählt Situationen und Worte, so daß ihr hilfreich sein könnt. Ihr habt eure Fertigkeiten integriert und scheint sie *nur unbewußt* gebrauchen zu wollen.« —

Ich glaube, daß sowohl der distanzierte Psychoanalytiker als auch der Erlebnistherapeut, der *nur* Patient zu sein vorgibt, zur Scharlatanerie beitragen:

Der Patient: »Warum soll ich zu jemand gehen, der sich von mir distanziert? Oder zu jemand, der behauptet, daß er mehr mit seiner eigenen

Heilung und Entwicklung beschäftigt ist als mit meiner, während ich ihn bezahle!«
Der Student: »Warum soll ich mir Fertigkeiten und Wissen abquälen, wenn alles, was ich zu sein brauche, ist, Patient zu sein?«

Ich glaube, daß ein Therapeut ebenso tief verstört sein kann wie jeder andere Mensch und ebenso heiter und reif. Was er hat und braucht, sind *berufliche Fähigkeiten.* Zu diesen gehören der *Umgang mit Emotionen* — Empathie, Intuition und Sensitivität —, geübt und überprüft in Jahren des Zuhörens, des Strebens nach Bewußtheit und disziplinierten Experimenten. Und zu diesen Fähigkeiten gehören *ebenso kognitive Fähigkeiten,* die durch das Studium der psychotherapeutischen Meister und Lehrer und durch das Teilnehmen an Workshops mit Freunden und Kollegen beeinflußt werden. Ist all dies gar nichts wert? Könnte ich statt dessen auch Straßen fegen, Geige spielen, Pferde züchten, Schuhe verkaufen oder Kunstgeschichte studiert haben? Haben all die vielen Jahre seit dem 19. Jahrhundert uns später Geborenen gar nichts anderes geboten, als gute Rabbiner, Priester, Lehrer oder Eltern uns gegeben hätten? Waren Freud, Adler, Horney, Jung, Sullivan, Reich, überflüssig? Könnten wir unsere Patienten ebensogut behandeln, wenn wir nur Shakespeare oder Goethe gelesen hätten? Und hat Freuds Perspektive, mit der er an Kindheitsfixierungen heranging, für Eltern, Therapeuten und Schulen überhaupt nichts gebracht?
Mir scheint, daß unsere Berufsgruppe, die sich glücklicherweise ihrer Schwächen bewußt geworden ist, sich jetzt masochistisch gebärdet in ihrer Selbstverleugnung, »daß wir nichts tun, außer, wir selbst zu sein«. — Ein Gedanke, der die offene Tür bietet, gedankenlose, unfähige und untrainierte Menschen hineinzulassen zu Tee- und Kaffee-Parties mit Pott-Beimischungen: »Wir sind ja alle Menschen. Je weniger wir uns mit diesem intellektualistischen Zeug abquälen, umso besser. Warum sollen wir uns fünf, sechs oder sieben Jahre mit psychotherapeutischem Training abgeben, wenn alles, was wir brauchen, nichts ist, als dabei zu sein und mitzuschwingen?«

Bachs klare Töne haben sich in Mozarts leichtere verwandelt. Der tiefblaue Himmel hat sich in rosa-goldumrandete Wolken aufgelöst und ist jetzt dabei, ganz schwarz zu werden. Die schimmernden Fenster sind jetzt multiple Reihen von Spiegeln, die ihr Licht dem dunklen Himmel zustrahlen. Ich nehme schmerzlos wahr, daß der Zahnarzt meine Gaumen näht. Drei und eine halbe Stunde sind jetzt vergangen. »Ich wünschte mir, ich hätte lauter Patienten wie Sie!« »Wie mich?« (»Mami, wie kommt es, daß du warten kannst?« »Ich warte nie«) »Doktor, Sie werden sehen, was ich gemacht habe, während Sie gearbeitet haben. Ich habe auch gearbeitet. Es hat mir Freude gemacht, der Trip und die Arbeit.«

Professionell zu sein bedeutet für mich, daß ich meine Tätigkeit ernst nehme und daß ich das, was ich tue, wirklich gern tue und daß ich viel studiert habe und so viel wie möglich weiter lerne. Professionell zu sein bedeutet für mich, daß Menschen zu mir kommen mit der berechtigten Erwartung, daß ich meine Fertigkeiten zu ihrem Nutzen anwenden werde. Und daß ich dabei nicht die Tatsache verleugne, daß ich meine Arbeit auch in meinem eigenen Interesse ausübe.

Der Zahnarztstuhl liegt weit zurück. Ich bin zu Hause. Tage- und nächtelang habe ich den Entwurf für dieses Papier unzählige Male geändert, ohne (so hoffe ich) den Fluß des Erlebens zerstört zu haben. Jetzt möchte ich, was ich mitteilen will, zusammenfassen:

Experientialismus

— ganz im Hier-und-jetzt sein; Tiefe in der Gegenwart finden; zu wissen, daß das Hier-und-jetzt jedes Dort-und-damals der Vergangenheit und die Dort-und-danns der Zukunft enthält.

Ich sehe Experientialismus als eine humanistische Haltung und Methode, in der die persönliche Erfahrung des Leiters als sein berufliches Werkzeug in der Interaktion mit anderen benutzt wird. Was sich an persönlicher Erfahrung im Innern ereignet, wird mit optimaler innerer Ehrlichkeit und ausgesprochener Klarheit (authentisch) dem Partner mitgeteilt. Optimale Authentizität hat selektiven Charakter: Maximale Aufrichtigkeit kann zerstören. Experientialismus ist eine Chance, humanistische Prinzipien im Heilen, Lehren, Beraten, Schreiben zu verwirklichen und zu vermitteln. Experientialismus bedeutet, über Wissen und Fertigkeiten zu verfügen, gemeinsame Aufgaben im Hier-und-jetzt zu lösen.
Erlebnistherapie und Erlebnispädagogik vertreten Haltung und Methoden, die nicht ohne bewertende Maßstäbe der Fertigkeiten angewendet werden können. Der Psychotherapeut braucht Wissen von biologischen, soziologischen, psychodynamischen und psychopathologischen Prozessen, die seine Fähigkeiten und den Horizont relevanter Kommunikationen und Erkenntnisse erweitern. — Der *experientielle Lehrer* braucht Wissen über sein Unterrichtsfach und muß allgemeine Techniken der verfügbaren Lehrhilfsmittel kennen. Der *experientielle Organisator* benötigt Einblick in Organisationsprobleme und Lösungsmöglichkeiten, der *experientielle Schreiber* Wortschatz und Stil. Die Experientialisten aller

Berufe brauchen Erfahrung und Klärung im Emotionalen; dazu gehören Sensitivität, Empathie, Intuition und Selbstbewußtheit. Diese können geübt und vertieft werden.

Humanismus ist das Fundament des Experientialismus: Zu wissen, daß ich zähle, zu wissen, daß du zählst. Zu wissen, daß jeder Mensch zählt, ob schwarz, weiß, rot, gelb oder braun. Die Erde zählt. Das Universum zählt. Mein Leid zählt. Dein Leid zählt. (Wenn du dich nicht um mein Leid scherst und mir dein Kummer gleichgültig ist, werden wir beide von Hunger, Krankheit und Massenmord ausgelöscht werden.)
Achtung vor dem Leben ist wichtig. Fähigkeiten und Wissen sind wichtig. Wissen ohne Achtung vor den Menschen baut Gaskammern und Napalmfabriken. Menschlichkeit ohne Wissen kann kein Brot backen, keine Häuser, Spitäler oder Schulen bauen und keine gebrochenen Knochen oder Seelen heilen.
Wenn der Experientialismus seine humanistische Grundlage und seine berufliche Ausbildung verliert, ist er nur noch ein hedonistischer Nachfahre altmodischer Kurpfuscherei.

II

Lebendiges Lernen: Themenzentrierte Interaktion (TZI)

8

Das Thema als Mittelpunkt interaktioneller Gruppen

Eine Modifikation gruppentherapeutischer Technik zum Zwecke der Führung von Erziehungs- und anderen Kommunikationsgruppen

Seit dem zweiten Weltkrieg sind in den Vereinigten Staaten von Amerika eine große Anzahl von gruppentherapeutischen Methoden entwickelt und mit gutem Erfolg gelehrt und praktiziert worden. Ich war als Therapeutin seit vielen Jahren an der Ausübung und am Vergleich dieser Therapien interessiert und beteiligt, hatte aber immer den Wunsch, Methoden zu finden, um das, was wir vom Menschen in der Gruppentherapie gelernt hatten, über die Patienten hinaus weiteren Kreisen zugute kommen zu lassen — besonders dem Erziehungswesen.

Viele Jahre lang hatte ich ausschließlich mit klassischer Analyse gearbeitet. Dann änderte ich teils auf der Grundlage eigener Erfahrung, teils unter dem Einfluß neuerer erfahrungsorientierter (»experiential«) Methoden meine Technik. Unter dem Antrieb des tiefgehenden Wunsches, mehr Menschen psychologisch zu erreichen, habe ich in den letzten fünfzehn Jahren daran gearbeitet, gruppentherapeutische Techniken zu modifizieren und sie in Schulklassen, Organisationen, Exekutiv- und Mitarbeitergruppen zu verwenden. Eine Anzahl erfahrener Gruppentherapeuten wurde in dieser Methode ausgebildet. Dann gründeten wir ein Lehrinstitut, welches die Aufgabe übernommen hat, diese und andere Methoden, die im Erziehungswesen und in Organisationen nützlich sein können, zu lehren. Ich möchte mich mit den vorliegenden Ausführungen vor allem an Psychotherapeuten wenden, die mit Gruppen gearbeitet haben, die eine eigene Analyse oder Psychotherapie erfahren haben und die mit psychodynamischen Prinzipien vertraut sind.

Die thematische interaktionelle Methode entspringt gruppentherapeutischen Erfahrungen und psychoanalytischen Theorien. Es hatte mich immer wieder in Erstaunen versetzt, in welchem Ausmaß Mitglieder therapeutischer Gruppen mit Hilfe dieser Erfahrungsweise ein ungeheuer anregendes und nutzbringendes Lernen erlebten, während die meisten Studenten in Hörsälen das Studieren als trocken und nicht bereichernd quasi erduldeten. So erfuhr ich den Unterschied zwischen »totem« und »lebendigem« Lernen.

Was bedingte diesen Unterschied? War die Selbstbezogenheit des gruppentherapeutischen Themas »Ich möchte glücklicher sein und besser funktionieren«, die Ursache dieser Leidenschaft, oder enthielt die gruppentherapeutische Methode als solche ein spezifisch lebendiges Element?

Bei meiner Suche nach solchen Elementen fiel mir auf, daß die Lebendigkeit gruppentherapeutischen Lernens vor allem mit einer achtungsvollen Einstellung zur Gefühlswelt und zum persönlichen Befinden des einzelnen zu tun hat. Die Gruppe ist persönlich beteiligt, wenn einer der Teilnehmer von sich selbst spricht; sie nimmt sein heftiges Herzklopfen, sein schweres Atmen, seine Tränen und seine Freuden als wichtig auf. Gefühle werden als des Menschen ureigenstes Anrecht respektiert, — gleichgültig ob sie realitätsgerecht sind oder eine Illusion darstellen. Das Gruppenklima ermutigt die Teilnehmer darin, Gefühle wahrzunehmen und auszudrücken. Die Gruppenstruktur ist geeignet, zwischenmenschliche Komplikationen sichtbar zu machen und ihren Ausdrucks- und Realitätsgehalt zu überprüfen. Solche tiefen und leidenschaftlichen Interaktionen sind dem Klassenzimmer und dem grünen Tisch fast unbekannt. Meine Frage war nun, ob man das leidenschaftliche Interesse, das den gruppentherapeutischen Raum erfüllt, in das Klassenzimmer versetzen könnte.

Freuds Begriffswelt unterscheidet zwischen Gefühlen, die Fortschritt und Integration kennzeichnen, und anderen, die Einsicht und Veränderung verhindern. Auch fast alle anderen späteren Richtungen der Psychotherapie respektieren Gefühle, selbst solche, die Widerstand und Realitätsvermeidung bedeuten.

(In der psychoanalytischen Technik geht die Arbeit am Widerstand der Arbeit am Inhalt fast immer voraus. Der therapeutische Prozeß vollzieht sich deshalb zwar langsam, jedoch ist jeder Schritt vorzüglich geschützt und gesichert. In der gestalttherapeutischen Theorie liegt die Betonung auf der Aufforderung zu und im Durcherleben von Gefühlen, die bis dahin vermieden wurden, und die als unvollendete Aufgabe zurückgeblieben sind. Bei den »experiential«-Methoden liegt die Betonung auf der Echtheit der Gefühle in therapeutischen sowohl als auch in allen anderen menschlichen Beziehungen.)

Als ich psychotherapeutische Bemühungen mit anderen Lernerfahrungen verglich, gewann ich den Eindruck, daß Gefühle im Klassenzimmer und in anderen Gruppen kaum einen angemessenen Platz finden. Wäre es nicht möglich und wünschenswert, eine Emanzipation des Gefühlslebens in allen Lehr- und Lerninstituten zu erreichen? Vielleicht könnte der Lehrer sowohl sich selbst als auch seinen Schülern das Recht auf die Bewußtheit der eigenen Gefühle zubilligen und an die Stelle einer heimlichen Sabotage von Gefühlen ein offenes Anrecht der Menschen auf Gefühle setzen. Schüler und Lehrer haben sowohl ein Anrecht auf die Realität ihrer Störungen als auch auf ihre schöpferischen Gefühle. Es erschien mir weise, diese Wirklichkeit zu bestätigen und sie als eine Tatsache anzusehen, anstatt sie zu unterdrücken.

Meine erste thematische interaktionelle Gruppe vor ungefähr fünfzehn Jahren war ein psychoanalytisches Arbeitsseminar mit fortgeschrittenen Studierenden der Psychoanalyse. Unser Thema war die »Gegenübertragung«. Vom psychoanalytischen Denken akzeptierte ich den Respekt für Widerstand und für Gefühle als notwendigen Teil allen Lebens. Während jedoch Fixierungen und Störungen des einzelnen als Mittelpunkt für therapeutische Gruppen betrachtet wurden, liegt im Gegenübertragungsseminar das Hauptthema in einer jeweils spezifischen Gegenübertragung in der anwesenden Gruppe und nicht in der Pathologie der einzelnen Teilnehmer. Es wurde zur Regel, jeweils als erstes und so lange es nötig war, akute Störungen zu erkennen und zu besprechen, dann jedoch wieder die Diskussion des Themas fortzusetzen. Der Erfolg dieser Gegenübertragungsseminare führte mich zu Überlegungen darüber, wie man die Gruppeninteraktion auch zum Studium anderer als analytischer Themen benützen könnte.

Ich möchte nun die thematische interaktionelle Methode, wie wir sie heute ausüben, etwas näher beschreiben:

Die Methode hat eine definitive Struktur, obwohl die Teilnehmer am Anfang einer Gruppe oft das Gefühl einer zu großen Freiheit haben. (Man muß schon ziemlich viel über Poesie wissen, bevor man die Bestimmtheit und Struktur freier Verse erkennt. Ich glaube, daß nur eine feste Struktur Freiheit ermöglicht.)

Die Anzahl der Zusammenkünfte, Zeitspanne und Ort der Arbeitsgruppe werden von vornherein festgelegt. Das Thema muß den Notwendigkeiten oder Interessen der Gruppe entsprechen, ob es sich nun um Beziehungen innerhalb einer Organisation handelt, um ein Studien- oder Aktionsprogramm, oder um ein Thema von psychologischer oder sozialer Bedeutung für das örtliche Gemeinschaftsleben.

Der Inhalt sowohl wie der Titel des Themas sind von Wichtigkeit. Jede Überschrift, die Worte wie »Störungen« oder »Probleme« enthält, führt die Gruppe zur Entdeckung und Beschreibung von negativen Erlebnissen und Gedanken, während ein Titel wie »Zur Überwindung von ... Störungen« die Teilnehmer zu einer anderen Haltung ermutigt. Ich habe schlechte Erfahrungen mit Themen gemacht, welche negative Assoziationen hervorrufen. »Schwierigkeiten im demokratischen Prozeß« würde jedenfalls ein schlechterer Titel sein als »Wege zur demokratischen Gruppenbildung«.

Jede Gruppeninteraktion enthält drei Faktoren, die man sich bildlich als Eckpunkte eines Dreiecks vorstellen könnte: 1. *das Ich*, die Persönlichkeit; 2. *das Wir*, die Gruppe; 3. *das Es*, das Thema. Dieses Dreieck ist eingebettet in eine Kugel, die die Umgebung darstellt, in welcher sich die interaktionelle Gruppe trifft. Diese Umgebung besteht aus Zeit, Ort und deren historischen, sozialen und teleologischen Gegebenheiten.

Die thematische interaktionelle Methode befaßt sich mit den Beziehungen der »Dreieckspunkte« zueinander und ihrer Einbettung in die »Kugel«. Der Reichtum dieser einfachen Struktur wird offensichtlich, wenn man die komplexe Natur des Ichs als eine psycho-biologische Einheit ansieht, das Wir als Zwischenbeziehung aller Gruppenmitglieder, und das Thema als die unendlichen Kombinationen aller in Frage kommenden konkreten und abstrakten Faktoren.

Bevor die Gruppe zum erstenmal zusammentritt, muß sich der Gruppenleiter mit der »Kugel« — den Gegebenheiten der äußeren Situation — befassen. Wieviel Zeit steht zur Verfügung beziehungsweise ist minimal oder optimal nötig? Wer zahlt, und was sind die finanziellen Möglichkeiten? Was bedeuten der gewählte oder zu wählende Ort und die Zeit für die Gruppenmitglieder? Welche persönlichen Assoziationen und sozialen Bedeutungen verbinden sich mit diesem Ort und dieser Zeit? Wer hat Interesse am Gelingen dieser interaktionellen Gruppe, und wer in dieser Organisation mag dagegen sein? Hat der Gruppenleiter das nötige Vertrauen der übrigen Repräsentanten der Organisation, um nicht mitten in der Arbeit gestört oder entlassen zu werden? Die »Kugel« enthält die Frage, ob die Gruppe freiwillig zusammenkommt oder dazu gezwungen wird, wie z. B. Insassen eines Gefängnisses oder — weniger offensichtlich — die Arbeiter einer Organisation.

Die Persönlichkeit und Fähigkeit des Gruppenleiters sind natürlich ebenso wichtig wie seine Technik. Keine Methode ersetzt persönliche Wärme, Toleranz und positive Einstellung zum Menschen. Ich glaube jedoch und habe durch meine Arbeit erfahren, daß nicht nur der Intellekt und das Wissen geschult werden können, sondern auch die Gefühlswelt. Intuition, Empathie, Takt und Mut sind nicht nur schicksalhaft an konstitutionelle Elemente gebunden oder von Kindheitserlebnissen bestimmt; Gefühle können erzogen und nacherzogen werden. Der Gruppenleiter braucht allgemeines Wissen vom Menschen, Erfahrung in Gruppendynamik und Gruppentherapie, die Kenntnis vieler technischer Hilfsmittel und vor allem »erzogene Gefühle«. Ich glaube, daß der Gruppenleiter auch eine konstruktive Werteinstellung braucht. Ich sehe in der Psychotherapie und in der allgemeinen Erziehung den axiomatischen Glauben sowohl an die Autonomie des Menschen als auch an die Tatsache der zwischenmenschlichen Verbundenheit. Therapie und Erziehung verlangen, daß Menschen sich dieser Tatsache immer mehr bewußt werden. Autonomie bedeutet nicht Autismus, und zwischenmenschliche Verbundenheit ist etwas anderes als Selbstaufopferung.

Als Gruppenleiterin bin ich mir nun der Dreieckspunkte Ich (Individuum), Wir (Gruppe) und Es (Thema) bewußt. Die Balance dieser drei Gegebenheiten ist nie vollkommen, sondern braucht eine relative, dynamische Ausgeglichenheit. Wenn die Gruppe sich mit dem Thema akademisch beschäftigt, erachte ich dieses nur für so lange als konstruktiv, als ich keine Zeichen von Interesselosigkeit in der Gruppe entdecke, nicht einzelne Teilnehmer als unbeteiligt oder gestört empfinde, und auch keine anderen generellen Gruppenzerfallsymptome auftauchen. Sonst lenke ich die Aufmerksamkeit vom Thema fort zur Person (Ich) oder zu Personen (Wir). Wenn die Gruppe sich umgekehrt nur für eine Person oder für ein Aufwallen von verschiedenen Gefühlen in der Gruppe zu interessieren scheint und sich damit in eine Therapie- oder Sensitivitätsgruppe zu verwandeln droht, schlage ich die Brücke zum Thema. In einer gut funktionierenden, erfahrenen Gruppe sind solche Direktiven weniger oft notwendig, da die Gruppe selbst sich zum Wächter der Methode fortentwickelt hat. Meiner Erfahrung nach sind jedoch führerlose Gruppen in interaktionellen Arbeitsseminaren unverläßlich; die führerlose Gruppe verwandelt sich unweigerlich entweder in eine Therapiegruppe oder in ein akademisches Seminar.

Wie es in klassischer analytischer Traumdeutung notwendig ist, der freien Assoziation Spielraum zu geben, um genügend Material zu bekommen, jedoch nicht endlos zu assoziieren (weil die Traumdeutung sonst verloren geht), so ist es in der interaktionellen Arbeitsgruppe wesentlich, die dynamische Balance der drei Beziehungspunkte durch ein Nicht-Zuviel und Nicht-Zuwenig zu erhalten. Es ist diese dynamische Balance, die die interaktionelle Arbeitsgruppe von anderen Kommunikationsmethoden unterscheidet. Das akademische Lernen bezieht sich fast nur auf das »Es« (das Thema), das psychologische auf das »Ich«, die Gruppentherapie auf das »Ich-Wir«. Die thematische interaktionelle Gruppe versucht die Dreiheit von Ich-Wir-Es in dynamischer Balance zu halten.

In der Praxis werden den Teilnehmern technische Regeln gegeben, die zugleich die jeweilige Arbeit und das Streben nach dem Bewußtsein von Autonomie und zwischenmenschlicher Verbundenheit fördern sollen. Solche Regeln sind unter anderem*:

1. Versuche, in dieser Sitzung das zu geben und zu empfangen, was du selbst geben oder empfangen möchtest. (Diese Richtlinie schließt alle folgenden, die nur zu größerer Verdeutlichung gegeben werden, ein).
2. Sei dein eigener Chairman und bestimme, wann du reden oder schweigen willst und was du sagst.

---

* siehe Ergänzung im folgenden Beitrag.

3. Es darf nie mehr als einer auf einmal reden. Wenn mehrere Personen auf einmal sprechen wollen, muß eine Lösung für diese Situation gefunden werden.
4. Unterbrich das Gespräch, wenn du nicht wirklich teilnehmen kannst, z. B. wenn du gelangweilt, ärgerlich oder aus einem anderen Grund unkonzentriert bist. (Ein »Abwesender« verliert nicht nur die Möglichkeit der Selbsterfüllung in der Gruppe, sondern bedeutet auch einen Verlust für die ganze Gruppe. Wenn eine solche Störung behoben ist, wird das unterbrochene Gespräch entweder wieder aufgenommen werden oder einem momentan wichtigeren Platz machen.)
5. Sprich nicht per »man« oder »wir«, sondern per »ich«. (Ich kann nie wirklich für einen anderen sprechen. Das »man« oder »wir« in der persönlichen Rede ist fast immer ein Sich-Verstecken vor der individuellen Verantwortung.)
6. Es ist beinahe immer besser, eine persönliche Aussage zu machen, als eine Frage an andere zu stellen. (Meine Äußerung ist ein persönliches Bekenntnis, das andere Teilnehmer zu eigenen Aussagen anregt; viele Fragen sind unecht; sie stellen indirekt Ansprüche an den anderen und vermeiden eine persönliche Aussage.)
7. Beobachte Signale aus deiner Körpersphäre und beachte Signale dieser Art bei den anderen Teilnehmern. (Diese Regel ist ein Gegengewicht gegen die kulturell bedingte Vernachlässigung unserer Körper- und Gefühlswahrnehmung.)

Die thematische interaktionelle Methode beruht auf der Einsicht, daß Menschen zwar Tatsachen und Zusammenhänge mit dem Denken allein erfassen können, daß jedoch sinnvolles Lernen den ganzen Menschen als psychosomatisches — daher auch gefühlsbetontes und sinnliches — Wesen betrifft. Die gegebenen Regeln und Richtlinien versuchen, den ganzen Menschen, Gefühle und Gedanken, Gegenwart, Vergangenheit und Zukunft miteinzubeziehen.

Die ersten Anweisungen am Anfang der Gruppenarbeit sind besonders wichtig. Bei freiwillig zusammengekommenen Erwachsenen-Gruppen gebrauche ich als Einleitung oft die Aufforderung zu einem entspannten Schweigen. Für dieses Schweigen gebe ich die folgenden Anweisungen:

1. Über das gegebene Thema nachzudenken und sich an frühere Gedanken und Erlebnisse, die diesem Thema zugehören, zu erinnern;
2. Der augenblicklich gegebenen Situation Aufmerksamkeit zuzuwenden. (Wie erlebe ich in diesem Augenblick mein Hiersein in dieser Gruppe und das Vom-Gruppenleiter-Anweisung-Bekommen, über das Thema nachzudenken? Was fühle ich von meinem Körper? Was sehe ich, höre ich, empfinde ich?);

3. Eine Aufgabe zu lösen, die das gegebene Thema und die gegenwärtige Situation verbindet, wie z. B. zum Thema »Beratende Arbeit in Gruppen«: »Suche dir einen Menschen in dieser Gruppe aus, dem du glaubst, etwas geben zu können; suche dir einen anderen oder denselben Partner aus, von dem du etwas lernen möchtest.« Oder zum Thema: »Das Wagnis der Veränderung«: »Versuche in der nächsten Stunde eine andere Rolle zu übernehmen, als du sie gewohnt bist, z. B. gut zuzuhören anstatt zu reden, oder das Umgekehrte, je nach deiner üblichen Verhaltensweise.«

Während der ganzen Serie von Arbeitssitzungen bleibt es die Aufgabe des Gruppenleiters, die dynamische Balance von Ich, Wir und Es anzustreben. Lehrer tendieren im allgemeinen dahin, das Thema, Gruppentherapeuten dagegen dahin, die Person zu bevorzugen. Die spezifische Kunst ist es, die gleichwertige Betonung von allen drei Punkten des Dreiecks zu erreichen.

Das Thema wird als das Mittelglied zwischen Individuum und Gruppe behandelt. Wenn alle Personen, jeder in seiner Art, sich zur gleichen Zeit auf denselben Inhalt eines Themas beziehen, ist der Zusammenhalt der Gruppe erreicht. Manchmal ist es gut, durch eine plötzliche »Blitzaufnahme« festzustellen, ob eine solche Gruppenkohäsion besteht. (»Was haben Sie eben in diesem Augenblick erlebt — oder im Bewußtsein gehabt?«)

Übertragungsillusionen oder andere emotionelle Störungen werden nur soweit erforscht, als sie momentan die Arbeit stören. (Wenn z. B. ein Gruppenmitglied so zornig über eine anwesende oder abwesende Person ist, daß es sich auf nichts anderes konzentrieren kann; oder wenn irgend etwas anderes ihn tief beschäftigt, ängstlich macht, usw.) Solche Störungen können mit verschiedenen Mitteln behandelt werden — von einfacher Katharsis und Einfühlung bis hin zum Rollenspiel oder anderen kurztherapeutischen Methoden.

Die Gruppenatmosphäre ist im wesentlichen akzeptierend, nicht verurteilend. Wenn Gruppenleiter (speziell am Anfang einer Serie) sich negativ verhalten, kommt eine thematische Interaktion entweder gar nicht zustande, oder die negativen Emotionen der Gruppe überschwemmen die Arbeitsmöglichkeiten. Das Gruppenklima muß vorsichtig und sorgfältig im Sinne einer Anerkennung von sowohl Unterschieden und menschlichen Schwächen als auch konstruktiven Möglichkeiten etabliert werden. Wenn sich ein konstruktiver Gruppengeist gebildet hat, können Feindseligkeiten, Nichtbeachtung und Kritisieren leichter akzeptiert werden. Nichts Menschliches sei der Gruppe fremd.

Es ist ratsam, daß sich der Gruppenleiter denselben Grundregeln unterwirft, die er den Gruppenteilnehmern vorschlägt. Im Idealfall stellt er selbst nur wenige Fragen und spricht seine Meinungen und Gefühle offen aus, ist sich seiner Autonomie und seiner zwischenmenschlichen Bindungen bewußt und nimmt sich selbst und alle anderen ernst. (Das bedeutet nicht den Überernst, der das Lachen ausschließt.)

Wenn ich eine Gruppe leite, versuche ich sowohl jeden Teilnehmer als auch die Gruppe als Ganzes und das Thema im Auge zu behalten, ohne meine eigenen Gefühle und Gedanken zu ignorieren. Ich beobachte und balanciere den Gesamtgruppenprozeß. Wenn die Gruppe überintellektuell wird, spreche ich von meinen Gefühlen; wenn sie nur emotionell reagiert, etabliere ich die Balance durch meine eigenen Überlegungen und durch sachliche Diskussion; wenn die Gruppe nur vom Thema spricht, beachte ich den Gruppenprozeß sowie Ausdruck und Verhalten der einzelnen Menschen; wenn ein Teilnehmer sehr lange im Vordergrund verbleibt und dies nicht mehr wichtig zu sein scheint, führe ich zum Thema zurück. Solche Gewichtsverlagerungen können durch direkte oder indirekte Mittel hervorgebracht werden. Ich kann mich entweder auf die Seite des Nichtausgesprochenen stellen und es dadurch in den Vordergrund bringen, oder auch die Gruppe direkt auf die Unbalanciertheit aufmerksam machen. Interpretation oder Generalisation jeder Art führen meistens dazu, einen Punkt hinter das eben gesprochene oder erlebte Thema zu setzen und den Weg zu einem anderen freizumachen. Diese Tatsache muß jeder Gruppenleiter im Auge behalten, bevor er Interpretationen oder Generalisationen ausspricht.

Psychopathologische Phänomene werden nur in ihrer Wirkung auf die gegenwärtige Situation behandelt, nicht aber in ihrer dynamischen Bedeutung für die kranke Persönlichkeit. Man kann ein Symptom erkennen und akzeptieren und dadurch einen Umschwung herbeiführen, ohne tiefenpsychologische Deutungen zu geben. (»Solch eine tiefe Angst ist schwer zu ertragen« — »Ich weiß, wie es ist, wenn man von anderen als Gegenstand behandelt wird.«) Der Gruppenleiter kann alle paranoiden, depressiven, zurückgezogenen oder monopolisierenden Haltungen respektieren und doch gleichzeitig Respekt für die Reaktion der anderen Gruppenmitglieder auf solches Verhalten aufweisen. Unter solchen Umständen ist das Ausbrechen einer Psychose unwahrscheinlicher als in anderen Lebenssituationen, und die Krankheit des einzelnen wird nicht in überwältigender Weise zum Mittelpunkt der Gruppeninteraktion. Es ist wichtig, technische Methoden zu lernen, um die ganz verschiedenartigen pathologischen Symptome, die in der Gruppe in Erscheinung treten, angehen zu können, da ja in öffentlichen oder Unternehmensgruppen die Mitglieder oft nicht von uns ausgewählt worden sind.

Die thematische interaktionelle Methode wird bereits viel benutzt. Meine Kollegen und ich haben mit Schulklassen, Konfrontationsgruppen (Schwarze und Weiße, Studenten und Fakultät), Krankenhausteams, Bewährungshelfern, Geschäftsgruppen, Fürsorgestellen usw. gearbeitet. Wir beeinflussen Lehrer und Schüler in der Richtung von »Lebendig-Lernenden (Living-Learning) Gruppen«. Die weitere Ausarbeitung der Methode für Nicht-Therapeuten ist im Gange; jedoch ist es wahrscheinlich, daß Gruppentherapeuten Vermittler dieser Methode bleiben werden, für die sich, so hoffen wir, immer mehr pädagogische und soziale Organisationen interessieren werden.

9

Zur Grundlage des themenzentrierten interaktionellen Systems* Axiome, Postulate, Hilfsregeln

Grundlegend für das System themenzentrierter Interaktion (TZI) sind diese Axiome:

1. Der Mensch ist eine psycho-biologische Einheit. Er ist auch Teil des Universums. *Er ist darum autonom und interdependent. Autonomie (Eigenständigkeit) wächst mit dem Bewußtsein der Interdependenz (Allverbundenheit).*

Menschliche Erfahrung, Verhalten und Kommunikation unterliegen interaktionellen und universellen Gesetzen. Geschehnisse sind keine isolierten Begebenheiten, sondern bedingen einander in Vergangenheit, Gegenwart und Zukunft.
2. Ehrfurcht gebührt allem Lebendigen und seinem Wachstum. Respekt vor dem Wachstum bedingt bewertende Entscheidungen. Das Humane ist wertvoll; Inhumanes ist wertbedrohend.
3. Freie Entscheidung geschieht innerhalb bedingender innerer und äußerer Grenzen. Erweiterung dieser Grenzen ist möglich.
Unser Maß an Freiheit ist, wenn wir gesund, intelligent, materiell gesichert und geistig gereift sind, größer, als wenn wir krank, beschränkt oder arm sind und unter Gewalt und mangelnder Reife leiden. *Bewußtsein unserer universellen Interdependenz ist die Grundlage humaner Verantwortung.*

Aus den Axiomen leiten sich Postulate ab; sie sind Forderungen auf der Basis des Paradox' der Freiheit in Bedingtheit. Wir müssen sie befolgen; mangelnde Bewußtheit und mangelnde Handlungsbereitschaft sind Kennzeichen persönlicher und sozialer Krankheit.
Postulate sind:
1. Sei dein eigener Chairman, der Chairman deiner selbst.

»Chairman« — Vorsitzender, Leiter — ist in diesem Zusammenhang nicht übersetzbar wegen seines Doppelsinns: Chairman of myself = Leiter meiner selbst; und Chairman of a group = Vertreter der Interessen aller in einer Gruppe (nicht nur Vorsitzender oder Moderator). Darum habe ich das Wort »Chairman« als system-immanent auch im Deutschen eingeführt.

---

* In früheren Schriften erscheint das System als »WILL-Methode« (W.I.L.L. = Workshop Institute for Living-Learning, New York, NY; Atlanta, Ga; Pittsburgh, Pa; USA. — Basel, Schweiz), als »Themenzentrierte Interaktionelle Methode« oder auch »TIM«. Ich vermeide jetzt das Wort Methode, weil es dazu verleiten kann, den Aspekt der »Einstellung und Haltung«, die dem System innewohnt, zu übersehen.

Das bedeutet:
a) Sei dir deiner inneren Gegebenheiten und deiner Umwelt bewußt.
b) Nimm jede Situation als Angebot für deine Entscheidungen. Nimm und gib wie du es verantwortlich für dich selbst und andere willst.
2. Beachte Hindernisse auf deinem Weg, deine eigenen und die von anderen. Störungen haben Vorrang (ohne ihre Lösung wird Wachstum erschwert oder verhindert).

Postulate und das themenzentrierte interaktionelle System (TZI)

1. Sei dein eigener Chairman

Als mein eigener Chairman bin ich der »Vorsitzende meiner inneren Gruppe«, meiner verschiedenen Bedürfnisse und Bestrebungen. Ich versuche, sie mir auch in der Gruppensitzung bewußt zu machen: die körperlichen Empfindungen, die wechselnden Gefühle und die tief verankerten Grundstimmungen, die Wahrnehmung im Gruppengeschehen, die gedanklichen Eingebungen, Phantasien, Intuitionen, Urteile, Wertungen, Absichten. Ich akzeptiere mich, wie ich bin — was meine Wünsche, mich selbst zu ändern, einschließt. Ich mache mir meine Gefühle bewußt und wäge ab, mein »ich soll« gegen mein »ich möchte«; und ich versuche, meine Entscheidungen auch von körperlichen Fähigkeiten und Begrenztheiten abhängig zu machen, denen ich ebenso unterliege wie anderen natürlichen und sozialen Gegebenheiten: Menschen, Natur, sozialer Wirklichkeit.
Die Aussage »sei dein eigener Chairman« in interaktionellen Gruppen bedeutet: Übe dich, dich selbst und andere wahrzunehmen, schenke dir und anderen die gleiche menschliche Achtung, respektiere alle Tatsachen so, daß du den Freiheitsraum deiner Entscheidungen vergrößerst. Nimm dich selbst, deine Umgebung und deine Aufgabe ernst. Mein eigener Chairman zu sein bedeutet, daß ich mich als einzigartiges psycho-biologisches autonomes Wesen anerkenne — begrenzt in Körper und Seele, in Raum und Zeit und lebendig im lernenden, schaffenden Prozeß. Ich bin verantwortlich für meine Anteilnahme und meine Handlungen, nicht aber für die des anderen. Ich kann anbieten und biete an, so gut ich kann.
Mein eigener Chairman zu sein bedeutet also, meine Möglichkeiten und Grenzen als menschliches Wesen zu begreifen und zu verfolgen: Ich bin nicht allmächtig; ich bin nicht ohnmächtig. Meine Macht ist begrenzt.
Ich bin immer nur mein eigener Chairman und nie der des anderen, außer wenn dieser seine Bewußtheit verliert oder noch nicht erreicht hat.
Beispiele: 1. Mein Nachbar liegt im Koma. Ich entscheide durch Tun oder

Nichttun, ob ein Arzt zu Hilfe kommt. 2. Ein Kind entwickelt erst langsam seine Möglichkeiten zur Realitätsübersicht (Erkennen von Gefahren auf der Landstraße, Nahrungsvorsorge, Zeitperspektive). Der Erwachsene entscheidet anhand seiner Realitätsperspektive, inwieweit er Entscheidungen für das Kind oder mit dem Kind zusammen trifft.

Schon vor der Geburt bestehen Autonomie und Interdependenz. Das Kind wächst *selbst* im Mutterschoß. Nach der Geburt kann ihm die Mutter Nahrung anbieten, aber das Kind nimmt selbst an oder verweigert. (Selbst wenn es mechanisch gefüttert wird, kann sein Organismus annehmen oder verwerfen.)

2. Störungen haben Vorrang

Störungen haben de facto den Vorrang, ob Direktiven gegeben werden oder nicht. Störungen fragen nicht nach Erlaubnis, sie sind da: als Schmerz, als Freude, als Angst, als Zerstreutheit; die Frage ist nur, wie man sie bewältigt. *Antipathien und Verstörtheiten können den einzelnen versteinern und die Gruppe unterminieren; unausgesprochen und unterdrückt bestimmen sie Vorgänge in Schulklassen, in Vorständen, in Regierungen.* Verhandlungen und Unterricht kommen auf falsche Bahnen oder drehen sich im Kreis. Leute sitzen am Pult und am grünen Tisch in körperlicher Gegenwart und innerer Abwesenheit. *Entscheidungen entstehen dann nicht auf der Basis von realen Überlegungen, sondern unterliegen der Diktatur der Störungen* — Antipathien zwischen den Teilnehmern, unausgesprochenen Interessen und persönlichen depressiven und angstvollen Gemütsverfassungen. Die Resultate sind dementsprechend geist- und sinnlos und oft destruktiv. Die unpersönlichen »störungsfreien« Klassenzimmer, Hörsäle, Fabrikräume, Konferenzzimmer sind dann angefüllt mit apathischen und unterwürfigen oder mit verzweifelten und rebellierenden Menschen, deren Frustration zur Zerstörung ihrer selbst oder ihrer Institutionen führt.

Das Postulat, daß Störungen und leidenschaftliche Gefühle den Vorrang haben, bedeutet, daß wir die Wirklichkeit des Menschen anerkennen; und diese enthält die Tatsache, daß unsere lebendigen, gefühlsbewegten Körper und Seelen Träger unserer Gedanken und Handlungen sind. Wenn diese Träger wanken, sind unsere Handlungen und Gedanken so unsicher wie ihre Grundlagen.

Es gibt jedoch auch Teilnehmer mit »dauernden Störungen«, die durch kurze Interaktionen nicht zur Ruhe kommen können. Wenn ein Mensch zutiefst voller Ängste ist oder von chronischen Problemen beschwert, kann er sich oft nicht auf andere Aufgaben als auf seine eigene Existenznot beziehen. Dann ist es besser,

eine therapeutische Behandlung vorzuschlagen, oder eine Gruppe mit seinem speziellen Thema zu finden — wie z. B. »Ich und Du in unserer Ehe — wie sollen wir leben?« oder »Wie befreie ich mich von meinen Arbeitsstörungen?«
Die Störung des Wir in nichttherapeutischen Gruppen hat manchmal Vorrang vor unlösbaren Problemen des Ich. Dies trifft auch zu, wenn eine Gruppe rasch entscheiden muß: z. B. bei konkreten Gefahren oder Termindruck. Die Maxime »Realität hat den Vorrang« hilft, Entscheidungen über Vorrangigkeit zu treffen; es braucht Übung, diese »Gefahrenregel« nicht zu mißbrauchen.

Ich glaube, daß die überraschende Wirksamkeit der methodischen Anweisungen der TZI in der Tatsache wurzelt, daß ihre *Postulate Klarstellungen existentieller Phänomene sind und nicht auswechselbare Spielregeln. Die Postulate sprechen in ihrer Forderung aus, die Realität und nicht Dogmen als Autorität anzuerkennen.* Unbewußtheit der eigenen Chairman-Position verführt zur Autoritätsanbetung und zur Ablehnung echter Autorität. (Ich bin Autorität, solange ich die Wirklichkeit repräsentiere — z. B. die Wirklichkeit des Wissens, daß Feuer brennt und ich die Hand des Säuglings schützen muß, aber auch, daß Kinder mit Streichhölzern umzugehen lernen können und müssen. Die Autorität des Erwachsenen begleitet und hilft Kindern zu wachsen: »Wer weniger gibt als nötig, ist ein Dieb; wer mehr gibt, ein Mörder.«)

Themenzentrierte Interaktion wird durch Hilfsregeln unterstützt

Wichtig sind Rücksicht auf Größe und Zusammensetzung der Gruppe, die Zeit, die zur Verfügung steht, Räume, die benutzt werden können, die antizipierte und wirkliche Kombination der Teilnehmer (ihre Motivationen, Berufe, Schicht, Alter etc.), adäquate Themenfindung und -formulierung etc.
Je geübter die Gruppe im Handwerk der TZI ist, um so gleichmäßiger verteilen sich strukturelle und organisatorische Leitungsfunktionen. Die *interaktionelle Diskussion bedarf eines Gruppenleiters*, der zugleich Partizipant ist *und* Verantwortung für die Funktion der dynamischen Balance übernimmt; *er leitet als Person*, als Ich, *unter Einsatz seiner Gedanken und Gefühle, die er wie jeder andere Teilnehmer hat — das heißt als sein eigener Chairman. Er ist zugleich auch Chairman der Gruppe, der die Funktion der Gleichgewichtsführung übernimmt.*
Wenn niemand diese Arbeitsaufgabe hat, übernehmen alle Gruppenmitglieder die Leitungsfunktion, was die Aufgabe jedes einzelnen dem Thema und andern gegenüber erschwert und die Konzentration verringert; oder, wenn die Gruppe nicht leitend einspringt, geht die dynamische Balance verloren. Wenn der Leiter »neutral« als Beobachter und Dirigent

und nicht als Partizipant leitet, entstehen vermehrte Übertragungs- und Herrschaftssituationen. *Gruppenleiten ist eine wichtige Arbeitsfunktion*, die gelernt werden kann, *und nicht ein hierarchisches Statussymbol.*
Es gibt TZI-Hilfsregeln, die fast immer nützlich, andere, die situationsspezifisch sind. Wichtig ist, daß Hilfsregeln taktvoll und nicht diktatorisch angewandt werden. Jede Regel kann ad absurdum geführt werden.
Die folgenden Regeln sind im Prinzip universell anwendbar für die meisten Gruppenarten.

1. Vertritt dich selbst in deinen Aussagen; sprich per »Ich« und nicht per »Wir« oder per »Man«.

Begründung: Die verallgemeinernden Wendungen von »Wir«, wie z. B. in »Wir glauben«, »man tut«, »jederman denkt«, »niemand sollte«, sind fast immer persönliche Versteckspiele. Der Sprechende übernimmt nicht volle Verantwortung für das, was er sagt. Er versteckt sich hinter der öffentlichen Meinung oder einer nicht kritisch überprüften Majoritätsentscheidung, um sich selbst und seine Zuhörer zu überzeugen. Wenn ich an meine eigene Aussage glaube, brauche ich keine fiktive, quantitative Unterstützung des andern. Wenn ich dennoch Bestätigung brauche oder wünsche, muß ich überprüfen, ob die anderen mir wirklich zustimmen. Aussagen einzelner Gruppenmitglieder wie »Die Gruppe denkt«, »Wir langweilen uns alle«, »Alle sind anderer Meinung als du«, »Wir alle wollen eine Kaffeepause« sind oft nicht wahr. Die Regel, per Ich zu sprechen und nur per Ich, dient dazu, verantwortliche Aussagen zu machen, Projektionen zu vermeiden und weder eigene Kreativität noch Irrtümer zu vertuschen. »Wir« als Träger von Aussagen ist nur authentisch, wenn die Gemeinsamkeitsfaktoren der Ichs überprüft worden sind. »Man« bedeutet eine Aussage über alle Menschen oder eine definitiv bestimmte Gruppe größeren Ausmaßes.

2. Wenn du eine Frage stellst, sage, warum du fragst und was deine Frage für dich bedeutet. Sage dich selbst aus und vermeide das Interview.

Begründung: Echte Fragen verlangen Informationen, die nötig sind, um etwas zu verstehen oder Prozesse weiterzuführen. Authentische Informationsfragen werden durch die Gründe für die Informationswünsche persönlicher und klarer.
Fragen, die kein Verlangen nach Information ausdrücken, sind unecht. Sie können Vermeidungsspiele sein, um eigene Erfahrungen zu ververschweigen oder dienen als Werkzeug inquisitorischer Machtkämpfe.

Die befragten Personen, die solche Tendenzen mehr oder minder klar empfinden, nehmen sie nicht ernster, als sie gemeint sind. Unechte Antworten und Gegenfragen folgen unechten Fragen. Interview ersetzt Dialog.
Wenn Teilnehmer dagegen Aussagen machen — anstelle von Fragen —, inspirieren sie zu weiteren Interaktionen, denn immer dann, wenn eigene Erfahrungen und Gedanken ausgesprochen werden, werden andere mit größter Wahrscheinlichkeit eigene Erfahrung und Ideen mitteilen wollen. Echte Kommunikation ist ebenso ansteckend wie Abwehr (Cave: Regeln sind nur brauchbar wenn sie Echtheit fördern).

3. Sei authentisch und selektiv in deinen Kommunikationen. Mache dir bewußt, was du denkst und fühlst, und wähle, was du sagst und tust.

Begründung: Wenn ich etwas nur sage oder tue, weil ich soll, dann fehlt dieser Handlung meine eigene bewährte Überprüfung, und ich handle nicht eigenständig. Ich spreche dann entweder auf der Basis einer unreflektierten Gruppennorm oder gehorche einem internalisierten (elterlichen) Soll; oder ich fälle Entscheidungen, ohne wirklich zu entscheiden, »weil mir gerade so zumute ist«, ohne Rücksicht auf mein eigenes Wertsystem oder mein Urteil über Gegebenheiten, und entziehe mich so gleicherweise autonomer Wahl.
Wenn ich alles ungefiltert sage, beachte ich nicht meine und des andern Vertrauensbereitschaft und Verständnisfähigkeit. Wenn ich lüge oder manipuliere, verhindere ich Annäherung und Kooperation. Wenn ich selektiv und authentisch (»selective authenticity«) bin, ermögliche ich Vertrauen und Verständnis. Wenn Vertrauen geschaffen ist, wird Filterung zwischen meiner Erfahrung und meiner Aussage weitgehend überflüssig. Je weniger solches Filtern nötig geworden ist, desto einfacher, produktiver und froher ist die Kooperation der Teilnehmer. Solches Vertrauen kommt nicht durch Konformitätsdruck und in Übereilung zustande.

4. Halte dich mit Interpretationen von anderen so lange wie möglich zurück. Sprich statt dessen deine persönlichen Reaktionen aus.

Begründung: Interpretationen können korrekt und zeitlich angebracht sein. Bestenfalls schaden sie nicht. Wenn sie richtig und taktvoll sind (zeitadäquat), zementieren sie das, was der Interpetierte weiß; wenn sie richtig, jedoch nicht zeitgerecht sind, erregen sie Abwehr und verlangsamen den Prozeß. Häufig sind sie nichts anderes als Selbstbewunderungsspiele. Nicht-interpretative, direkte persönliche Reaktionen zum Verhalten anderer führen zu spontaner Interaktion. (»Du redest, weil du immer im Mittelpunkt stehen willst« versus »Bitte rede jetzt nicht, ich möchte nachdenken« oder »Ich möchte selbst reden.«)

5. Sei zurückhaltend mit Verallgemeinerungen.

Begründung: Verallgemeinerungen haben die Eigenart, den Gruppenprozeß zu unterbrechen. Sie sind am Platz, wenn ein Unterthema ausreichend diskutiert worden und der Wechsel des Gegenstandes angezeigt ist (z. B. als Hilfe, dynamische Balance herzustellen oder zu einem anderen Unterthema überzuleiten).

6. Wenn du etwas über das Benehmen oder die Charakteristik eines anderen Teilnehmers aussagst, sage auch, was es dir bedeutet, daß er so ist, wie er ist (d. h. wie du ihn siehst).

Begründung: Diese Regel, zusammen mit der »Frage-Regel« (»Frage nicht ohne Zufügung deiner Motivation«), verhindert das Phänomen des Prügelknaben. »Interview« und »Feedback« können Geheimwaffen für Ablenkungsmanöver und für Angriffe sein. Die Aussage darüber, wie ich einen anderen sehe, ist immer meine persönliche Meinung. Ich kann nur meine Ansicht über den anderen aussprechen, nicht aber mit dem Anspruch auf allgemeine Gültigkeit. Wenn der Sprecher hinzufügt, was ihm seine Fragen und sein Feedback bedeuten, werden echte Dialoge begünstigt.

7. Seitengespräche haben Vorrang. Sie stören und sind meist wichtig. Sie würden nicht geschehen, wenn sie nicht wichtig wären (Vielleicht wollt ihr uns erzählen, was ihr miteinander sprecht?).

Begründung: Wenn ein Gruppenmitglied Aussagen an seinen Nachbarn richtet, so ist er mit großer Wahrscheinlichkeit stark beteiligt. Es kann sein, daß er etwas sagen will, was ihm wichtig ist, aber er scheut sich, es zu tun; oder er kommt nicht gegen schnellere Sprecher auf und braucht Hilfe, sich in der Gruppe zu exponieren. Er kann auch aus dem Gruppenprozeß herausgefallen sein und versucht nun, auf einem Privatweg wieder hineinzukommen. (Es ist wichtig, daß diese Regel als eine *Aufforderung* erlebt wird und nicht als *Zwang*. Die Angesprochenen werden aufgefordert und nicht erpreßt.)

8. Nur einer zur gleichen Zeit bitte.

Begründung: Niemand kann mehr als einer Äußerung zur gleichen Zeit zuhören. Um sich auf verbale Interaktionen konzentrieren zu können, müssen sie nacheinander erfolgen. Der Gruppenzusammenhalt ergibt sich aus konzentriertem Interesse füreinander und für die Aussagen oder Aktionen jedes Teilnehmers.
Diese Regel bezieht sich primär auf verbale Aussagen. Manchmal können jedoch nichtverbale Kommunikationen wie Gesten, Paarbildungen usw. ebenso ablenkend sein wie verbale Äußerungen; sie werden deshalb am besten aufgegriffen und in den Gesamtstrom eingebracht. (Es gibt viele Situationen, fur die diese Regel nicht gilt. Gleichzeitige Interaktionen sind erforderlich, wenn die Gruppe in Paare oder kleinere Arbeitsgruppen aufgeteilt ist oder bei Rollenspielen und Begegnungsübungen, die andersartige Spielregeln erfordern.)

9. Wenn mehr als einer gleichzeitig sprechen will, verständigt euch in Stichworten, über was ihr zu sprechen beabsichtigt.

Begründung: Alle Anliegen derer, die gerne sprechen möchten, werden auf diese Weise kurz erörtert, bevor die volle Gruppenaktion weitergeht. Eine kurze Kommunikation mindert explosive Bedürfnisse, sich mitzuteilen, und befähigt die Gruppe zu wählen. Durch dieses Vorgehen wird die Entscheidung, wer sprechen soll, nicht allein vom Gruppenleiter übernommen, sondern kommt durch autonome Entscheidungen aller Teilnehmer zustande. Sprechordnung kann dann auf verschiedene Arten bestimmt werden, z. B.
a) durch das offenbar starke Bedürfnis eines der Teilnehmer,
b) durch das größere Interesse der Gruppenmitglieder für die eine oder andere Äußerung,
c) durch Identität zweier Aussagen,
d) durch ergänzende Aussagen.
Die rasche Stichwortkommunikation zwischen den Sprechenden vermittelt der ganzen Gruppe einen Überblick über die Vielfalt der Gesprächsfäden, die auch später wieder aufgenommen werden können. So fühlt sich niemand übergangen. Rivalisieren um des Rivalisierens willen wird weitgehend verhindert.
Wenn diese Regel nicht aufgestellt wird, zeigt sich oft verstärktes Rollenverhalten: Der Scheue geht noch weniger aus sich heraus, der Dominante dominiert noch mehr und beherrscht das Sprechfeld. Oder der Gruppenleiter und temperamentvolle Mitglieder entscheiden über andere ohne Notwendigkeit (d. h. sie üben Autorität aus, wo sie unnötig und daher infantilisierend ist).

Regeln sind Hilfestellungen, die der Verwirklichung der Postulate dienen und erfahrungsgemäß in interaktionellen Gruppen nützlich sind. Sie sind jedoch keine absoluten Größen. Ihre Verabsolutierung ist Mißbrauch und dient dem Geist, den sie bekämpfen möchten.

Literaturhinweise

Cohn, R. C. (1971): Living-Learning Encounters. In: G. u. M. Gottsegen und L. Blank, Confrontations. New York (MacMillan).

— (1973): Stil und Geist der Thema-orientierten Interaktionellen Methode. In: Handbuch der Ehe-, Familien- und Gruppentherapie, Bd. 3. München (Kindler).

Gordon, M., Libermann, N. (1972): Theme-Centered-Interaction in Counseling. Baltimore.

Heigl-Evers, A.; Heigl, F. (1973): Die Themenzentrierte Interaktionelle Methode. Erfahrungen, Überlegungen, Modifikationen. *Neue Sammlung*. Göttingen (Vandenhoek & Ruprecht).

Kröger, M. (1973): Themenzentrierte Seelsorge (nach Carl Rogers und Ruth Cohn). Urbanreihe 605. Stuttgart (Kohlhammer).

Schramm, T.; Vopel, K. W. (1973): Ruth C. Cohns Methode der Gruppenarbeit. In: O. Betz (Hg.): Die Gruppe als Weg. München (Pfeiffer).

Vopel, K. W. (1972): Zur Theorie der themenzentrierten interaktionellen Methode. In: Genser, Vopel u. a.: Lernen in der Gruppe. *Blickpunkt Hochschuldidaktik*, 25.

10

Eine Workshop-Gruppe erlebt die Ermordung John F. Kennedys*

Es war Samstag, der 23. November 1963, um 8.00 Uhr morgens. Ein Freund fuhr mit mir von Los Angeles nach Santa Monica. Die *Los Angeles Society for Clinical Psychologists* hatte mich eingeladen, einen Wochenend-Workshop zu leiten. Zum *Thema* hatte ich meinen damaligen Interessenschwerpunkt gewählt: *»Die Schulung der emotionalen Fähigkeiten und Fertigkeiten des Psychotherapeuten.«*

Unsre Herzen waren schwer, unser Geist war erfüllt von dem Bild des jungen Mannes, dessen Leben von seinem Land und von ihm gewichen, dessen Kopf in den Schoß seiner Frau gesunken war. Wir fühlten, daß der Lebensstrom unserer Welt betroffen war.

Mein »inneres Auge« schweifte von dem schauerlichen Bild eines dahinrasenden Autos zu einem drohenden Atompilz, der den ganzen Globus einhüllte. Würde der nächste Präsident ebenso fähig und engagiert sein wie der, den wir eben verloren hatten? Ebenso bereit, Irrtümer und Versagen zuzugeben, und ebenso bemüht, sie zu korrigieren?

Es schien unsinnig, an diesem Wochenende einen Workshop für Psychotherapeuten zu leiten. Wer würde in solcher Situation in den Tagungsraum eines Hotels kommen, um über professionelle Erfordernisse und Fähigkeiten zu reden? Würde nicht jeder lieber vor seinem Fernseher bleiben wollen, um mit Angehörigen und Freunden über dieses Ereignis zu reden?

Ungefähr 15 Personen hatten sich zu diesem Workshop angemeldet. Würden sie kommen? Und wenn sie kämen, wie könnten wir jetzt über uns selbst und unsere Beziehung zu Patienten reden? Waren wir nicht mit den anderen Menschen dieses riesigen Landes wie in einem einzigen totenstillen Wohnzimmer beisammen?

Und doch, dachte ich, erlebte jeder dieses Ereignis auf seine eigene Weise. Mein Schock über die Ermordung des Präsidenten war natürlich mein eigener. Mein Herz, meine Nerven, meine Organe sprachen meine persönliche Sprache. Meine Gedanken und Gefühle im Zusammenhang mit

---

* Ich schrieb diesen Artikel (englisch) etwa ein Jahr nach der Ermordung des Präsidenten und reichte ihn nicht zur Veröffentlichung ein. Dieser Workshop bedeutete für mich Anlaß und Hilfe zum Fortschritt im Aufbau der TZI als sozial-wirksame Methode.

diesem Tod verschmolzen mit meinen eigenen früheren Erfahrungen — mit eigenen Verlusterlebnissen und eigenen politischen Erinnerungen wie z. B. an den »Reichstagsbrand«. — War Oswald auch ein Mietling, der eine politische Katastrophe einleiten würde?
Meine Kollegen, die zu diesem Workshop kommen würden, würden so wie ich eigene Gedanken, Ängste, Erinnerungen zu diesem gemeinsamen Erlebnis haben.
Patienten kamen mir in den Sinn: Robert, den die Ermordung wohl kaum berühren würde, da er ständig mit seinen Zwangsvorstellungen beschäftigt war; Rachel, deren Angst, ermordet zu werden, jetzt noch bestärkt worden war; Paul, der sich vielleicht wünschen könnte, es selbst getan zu haben; Sylvia, die vielleicht den Tod ihres Vaters noch einmal durchleben würde. Jeder von uns würde etwas fühlen, tief oder weniger tief, vielleicht entsetzt, vielleicht erleichtert oder gar schadenfroh, vielleicht ambivalent.
Und dann schoß mir plötzlich der Gedanke durch den Kopf: Das ist genau das richtige Wochenende, um einen Workshop über emotionale Fähigkeiten zu halten; so ist es doch immer für uns Therapeuten: Ich, Mensch, Psychotherapeut, lebe in meiner eigenen inneren Welt; du, Patient, in deiner. Meine Gedanken, meine Gefühle können und müssen jedoch meine Brücke zu dir sein. Sie sind der einzige Weg von Insel zu Insel.
Kennedys Tod, seine Wirkung auf die Menschen, schien plötzlich das zu symbolisieren, woran wir an diesem Wochenende arbeiten wollten: uns immer mehr unsrer eigenen Gefühle und der des Patienten in ihren Übereinstimmungen und Unterschieden bewußt zu werden und sie mit größerer Sicherheit für unsere therapeutische Arbeit einzusetzen. Nun standen wir alle im Schatten desselben Ereignisses — aber keiner von uns wußte genauer, wie die Kollegen es erlebten, und nicht einmal, was es für uns selbst bedeutete. Das würde unsere Aufgabe an diesem Wochenende sein: unseren eigenen Gefühlen und denen der andern Therapeuten näherzukommen.
Als das Auto vor dem Hotel Miramar in Santa Monica anhielt, sprach ich mir gut zu, daß meine Überzeugung sich bewähren würde, daß Gefühle — durch Erkennen und Üben — zu verbesserter Empathie, Intuition und Takt entwickelt werden können, auch hier, selbst wenn nur wenige Leute zu diesem Workshop kommen würde. Ich würde auffordern, unsre augenblicklichen Gefühle nicht auszuklammern, sondern sie als besondere Hilfe für unsere Arbeit einzusetzen.
Um 9.30 Uhr war der Workshop komplett. Es fehlte kein einziger der Angemeldeten. Jeder war »beinahe nicht gekommen«. Jeder hatte sich

entschlossen, daß er weitermachen wollte, trotz ... (Und jemand sagte, er wollte mit Kollegen zusammensein, die am Montag vor dem gleichen Problem stehen würden; — und ein andrer sagte, er wolle lieber mit fremden Menschen zusammensein als mit Angehörigen.)
Ich bat um Schweigen, »um nachzudenken und zu erfühlen, was in uns ist«. —
Ich fühlte mein eigenes aufgewühltes Dasein: die Kennedy-Tragödie — die Unruhe über eine persönliche Beziehung und die Beklemmung, eine fremde Gruppe von Professionellen mit einem mir neuen Thema in dieser Situation zu leiten.
Minuten später fragte ich in das lastende Schweigen hinein: »Wie fühlt es sich an, hier zu sein, in dieser Gruppe, in diesem Augenblick, wo wir uns über unsre Gefühle befragen, wo wir hierhergekommen sind, um unsre emotionalen Fähigkeiten als Therapeuten zu schulen — in dieser Situation?« Und nach einigen Minuten bat ich darum, uns einander mitzuteilen.
Ich machte mir keine Notizen. Es gab kein Tonband. Mein Gedächtnis liefert mir nur wenige detaillierte Erinnerungen. Und doch weiß ich, daß diese spontane Einführung in den Workshop über emotionale Fähigkeiten, geboren aus einem tragischen Augenblick, uns alle zu einem tieferen Begreifen unsrer Gefühle führte. Einigen von uns war es, als sei ein Bruder, der Vater oder ein Freund, anderen war es, als sei ein Fremder, den sie gerne näher kennengelernt hätten, getötet worden. Erinnerungen an frühe Verluste wurden ausgetauscht. Es herrschte ein Gefühl der Benommenheit. Wir hatten das Gefühl, als stünde der Tod an der nächsten Ecke oder auf dem Dach — bereit auf uns zu schießen —, und gleichzeitig glaubten wir, er würde uns nicht finden, nicht einmal in einem offenen Auto, das durch feindliches Land fährt. Wir besaßen alle ein Stück vom undurchdringlichen Präsidenten-Mantel der Omnipotenz! Wir identifizierten uns auch mit Jackie oder vermieden es, uns in ihre Lage zu versetzen: Wie würde ich, du, dieser oder jener Patient an ihrer Stelle empfunden und gedacht haben? Inwieweit herrschten in ihr Betäubung, Mut, Schuldgefühle, Erleichterung, Schmerz, Schauspielerei, Furcht oder Hoffnung?
Wir waren überrascht, wenn wir ebenso fühlten wie die Kollegen neben uns; wir waren ebenso überrascht, wenn es anders war. Wir versuchten die Reaktionen der andern zu erraten, wir verglichen und unterschieden sie von unseren eigenen. Wir erlebten und verstanden einander gefühls- und verstandesmäßig, aber wir verrannten uns auch in Mißverständnisse. Es herrschten Toleranz und Freundlichkeit, aber auch neue und alte Antagonismen kamen auf (einige Gruppenmitglieder kannten sich schon

seit Jahren). Bereits Mumifiziertes wurde ausgewickelt und wieder begraben. Wir äußerten unsre wechselnden Gefühle über uns selbst, über die andern, über Kennedy, über Oswald. Wir interpretierten unsre inneren Vorgänge und unsre wechselseitigen Beobachtungen.

Eine Erinnerung steht mir deutlich vor Augen. Ein Mann, ein Therapeut in den Dreißigern, war einer der ersten, der das Wort ergriff. Er sagte, daß ihm seit dem Augenblick, da er von der Ermordung gehört hatte, zum Heulen zumute sei. Aber er konnte nicht weinen. Wir reagierten mit Mitgefühl auf ihn. Viele von uns hatten geweint oder hatten weinen wollen. Er schien für die meisten von uns zu sprechen. Wir trösteten ihn und spürten, daß wir selbst den Wunsch hatten, genauso getröstet zu werden. Nun strömten Tränen über sein Gesicht. Wir empfanden Erleichterung, Wärme, Mitgefühl.

An diesem Tag kamen wir zu drei zweistündigen Sitzungen zusammen. Gegen Ende der dritten Sitzung sagte ein Mann ruhig zu dem trauernden Therapeuten: »Ich bin Oswald; ich will dich erschießen.« Er sagte, dieses Gefühl sei plötzlich in ihm aufgewallt, als er die Stirn seines Kollegen betrachtete. »Ich will dir durch den Kopf schießen und dann gehen.« Alle waren bestürzt. Es herrschte Entsetzen. Aber es war auch ein Gefühl der Erleichterung da: Viele von uns wurden sich einer unterschwelligen Feindseligkeit gegen den Therapeuten bewußt, für den wir vorher so warm empfunden hatten. Er hat das Opfer in uns symbolisiert, den, der zerstört worden war. Und jetzt durchbrach ein Mann mit seinem Gefühl und der Vorstellung, der Mörder zu sein, unsere bewußte Identifikation mit dem Ermordeten, den Leidenden. Hier war die Mord-Phantasie, klar und unverhüllt, der nackte Wunsch zu zerstören, was im Weg ist: ein Gesicht, das ich nicht mag, eine Stimme, die mich stört, eine Äußerung, die mir gegen den Strich geht — ein junger Präsident, der alles hat, was einer sich wünschen mag: Reichtum, Brillanz, Macht, Berühmtheit, eine schöne Frau, Kinder.

»Unser Oswald« entlarvte in symbolischer Weise den verdrängten Teil in uns selbst und unser Zurückschrecken, den Neid, den Haß und die körperliche Spannung des Mörders zu fühlen. Wir fingen an, uns weniger freundlich, weniger großartig, weniger sorgend und umsorgt zu benehmen. Wir begannen, in uns jenen Patienten zu finden, den wir gewöhnlich ignorieren oder nur in gutgefütterter Verhüllung sehen: den, der schreit. um sich schlägt, mordet. Denn er ist in uns selbst, so wie er auch auf unsrer Couch liegt, auf unserm Stuhl sitzt und herabspäht von der Verlagsbuchhandlung in Dallas, Texas, und von den Fenstern in Los Angeles, in New York, meinem Haus und deinem ...

Es war gegen Ende der letzten Sitzung am Samstag. Wir spürten alle

auf verschiedene Weise aufflammenden oder abgrundtiefen Haß gegen den einen oder den anderen der beiden Männer oder gegen andere Gruppenmitglieder. Die Eintracht zwischen uns war zerstört. Wir wurden uns darüber klar, daß wir uns mit dem liebenswerten Teil in uns, in den andern und in der Kennedy-Tragödie identifiziert hatten. Wir haßten den Mörder in uns so sehr, daß wir uns in der Tragödie, in Mitleid, Furcht, Schuldgefühlen, Hoffnung badeten — und die Tür vor unsrer eigenen Frustration, vor unserm Neid und unsrer Gewalt verschlossen hielten. So starb Kennedy. So wurden wir Opfer. Wir würden lieber engherzig bleiben, emotional nicht dafür gerüstet, mit den zerstörerischen Kräften um uns herum fertigzuwerden, als gewalttätige und haßerfüllte Gefühle und Phantasien in uns selbst zu erdulden. Die größte Gefahr in uns, in der Welt, besteht dann, wenn wir die Existenz unseres Mörderseins verleugnen.
Der »Mörder«-Therapeut kam am nächsten Tag nicht wieder. Außer ihm fehlte keiner. Er war »aus familiären Gründen verhindert«. Für uns hatte dies symbolische Bedeutung: Wir waren unfähig gewesen, unsere zerstörerischen Kräfte zu integrieren.
Mitten hinein in unsere Erfahrungen, Enthüllungen und Versuche zu begreifen, platzte der neue Schock: Ruby hatte Oswald erschossen. Die Gesellschaft, wie wir selbst auch, hatte den Aggressor nicht geschützt (oder waren auch unsre gesellschaftlichen Schutzmächte, die Polizei, in den Mordfall verwickelt?). Würden wir selbst nun als Heilende ein wenig fähiger werden, Haß und Zerstörung in uns selbst, unsern Patienten, unsrer sozialen Welt wahrzunehmen, zu verstehen, zu assimilieren und humaner zu kontrollieren?

11
Training der Intuition

Die Überschrift dieses Kapitels enthält zwei Behauptungen, die durchaus nicht allgemein für richtig gehalten werden: 1. Intuition ist ein Faktum, und 2. Sie kann trainiert werden.
Obwohl Intuition ein Hauptinstrument bei allen kreativen Bemühungen ist, wird in psychologischen Fachzeitschriften kaum näher auf dieses Phänomen eingegangen. Intuition wird — soviel ich weiß — nicht als Fähigkeit betrachtet, die geschult werden kann, sondern eher als eine Art Zauberstab oder als angeborenes, unveränderliches Persönlichkeitsmerkmal. Doch sie ist keine mysteriöse Gabe, die verschwindet, wenn wir danach greifen, und wir sind keine unvernünftigen Phantasten, wenn wir uns damit befassen.
Intuition kann wie ein Blitz aus heiterem Himmel in unser Bewußtsein dringen. Oder aber sie kann auf einmal da sein, in unserm Gehirn, ohne daß wir ihr Erscheinen bemerkt hätten. Und bisweilen kann sie tatsächlich mit der Macht einer mystischen Offenbarung auftreten. *Die Erscheinung, die wir Intuition nennen, ist gekennzeichnet durch Plötzlichkeit und Gewißheit, ohne bewußtes Wissen um ihre Herkunft.*
Intuition erstreckt sich meist auf den Bereich zwischenmenschlichen Geschehens; sie kann sich aber auch auf anderes wie z. B. Musik, Mathematik, das Wetter oder Börsenkurse beziehen. Lösungswege für interpersonelle Probleme künstlerischer, wissenschaftlicher oder praktischer Natur öffnen sich dem Suchenden oft nach einer Pause wie z. B. Schlaf oder Schweigen. *Intuition muß eine gültige Aussage über die Realität* — den Bezugsrahmen, in dem wir leben — *machen.* Intuition kann Erkenntnis, Interpretation oder Vorahnung sein. Wenn sie sich auf etwas Schöpferisches bezieht, wird sie als Inspiration bezeichnet. Inspiration ist intrapsychische Intuition. *Es gibt keine falsche Intuition; es gibt nur Intuition oder Irrtum.*
Die Autorin möchte hier ihre auf professioneller Erfahrung basierende Überzeugung darlegen, *daß Intuition einfach ein menschliches Talent ist,* wie die Fähigkeit zu lieben, zu denken, Theorien zu entwickeln oder Kunstwerke zu schaffen. Wenn das stimmt, kann Intuition — wie alle andern menschlichen Fähigkeiten — gefördert und trainiert oder aber vernachlässigt und zerstört werden. Wir schulen die Denkfähigkeit unsrer Kinder, indem wir sie mit Mathematik und den Regeln der Logik vertraut machen. Wir schulen ihre musikalischen Fähigkeiten, indem wir

sie lehren, ein Instrument zu spielen, und ihnen Musikunterricht geben. Wenn wir Intuition als Fähigkeit betrachten, müssen wir auch darüber nachdenken, wie sie geschult werden kann. Bisher hat man die Intuition wie Unkraut ungepflegt wachsen oder verkümmern lassen.

Wir sollten an dieser Stelle unsre Aufmerksamkeit kurz auf die *drei Arten der Einsicht in die Realität* richten: *sinnlich-geistige Wahrnehmung, Deduktion und Intuition.* Durch jede dieser drei Arten können wir zu einer Feststellung kommen, wie z. B. »Dieser Mann ist Maler«.

1. Wahrnehmung: Ich beobachte einen Mann. Er hat einen Pinsel in der Hand und malt ein Bild. Ich stelle fest: »Dieser Mann ist Maler.«

In diesem Fall berufen wir uns auf unsre Sinne und unsre Vorkenntnisse, in die wir die neue Wahrnehmung integrieren. Ich nehme mit Hilfe meiner Sinne wahr, daß der Maler malt. Ich bringe das, was ich sehe (oder fühle, höre, rieche), mit meiner Begriffswelt in Verbindung: »Dieser Mann ist Maler.«

2. Deduktion: Durch das Schaufenster einer Kunsthandlung beobachte ich einen Mann. Er gibt dem Besitzer des Ladens ein Gemälde und erhält eine Quittung. Der Mann hat Farbe an Händen und Hosen. Er spricht mit dem Ladenbesitzer und deutet auf Einzelheiten des Bildes. Ich stelle fest: »Dieser Mann ist Maler.«

Hierbei bauen wir auf Sinneswahrnehmung und Vorkenntnissen auf. Ich habe Wahrnehmungen und Erinnerungen gespeichert und verbinde sie nun Schritt für Schritt zu einer Schlußfolgerung. Wenn meine Prämissen stimmen und ich systematisch und logisch vorgehe, komme ich richtig zu dem Schluß: »Dieser Mann ist Maler.«

3. Intuition: Ein Mann sitzt mir im Bus gegenüber. Ich lese Zeitung. Ich schaue auf — plötzlich kommt mir in den Sinn: »Dieser Mann ist Maler.«

Hier sind die Schritte von der Frage zur Erkenntnis unbewußt (und/oder in der psychoanalytischen Fachsprache: vorbewußt). *Der Weg von der Frage zur Antwort ist bei der Intuition ein Abkürzungsweg.* Orientierungspunkte auf diesem Wege sind Sinneswahrnehmungen, Emotionen (einschließlich der Triebe), Erinnerungen und Schlußfolgerungen. Diese Orientierungspunkte werden jedoch nicht bewußt. Die intuitive Erkenntnis »dieser Mann ist Maler« kann auf dem Wege über die Sinne zustande gekommen sein (er riecht nach Farbe); oder durch emotionale Signale (ich habe ihm gegenüber Gefühle wie gegenüber den Malern A und B; ich würde gern Maler C treffen); oder durch Erinnerungen (seine Erscheinung, seine Kleidung, seine Bewegungen und sein Gesichtsausdruck erinnern mich an Maler, die ich kenne); oder auf deduktivem Wege (die Endstation des Busses liegt nahe beim Künstlerviertel der Stadt, und um diese Zeit fahren oft Maler zu den Kunstgalerien).

Es ist anzunehmen, daß sich eine intuitive Erkenntnis aus zahlreichen Elementen zusammensetzt, die ihren Ursprung in Sinneswahrnehmungen, Erinnerungen, Deduktionen und Empfindungen haben, und doch erscheint Intuition als »Gestalt« — als ganzheitliches Muster oder Struktur. Falls die Prämissen und Abkürzungen stimmen, ist die Intuition zutreffend. (Hypothetisch könnte man sich außersinnliche Wahrnehmung als eine Form von Intuition vorstellen, bei der zahlreiche Glieder in der Beweiskette fehlen. Wenn es außersinnliche Wahrnehmung gibt, müssen wir annehmen, daß wir uns einiger Wahrnehmungsmöglichkeiten nicht bewußt werden und daß es unbewußte, unbekannte Rezeptoren gibt.)

Keine Erkenntnis oder Einsicht ist unfehlbar. Wahrnehmung, Deduktion und Intuition können zutreffend sein oder können uns irreführen. Wir müssen immer das Risiko auf uns nehmen, uns zu täuschen. Jeder Schritt auf dem Wege der Erkenntnis, von der Wahrnehmung bis hin zur Intuition, hängt von allen vorausgegangenen Schritten ab. Je höherentwickelt eine Funktion ist, desto wahrscheinlicher sind Irrtümer. Unsre Sinne können durch optische oder akustische Illusionen getäuscht sein, so daß wir fehlerhaft wahrnehmen. Unser Geist kann sich irren, indem er falsche Wahrnehmungen, falsche Erinnerungen oder falsche logische Schlüsse benützt; in diesem Fall sind unsre Schlußfolgerungen falsch. Unsre intuitive Fähigkeit täuscht uns, wenn vorausgehende Wahrnehmungen, Erinnerungen, geistige Prozesse oder Emotionen falsch oder gestört sind. Die kompliziertesten Maschinen können uns die besten Dienste leisten, aber die Empfindlichkeit und Komplexität der Einzelteile und Kombinationen sind Ursache für das vermehrte Auftreten von Pannen.

Wir können *Intuition* einmal versuchsweise als *einzigartige und komplizierte Fähigkeit zur spontanen Erkenntnis* definieren, die basiert auf:

— *Klarheit der Wahrnehmungen,*
— *ausreichender Speicherung entsprechender Fakten,*
— *geschultem Denken,*
— *unblockierten, wachen Gefühlen.*

Die emotionale Wachheit, die oft von einem leidenschaftlichen Verlangen nach Antwort oder Schlußfolgerungen begleitet ist, muß frei von Blockaden sein, um entsprechende Faktoren aus früheren und gegenwärtigen Erfahrungen einlassen zu können. Schließlich müssen wir uns Ruhe und Stille gewähren, in der es Raum gibt, Einfälle zuzulassen.

Auf praktischer Ebene sind sich die Menschen über die Bedeutung der Intuition durchaus im klaren. Ein Büroangestellter meint: »Ich muß wissen, in welcher Stimmung mein Chef ist, bevor ich ihn um eine Gehaltserhöhung bitte. Ob ich die Erhöhung bekomme oder nicht, hängt mehr von seiner Laune als von meiner Leistung ab.« Ein Psychotherapeut sagt: »Ich weiß, daß meine Interpretationen oft richtig sind, aber meine Patienten können sie nicht akzeptieren, weil ich anscheinend kein Gespür für den richtigen Augenblick habe; so verfehlen sie oft ihre Wirkung oder drängen meine Patienten in die Defensive.« Ein junger Mann klagt: »Ich finde mich nicht einmal an Orten zurecht, wo ich schon einmal gewesen bin. Ich habe keinen Sinn für Entfernungen oder Himmelsrichtungen.« Eine Frau jammert: »Ich schenke immer dem Falschen mein Vertrauen und verliebe mich ausgerechnet immer in den falschen Mann. Ich wollte, ich wäre fähig, den Richtigen zu erkennen, wenn ich ihm begegne.«

Um die Frage zu beantworten, auf welche Weise eine Verbesserung der Intuition erreicht werden kann, möchte ich schildern, wie mein Interesse am Training der Intuition wachgeworden ist. *Ich habe nie direkt die Frage gestellt: »Kann Intuition trainiert werden?«, sondern kam per Zufall zur Erkenntnis, daß eine solche Schulung als Nebeneffekt einer Methode, die ich in Trainingsgruppen für Psychotherapeuten angewandt habe, eingetreten war.* Ich möchte im folgenden etwas von der Art dieser Methode, die zur Entdeckung der Trainierbarkeit der Intuition geführt hatte und zur Basis für weitere Untersuchungen wurde, beschreiben.

Mehrere Jahre lang leitete ich einen Workshop für erfahrene Psychoanalytiker, wobei es um die Gefühle des Therapeuten gegenüber seinen Patienten ging. Hauptintention war, zwischen seinen adäquaten emotionalen Reaktionen auf die Bedürfnisse des Patienten und seinen eigenen Störungen, die das Verständnis beeinträchtigen, zu unterscheiden. Wenn der Therapeut z. B. einem Patienten gegenüber das Gefühl hat, als ob dieser sein Bruder wäre, und wenn er dem Patienten Eigenschaften seines Bruders andichtet, ist er nicht in der Lage, die Persönlichkeit des Patienten so zu sehen, wie sie wirklich ist. Dadurch ist seine Fähigkeit, die Probleme des Patienten zu entschlüsseln, beeinträchtigt. (In der Fachsprache wird dieses Phänomen als »Gegenübertragung« bezeichnet.)

Eines Tages bemerkte ich, daß ein junger Kollege nach einjähriger Teilnahme an diesem Gegenübertragungsworkshop Sensibilität gegenüber andern Menschen und intuitive Fähigkeiten entwickelt hatte, an denen es ihm vorher gemangelt hatte. Diese Erkenntnis kam für mich ganz überraschend. Wie war das geschehen? Ich fühlte mich wie eine Mutter, die feststellt, daß ihr Kind, das doch eben noch ein Baby war, »plötzlich« radfahren kann. Wachstum und geistige Entwicklung eines Kindes vollziehen sich in winzig kleinen, praktisch unmerklichen täglichen Veränderungen und werden den Eltern daher nicht bewußt. Daß das Kind wächst, wird von den Eltern oft erst in Situationen wahrgenommen, die nicht alltäglich sind, z. B. wenn sie ihr Kind bei einer Schulveranstaltung oder beim Baseballspiel beobachten oder wenn sie sich an die letzte Geburtstagsparty erinnern. In solchen Augenblicken dringt das Wachstum des Kindes plötzlich ins Bewußtsein der Eltern.

Mit ebensolcher »elterlicher« Plötzlichkeit wurde mir bewußt, daß mein junger Kollege die Fähigkeit erworben hatte, Zusammenhänge intuitiv zu erkennen, Schritte im Verlauf der Therapie vorauszusehen, Gefühle andrer Gruppenmitglieder wahrzunehmen und passende Assoziationen und Vorstellungen über Patienten, über die gesprochen wurde, zu bringen. Er hatte gelernt, Signale aus der Umwelt rasch und korrekt zu erfassen. Er hatte gelernt, empathisch zu sein, d. h. mit andern Menschen zu fühlen. Seine Intuition hatte sich gebessert. Seine eigenen und unsre Zweifel an seiner beruflichen Eignung waren verschwunden. Wir freuten uns, miterlebt zu haben, wie feinfühlig er geworden war und welche intuitiven Fähigkeiten er entwickelt hatte.

Die Entdeckung, daß Intuition offensichtlich trainiert werden kann, faszinierte mich, und es fiel mir auf, daß nicht nur bei diesem einen Kollegen eine Steigerung der intuitiven Fähigkeiten eingetreten war, sondern bei mehreren Teilnehmern dieses Gegenübertragungs-Workshops, auch bei mir selbst. Der nächste Schritt mußte nun darin bestehen, jene Faktoren zu ermitteln, die dieses verblüffende Phänomen verursacht haben konnten. Es wäre uns dann vielleicht möglich, eine Methode zur Schulung der Intuition zu entwickeln — nicht nur für Psychotherapeuten, sondern für viele Menschen unter den verschiedensten Voraussetzungen.

Grundidee der Methode des Gegenübertragungs-Workshops ist, die Beziehungen innerhalb der Gruppe zu benützen, um mehr über die Beziehung zwischen Therapeut und Patient zu erfahren. Wenn ein Therapeut »blinde Flecke« gegenüber den Kollegen in der Gruppe hat, wenn er Elemente des Charakters des andern übersieht oder verkennt oder wenn er nicht merkt, welche Wirkung sein Handeln auf andre hat, ist die Wahrscheinlichkeit groß, daß genau die gleichen Schwierigkeiten auch bei der Einschätzung seiner Patienten und in der Beziehung zu ihnen auftreten. Die Schwierigkeiten und Gefühle des Therapeuten in der Behandlungssituation werden offen diskutiert und zu Vorgängen in der Beziehung zu Kollegen aus der Workshop-Gruppe in Bezug gesetzt. Die Atmosphäre soll zum Bewußtwerden von Äußerungen, Gefühlen und Gedanken beitragen. Als Gruppenmitglieder lernen wir, unsre Stärken und Schwächen, Sympathien für- und Antipathien gegeneinander zu akzeptieren. Wir lernen, daß sogar negative Empfindungen für uns und die Patienten von Nutzen sein können, und daß sexuelle Enthaltsamkeit oder Beschränkung in der Beziehung zum Patienten nicht zwangsläufig auch das Nichtvorhandensein sexueller Begierde bedeuten müssen. Wir lernen, daß wir mit den Empfindungen andrer Menschen, einschließlich Patienten, fertigwerden können, wenn wir unsre eigenen Gefühle — welcher Art sie auch sein mögen — verstehen, verzeihen, ja sogar lieben können. Wir lernen, daß Gefühle da sind, um gefühlt zu werden, daß sie aber nicht unbedingt auch befolgt werden müssen; daß Verstand und ein tieferer Sinn für Werte und Verantwortlichkeit das Handeln steuern können, ohne die Gefühle auszuschalten.

Ich nahm mir vor, einige der Grundelemente des »Gegenübertragungs-Workshops« auf einen »Intuitions-Workshop« zu übertragen. In demselben Geist der Offenheit, Annahme und Suche nutzte die Gruppe ihr Beisammensein nun zur Erforschung des Begriffs und des Vorgangs »Intuition«. Die Gruppenmitglieder wurden aufgefordert, einander ihre intuitiven Beobachtungen mitzuteilen. Die Richtigkeit der intuitiven Äußerungen wurde anschließend überprüft. Phasen des Schweigens wurden eingeführt, um das Empfinden, Beobachten, Fühlen und Denken und die Neu-Einschätzung gegenwärtiger und zurückliegender Erfahrungen zu fördern. Was während solcher Schweigeperioden gefühlt und gedacht wurde, wurde später mitgeteilt, um mehr voneinander zu erfahren und um Intuition oder Irrtum in bezug auf die schweigenden Mit-Teilnehmer zu überprüfen. Einsicht wurde auch gewonnen, indem man sich selbst so sah, wie einen die andern Teilnehmer wahrnahmen — gleichsam als ob man von der andern Straßenseite ins eigene Haus herüberschaut.

Die Teilnehmer der fünf Intuitions-Workshops — insgesamt etwa 70 Personen — haben entscheidend und bereitwillig zu den Erfahrungen und Gedanken, die hier dargelegt wurden, beigetragen. Ich möchte ihnen allen — besonders der ersten Versuchsgruppe mit Laien und der ersten bahnbrechenden Gruppe von Psychotherapeuten — für ihren Beitrag danken. Ihr Enthusiasmus hat zu einem fortlaufenden themenzentrierten Workshop geführt. Wir benützen die Forschungstechniken, die in diesem Kapitel beschrieben wurden, nun auch für andre Bereiche der Psychotherapie.

Nachdem die Aufmerksamkeit der Gruppenmitglieder einmal darauf gerichtet war, Ereignisse in der Gruppe intuitiv vorauszusehen, ergaben sich zahlreiche spontane Gelegenheiten hierfür. Zu Beginn der zweiten Sitzung eines Workshops stellten die Teilnehmer z. B. die Frage, »Wer von den 17 Gruppenmitgliedern der ersten Sitzung wird wohl wegbleiben?«. Nur vier Namen wurden genannt. Drei Leute kamen nicht wieder; alle drei waren unter den vier Genannten. Dazu ist zu sagen, daß keiner der drei in irgendeiner Weise offen zu erkennen gegeben hatte, daß er nicht mehr kommen würde. Sie hatten zwar einige negative Bemerkungen über die Veranstaltung gemacht, aber das hatten auch andre getan. Deutliche Signale wurden z. B. der Äußerung gesteigerter Aggressivität oder kaum verhohlener Angst, der Leugnung von Überlegenheitsgefühlen oder dem allgemeinen Eindruck, gelangweilt und verunsichert zu sein, entnommen. Diese Gründe wurden u. a. für die intuitive Äußerung, daß dieser oder jener nicht wiederkommen würde, genannt.

Zu intuitivem Erkennen der Gefühle anderer Menschen durch unterbewußte Wahrnehmung nonverbaler Signale kommt es häufiger, als wir im allgemeinen merken. Es ist wichtig, festzuhalten, daß die oben beschriebenen, überraschend zutreffenden intuitiven Voraussagen bereits zu Beginn der zweiten Sitzung eines Workshops mit Laien gemacht wurden. Das scheint ein Beweis dafür zu sein, daß schon die Beschäftigung mit der Frage, »ob Intuition gesteigert werden kann«, dazu führt, daß Menschen sich bemühen, ihrer Intuition mehr gewahr zu werden. *(Eine Fähigkeit kann nicht suggeriert werden; sie kann nur von Beeinträchtigungen befreit und trainiert werden.)*

Die ersten zwischenmenschlichen Intuitionen bezogen sich meist auf Bereiche wie z. B. die Berufe der Teilnehmer, ihre positiven oder negativen Gefühle zu- oder gegeneinander, oder auf die Frage, ob die Leute sich jeweils auf denselben oder auf einen andern Stuhl setzen würden, usw. So banal einige dieser Beispiele auch zu sein scheinen, ihr Wert beruht auf der überraschenden Häufigkeit korrekter Voraussagen und auf der darauffolgenden Untersuchung, welche Signale jeweils zu den (positiven oder negativen) Ergebnissen geführt hatten.

Häufig entsprangen falsche »intuitive« Äußerungen in den ersten Sitzungen dem Bedürfnis, dem Gruppenleiter zu imponieren oder ihm Widerstand entgegenzusetzen. Das Verlangen, sich einem andern Menschen unterzuordnen oder ihn auszustechen, oder ein Normenmoralismus (was recht oder unrecht, angenehm oder unangenehm ist) können die Korrektheit der Wahrnehmung und die Richtigkeit der Intuition beeinträchtigen. Voreingenommenheit und Intuition sind unvereinbar.

> Ella bildete sich ein, eine »angeborene«, besonders gute Gabe der Intuition zu haben. Sie behauptete, nicht nur die Stimmung ihres Mannes und ihres Chefs genau zu kennen, sondern sogar im voraus zu wissen, was sie sagen würden. Das war in der Gruppe schwer nachzuprüfen. Was jedoch geprüft werden konnte, waren ihre Bemerkungen über Reaktionen der Gruppenmitglieder. »Du bist still, Larry, weil Du auf Bill böse bist«. »Das stimmt nicht«, entgegnete Larry, »ich bin still, weil mich das beschäftigt, was Ben gesagt hat«. Ella

wollte ihm nicht glauben. Selbstverständlich hätte sie recht gehabt haben können. Es hätte durchaus sein können, daß Larry nicht die Wahrheit gesagt hatte oder sich über seine Gefühle nicht im klaren gewesen war. Aber nach mehreren Vorfällen ähnlicher Art begann Ella, ihr Bedürfnis, unfehlbar zu sein, das ihre tatsächlich vorhandene, aber nicht allwissende Intuition beeinträchtigt hatte, in Frage zu stellen.

In allen Gruppen gab es Menschen, die sich einbildeten, keine intuitiven Fähigkeiten zu haben. Das stimmte nicht immer mit den Beobachtungen anderer überein:

Jim, ein Lagerleiter, war enttäuscht über seinen Mangel an Intuition bei der Anstellung von Mitarbeitern für ein Ferienlager mit Kindern verschiedener Rassen. Wie konnte er in dem kurzen Gespräch feststellen, welcher der Bewerber in der Lage sein würde, ein gutes Verhältnis zu den puertoricanischen Kindern zu entwickeln? Er brauchte unvoreingenommene Mitarbeiter mit natürlicher Herzlichkeit und gesundem Menschenverstand. Meistens war seine intuitive Wahl richtig, aber manchmal täuschte er sich. Das schien hauptsächlich deshalb zu passieren, weil er wollte, daß man ihn mochte, und weil es ihm schwerfiel, nein zu sagen. Ein abgelehnter Bewerber würde ihn nicht mögen, und das konnte er nur schwer verkraften. Er neigte dazu zu glauben, daß alle Menschen recht haben, solange nicht bewiesen ist, daß sie nicht recht haben. Immer wenn seine »rosarote Brille« und sein Bedürfnis, beliebt zu sein, ihn daran hinderten, die Realität zu akzeptieren, versagte seine Intuition.

Wenn unsre emotionalen Bedürfnisse, wie in Jims Fall, mit der Realität kollidieren, läßt uns unsre Intuition im Stich. Wir verfallen Wunschträumen oder Angstvorstellungen. Sowohl Apathie als auch Über-Engagement blockieren die Intuition. Um zu intuitiver Einsicht zu gelangen, müssen wir den »goldnen Mittelweg« emotionaler Wachheit einhalten.

Intuition im zwischenmenschlichen Bereich setzt die Fähigkeit voraus, Menschen zu kennen und sie so zu nehmen, wie sie sind. Wir müssen es uns selbst und unsern Kindern gestatten, andern Menschen mit offenen Augen zu begegnen. Die Intuition kleiner Kinder scheint außerordentlich gut zu sein. Sie spüren oft ganz genau, ob die Herzlichkeit fremder Menschen ihnen gegenüber echt ist. Solange ihre Spontaneität nicht durch soziale Forderungen wie »Sei nett zu andern« gestört ist, sind sie gewöhnlich in der Lage, Gefühle und Stimmung andrer Menschen intuitiv zu erfassen. Es ist jedoch falsch zu glauben, Kinder seien intuitiver als Erwachsene. Intuition basiert sowohl auf Erfahrung, d. h. gespeichertem

Wissen, als auch auf Spontaneität. Die Erfahrungswelt der Kinder ist begrenzt; selbst wenn ihre Spontaneität ungestört ist, kann ihre Intuition nicht größer sein als ihre Erfahrung.

Wenn Kinder verwöhnt werden und nicht lernen, auf andre Rücksicht zu nehmen, fehlt es ihnen voraussichtlich an Empathie. Wenn andrerseits von ihnen erwartet wird, daß sie »selbstlos« sind und jeden Wunsch ihrer Eltern erfüllen, geht dies auf Kosten ihrer Selbstverwirklichung. Sie können weder zu sich selbst noch zu andern ein gutes Verhältnis gewinnen. Buber hat dies treffend zum Ausdruck gebracht: »Wenn *Du* gesagt wird, ist gleichzeitig auch das *Ich* aus der Verbindung Ich-Du gemeint«.

Oft wird behauptet, die Intuition der Frau sei der des Mannes überlegen. Wenn das stimmt — und es könnte zumindest im zwischenmenschlichen Bereich zutreffen —, könnte es teilweise mit ihrer sozialen Rolle zusammenhängen, wozu die Pflege der emotionalen Verhaltensmuster der Familie gehört. Außerdem muß sie mit Einfühlungsvermögen auf die Bedürfnisse des Kleinkinds, das sich noch nicht verbal äußern kann, eingehen. (Empathie ist ein wesentlicher Bestandteil der Intuition im zwischenmenschlichen Bereich.) Beim Mann wird die Intuition dementsprechend in den Bereichen am besten funktionieren, in denen er am stärksten engagiert ist; dies ist oft mehr der Beruf als die zwischenmenschlichen Beziehungen. Intuition entwickelt sich dort am besten, wo wir den größten Rückhalt an Erfahrung und wirklicher emotionaler Beteiligung haben.

Menschen intuitiv zu erkennen, setzt Empathie voraus. Empathie ist ein spontanes Gefühl für den andern, ein Gefühl, das mich in die Gefühlswelt eines andern menschlichen Wesens hineinversetzt, »als ob ich *er* wäre«, das mich jedoch paradoxerweise »in meinem Ich-selbst-Sein unangetastet läßt, *so daß ich in mir selbst fühle*, was er fühlt«. Dies ist eine spezifisch menschliche Fähigkeit: ich selbst zu bleiben und trotzdem die Gefühlsgrenze zum Mitmenschen überschreiten zu können. Ein Arzt kann ein Kind mit einer Injektionsnadel stechen und kann Schmerz, Angst und Wut des Kindes mitfühlen, ohne seine Gewißheit aufzugeben, daß er tut, was nötig ist. Mitfühlende Eltern verstehen den Wunsch des Kindes, lieber zu spielen als zu lernen, bestehen aber darauf, daß es lernt, weil sie das in diesem Augenblick für wichtiger halten. Gerade diese Fähigkeit macht einen guten Erzieher, Freund, Psychotherapeuten aus: mit dem andern fühlen zu können — und doch er selbst zu bleiben.

Wenn unsre eigenen Gefühle im Vordergrund stehen, können wir nicht mitfühlend sein; wenn wir uns nur nach andern Leuten richten, ohne Rücksicht auf unsre eigenen Bedürfnisse, können wir nicht wir selbst

sein. *Empathie und Intuition funktionieren nur, wenn wir mit andern Menschen fühlen können, ohne dabei unsre Integrität zu opfern.*
Störungen der Empathie, deren Ursachen auf die Kindheit zurückgehen, können eine psychotherapeutische Behandlung nötig machen. Andre Störungen sind vielleicht durch augenblickliche Umstände bedingt und können durch bewußte Anstrengung oder durch Veränderung der Störungssituation behoben werden. Der durstige Reisende in der Wüste »sieht intuitiv« eine Fata Morgana, weil seine Gier nach Wasser und Kühle ihn treibt; zuviel Deprivation ist unerträglich.
Wenn wir die *Grundelemente der Intuition im zwischenmenschlichen Bereich kennen, d. h. offenen Umgang mit Menschen, Empathie und emotionale Freiheit, uns von neuen Einsichten überraschen zu lassen,* dann werden wir auch Methoden finden, diese Fähigkeit zu trainieren. Die Tatsache, daß die erwähnten Workshops von fast allen Teilnehmern in dieser Hinsicht als nützlich erlebt worden waren, hing wahrscheinlich mit der interpersonellen Offenheit, dem guten Willen und der Fähigkeit der Gruppe zusammen, kreativ zu schweigen, Risiken einzugehen und Intuitionen frei mitzuteilen und nachzuprüfen.
In der Atmosphäre eines solchen Workshops könnte der Mann, der meinte, seine Gehaltserhöhung hänge von der Laune seines Chefs ab, sich der Tatsache bewußt werden, daß sein eigenes Verhalten die Laune des Chefs beinflußt. Abhängigkeit/Hilflosigkeit auf seiten des Angestellten wirkt sich auf die Reaktion des Chefs aus. Wenn ein Mensch sich die Mühe macht, seine eigenen Launen und Gefühle zu erkennen, und sich darin übt, Gesten und flüchtige Äußerungen des Mitmenschen zu verstehen, wird er sich seiner eigenen Gefühle mehr bewußt und wird sensibler für die Stimmung andrer Menschen, einschließlich der des Chefs.
Der Psychotherapeut, der dazu neigt, voreilige Interpretationen zu geben, wird sich vielleicht seines Bedürfnisses bewußt, sich seinem Patienten intellektuell überlegen zu fühlen. Das Bedürfnis, Eindruck zu machen, kann seinen therapeutischen Scharfsinn trüben. Seine Emotionen sind nicht unmittelbar auf den Patienten ausgerichtet, sondern werden von der Tatsache, daß sein Vater ein kritischer Mensch war, in Schach gehalten. Sein Einfühlungs- und sein Wahrnehmungsvermögen gegenüber dem Patienten sind blockiert. Eine Trennung der Vergangenheit von der Gegenwart hilft ihm, ein besseres Gespür für den richtigen Zeitpunkt seiner Interpretationen zu entwickeln.
Der Mann, der sich in einer fremden Stadt nicht zurechtfinden kann, muß sich vielleicht bewußt darum bemühen, sich orientieren zu lernen, entweder mit Hilfe von Stadtplänen und Karten oder mit Kompaß. Vielleicht sollte er aber auch überlegen, ob seine Orientierungsschwierigkei-

ten nicht auf Widerstand dagegen beruhen, seinen Weg ohne die führende Hand eines verläßlichen Erwachsenen finden zu müssen (irgendwo steckt ja in jedem von uns ein Kind). Sowohl die Befreiung von Vergangenheitszwängen als auch das Üben neuer Orientierungsmöglichkeiten führen einen Schritt weiter zur intuitiven Fähigkeit.
Die Frau, die sich immer wieder in Männer verliebt, denen sie nicht vertrauen kann, stellt möglicherweise fest, daß es ihr nicht wirklich an Intuition mangelt, sondern daß ihre Intuition dem unbewußten Befehl Folge leistet, keinen andern Mann zu lieben, weil sie »insgeheim mit ihrem Vater verheiratet ist«. Sich in einen anderen Mann zu verlieben, würde eine Zerstörung dieser Vater-Beziehung bedeuten. In solchen Fällen helfen die Emotionen den Betreffenden nicht, intuitives Wissen über die reale Welt zu erwerben, sondern tragen dazu bei, eine neurotische »fixe Idee«, z. B. mit dem eigenen Vater verheiratet zu sein, zu verewigen.

Intuition ist ein stiller Wanderer. Sie wandert von unseren augenblicklichen bewußten Fragen zu unserem inneren Speicherraum, wo vergessene oder schlummernde Erinnerungen und Triebe lagern. Sie greift sie auf, ordnet sie neu und wandert still und schweigend wieder in unser Bewußtsein zurück, wo sie urplötzlich die Antwort bringt, die wir gesucht haben. *Die Intuition benützt vorbewußte Wege und sensorische, logische und emotionale Mittel, um bewußte mit unbewußten psychologischen Daten zu verbinden und sie sinnvoll zusammenzufügen.* Danach bietet sie uns »offenbar zutreffende« Lösungen an.
Wir können Intuition nicht erzwingen, aber wir können sie einladen und üben. Sie wächst nicht in leeren Speichern oder auf unfruchtbaren Feldern. Sie gedeiht auf dem Boden der Liebe zu uns selbst und andern. Sie nährt sich in Räumen inner- und außerhalb unsrer Leib-Seele-Grenzen. Sie braucht Bewußtheit und verlangt Ruhe, Stille und vertrauensvolle Empfänglichkeit. Sie sucht den Umgang mit andern und die Offenheit, sie zu verstehen. Sie stirbt, wo Vorurteile und soziale Konvention herrschen. Sie lebt in Freiheit, Freude am Spiel und Sinn für Überraschungen. *Intuition antwortet uns am besten, wo wir uns anstrengen; und doch kommt sie kaum je zu uns, wenn wir nicht Muße haben. Wir können sie üben und uns über sie freuen.*

12

Ich muß tun, was ich will – für 10 Minuten

Ein therapeutisches Spiel für Psychotherapeuten, Patienten und andere Leute

Ich will das Spiel so beschreiben, daß der Schreibstil etwas über den Geist des Spiels selbst aussagt. Ich möchte das Spiel, Dir Leser, auch emotional transparent werden lassen. Ich möchte mit dieser Möglichkeit spielen. Ich weiß nicht, ob es Schreiber und Leser gelingen wird.

Ich sitze an einem Weiher. Das Wasser strudelt in den Abzugsgraben und rauscht wie ein Meer. Ich überlasse mich meinen Einfällen, so wie ich es beim Spielen tun würde; sie tauchen auf und vergehen. Ich versuche, ihren Sinn aufzufangen.

Sollte Dir das Lesen eines so geschriebenen Artikels seltsam erscheinen und unbehaglich sein, möchte ich Dich bitten, ihn trotzdem zu lesen; er ist ja kurz! Ich weiß, daß dieses Spiel für mich selbst und viele meiner Freunde und Patienten hilfreich ist. Das Spiel dauert nur 10 Minuten; seine Wirkung kann sich auf Tage und Jahre erstrecken (wenn es öfter gespielt wird).

Ich nenne diese Selbsttherapieübung ein Spiel, weil es Regeln hat und seine Begrenzungen in Zeit und Raum festgelegt sind.

Spielregeln: Sei möglichst allein im eigenen Zimmer, so daß Du keine Rücksicht auf andere Leute nehmen mußt und von niemandem gestört wirst. Man kann das Spiel auch in Gruppen spielen; (siehe die nötige Modifikation in der Abschlußnotiz). *»Zehn Minuten lang* muß *ich das tun, was ich* will. *Darüber hinaus muß ich jeden Augenblick überprüfen, was ich tue* (körperlich, seelisch und geistig) *und ob ich wirklich noch das tue, was ich tun will. Wenn nicht, muß ich versuchen, herauszufinden, was ich tun will und dazu übergehen.«*

Erklärung: Die Regel ist nicht, ich muß das tun, wonach mir gerade zumute ist (= möchte), sondern das, was ich tun will. Was ich tun will, *schließt sowohl meine Urteilsfähigkeit als auch meine Impulse ein.* Wenn mir z. B. danach ist, eine zerbrechliche Vase zu zertrümmern, muß ich überprüfen, ob ich diesem Impuls folgen will, der, wie ich weiß, einen mir vielleicht lieben Gegenstand zerstören wird. Ich muß mir daher überlegen, ob mir der Verlust der Vase weniger wichtig ist, als daß ich meinem Gefühl im Augenblick freien Lauf lassen kann.

Bei dieser Kontrollübung ist es wichtig, auch Mitteilungen aus der Körpersphäre in den Überprüfungsprozeß miteinzubeziehen. Ich kann z. B.

die Phantasie haben, daß ich tanzen möchte; mein Körper signalisiert jedoch, daß ich müde bin. In Wirklichkeit will ich mich nur der Vorstellung vom Tanzen überlassen, ohne wirklich zu tanzen. Auch das Gegenteil kann stimmen; ich kann denken, daß ich tanzen albern finde, aber meine Beine wollen tanzen! Nun muß ich entscheiden: Was will ich wirklich? Es ist möglich, daß die Entscheidung mühelos zwischen beiden Möglichkeiten fällt, oder, daß ein dritter, neuer Einfall auftaucht, der mir ganz entspricht: Dann weiß ich plötzlich ganz sicher: »Natürlich, das ist's, was ich wirklich will.«
Viele Leute sagen, wenn sie von diesem Spiel hören: »Aber das tu' ich doch sowieso — ich tue immer, was ich will«. Das kann nie wahr sein. Es ist dies ebenso unmöglich, wie kontinuierliches Bewußtsein des Atmens. Ich kann mir den Vorgang des Atmens zwar für Minuten bewußt machen, nicht aber den ganzen Tag. Jedoch, ebenso wie bewußte Atemübungen sich in allgemein besserer Atmung auswirken, so bewirkt Üben im Bewußtwerden dessen, »was ich wirklich will«, durch dieses Spiel eine generelle Verbesserung der Entscheidungsfähigkeit: nämlich geübtes Bewußtwerden zwischen *»Was ich möchte, was ich soll und was ich will«*.

Ich möchte Dir vorschlagen, dieses Spiel einmal oder öfter zu spielen, bevor Du weiterliest. Ich glaube, daß die Aufgabe, Sinn und Wirkung des Spiels klarer werden, wenn Du damit experimentiert hast.

Okay. Ich stelle mir vor, Du hast das Spiel gespielt. Dabei bist Du wahrscheinlich in Konfliktsituationen gekommen, in denen es zwei oder mehr Entscheidungsmöglichkeiten gab. Vielleicht wußtest Du nicht, wie Du sie lösen solltest. Ich schlage vor: Folge der Regel, die heißt: »Überprüfe in jedem Augenblick, ob das, was Du gerade tust, noch das ist, was Du tun willst.« Du prüfst nun und stellst fest, daß Du im Konflikt bist — etwa: »Soll ich meinen Aschenbecher ausleeren oder die Zeitung lesen?« Diese direkte Erfahrung kann so ausgedrückt werden: »Ich bin in einem Konflikt«. Darauf folgt die Frage: »Will ich in einem Konflikt sein?« Die Antwort könnte heißen: »Ja, ich will in diesem Konflikt bleiben«; dann bleibst Du vielleicht eine Weile in dieser Situation. Aller Wahrscheinlichkeit nach wirst Du bald aus diesem Zustand herauskommen und wirst entweder das eine oder das andere wählen, oder vielleicht ein drittes, an das Du ursprünglich gar nicht gedacht hattest. Oder Du wirst zu dem Schluß kommen, daß Du Konfliktsituationen haßt, so auch diese, und daß Du da herauskommen willst. Du kommst dann zum gleichen Resultat, daß Du die eine, die andere oder eine dritte Tätigkeit wählst. Und nun geht es weiter mit dem Tun, dem Überprüfen, dem Ändern.

Das Spiel wird unterschiedlich erlebt. Manche Menschen erleben ein Gefühl der Erleichterung, ein Gefühl von Harmonie mit sich selbst und der Welt. Andere sind voller Angst, die bis zur Panik gehen kann. Solchen Menschen erscheint die Erlaubnis, »zu tun, was ich will« und nicht, »was ich tun soll«, als sehr bedrohlich. Die Angst verliert sich meist in kurzer Zeit nach mehrmaligem Spielen.*

Ich sitze noch immer an dem Weiher. Ich spiele hier mein »neues Spiel«; dies neue Spiel ist ein Verwandter des Spiels, das ich beschrieben habe. Das Ziel ist ein wenig anders, daher auch seine Regeln. Dies neue Spiel ist, daß ich im Schreiben die Atmosphäre des alten Spiels, das ich beschrieben habe, auffangen möchte. Die Regel für mein neues Spiel heißt: Ich muß das, was ich sagen will, so beschreiben, daß ich sowohl den Geist des Spiels als auch meine Vorstellung von Lesern und mich selbst dabei nicht »objektiviere«, sondern als Person ich selbst bleibe und transparent werde.

Jetzt wurde ich von dem, was ich sagen wollte, abgelenkt; die heiße Sonne brennt auf meinem Kopf. Ich binde mir ein Kopftuch um. Meine Regel heißt: »Störungen haben Vorrang«. Ich will es mir bequem machen. — Nun will ich weiter nachdenken: über das Spiel, über Leser, über mich.

Ich möchte jetzt ausruhen und glaube, daß ich danach weiter über das Spiel schreiben werde. Ich habe von diesem Spiel einiges gelernt, was ich als Lehrerin auf anderen Gebieten schon wußte: nämlich daß jede Ablenkung und Störung ernst zu nehmen ist — und zwar als Realität, die Anerkennung und Auseinandersetzung beansprucht und nicht mit Verleugnung und Abwehr aus der Welt geschafft werden kann. (Dies scheint für jede Art von schöpferischer und selbst Routine-Tätigkeit zuzutreffen: Wenn ich Störungen von innen und von außen ernst nehme, ebben sie ab oder können produktiv integriert werden.)

Ich hatte mich auf einer Planke auf dem Teich ausgeruht und ließ meine Gedanken wie ein Floß auf dem Wasser treiben. Dann setzte ich mich wieder ans Ufer. Nun treten wieder Gedanken als Störenfriede zwischen mich und meinen Wunsch zu schreiben: Was geht mir durch den Kopf?

---

* Mein kürzlich verstorbener Freund Alfred Farau, Psychotherapeut und Philosoph, nahm an, daß diese Panik wohl auf die mit Strafe bedrohte Masturbation zurückgeht, nämlich »zu tun, was ich will«. Sie mag auch mit der Angst zu tun haben, die eigene Identität zu verlieren, wenn diese durch die Möglichkeit zu rebellieren erfahren wird.

»Kochtöpfe, die gerade Wände haben, oder Wände, die sich der Mitte zuneigen, sind wahrscheinlich praktischer — wegen der Hitzeverteilung — als solche, die schräg nach außen gerichtete Seitenwände haben.«
— »Ich möchte in Zukunft viele ruhige Wochenenden wie dieses wieder mit guten Freunden auf dem Lande und nicht in der Stadt oder in Hotels sein. Diese ländliche Umgebung liegt mir zur Zeit — Stille und Schönheit und mit Menschen sein, die ich gern habe.«
Ich akzeptierte diese Seitengedanken und ließ sie an mir vorbeiziehen. Dann ging ich zur Aufgabe zurück. Jetzt ist es leicht: Die Worte: »My time and I are one« (Meine Zeit und ich sind eins) tauchen auf. Sie stammen aus einem Gedicht, das ich vor Jahren schrieb und damals selbst nicht ganz verstand. Jetzt, seitdem ich das Spiel erfunden habe, verstehe ich plötzlich, was die Worte bedeuten: »my time and I are one« — meine Zeit, die Spielzeit; und dann, im erweiterten Sinn: »my time and I are one«: Ich besitze meine Zeit, ich bin die Besitzerin jeder Sekunde meines Lebens. Ja, immer mehr werde ich mir in meinen täglichen Entscheidungen bewußt, daß meine Zeit mir gehört, daß die Wirklichkeit, in der ich lebe, mein Eigentum ist, wie auch immer die persönlichen und gesellschaftlichen Gegebenheiten mich mitbedingen und meine Freiheit in *meiner* Zeit einkreisen und durchdringen. Innerhalb dieses begrenzten Rahmens gehören alle meine Entscheidungen mir.
Oft erleben wir viel Freiraum, oft ist die Freiheitsspanne sehr klein; immer jedoch besteht ein Gemisch von Bedingtheit und Wahl. Ich glaube, daß die meisten Menschen, vielleicht alle, sich selten darüber klarwerden, wieviel Freiheit und Entscheidungsmöglichkeiten sie wirklich haben. Oft haben wir im gegebenen Augenblick nicht genügend Klarheit über diese Tatsache und handeln im Aberglauben des Müssens. *Je gesünder und ökonomisch freier wir sind, desto mehr Freiheit haben wir — jedoch selbst der Kranke und Bedrängte hat oft mehr Möglichkeiten zu wählen, als er sich bewußt wird. Wählen ist erlernbar, es muß geübt werden.* Ich habe dieses Spiel immer häufiger selbst gespielt und es anderen Menschen anempfohlen. Viele meiner Patienten behaupten, daß ihre Behandlung seitdem schneller vor sich geht.
Einige meiner Freunde und ich empfinden uns als freier und produktiver, seit wir das Spiel häufig spielen.

Seit langem war ich frustriert, daß ich für das, was offenbar wirksam war, keine Erklärung finden konnte. Kürzlich sind mir einige Hypothesen dazu eingefallen, die ich gern mitteilen möchte: Wir erleben oft, daß das, was wir tun *müssen,* im Gegensatz zu dem steht, was wir tun *wollen.* Das Muß kann real sein. Ich muß *manche* Dinge tun, um nicht zu verhungern oder überfahren zu werden etc. In den meisten Fällen aber ist das »Ich muß« nicht eingleisig festgelegt. Ich kann viele verschiedene Dinge tun, um zu essen oder mich zu beschützen. *Viele »Müssen« sind nicht »Muß«, sondern »Soll«. Ein »Soll« schreibt mir vor, was ich zu denken oder zu fühlen oder zu tun habe. Ich erlebe mein »Soll« und mein »Möchte« als Widersacher, wenn das eine oder andere unrealistisch oder unbequem ist. In diesem Spiel verbietet mir das Soll zu tun, was ich nicht tun will; es verliert die Macht, als Gegner vom »Will« aufzutreten*, da es mir verboten ist, daß ich tue, was ich nicht tun will: Mein »Soll« im Spiel (so definiert) sagt, daß ich soll, was ich tun will. Das »Will« wird zum Mittler zwischen »Soll«, »Möchte« und »Muß«.

Dieses Paradox ähnelt der therapeutischen Tatsache, daß unbrauchbar gewordene Abwehrmechanismen am leichtesten dann aufgelöst werden können, wenn der Therapeut das Recht des Patienten respektiert, angstvoll und defensiv zu sein und nicht versucht, seine Widerstände zu durchbrechen. Der Therapeut verbündet sich mit den antiquierten Verteidigungsstellungen seines Patienten, die sehr oft offene oder versteckte »Solls« sind, die sich als Barrikaden gegen lebendige »Wills« stemmen. Im therapeutischen Jargon nennen wir das: »sich mit dem Widerstand verbünden« (joining the resistance). Sich mit dem Widerstand zu verbünden, kann ihn paradoxerweise auflösen.

Es ist z. B. eines der Grundprinzipien in den Physiotherapien, den Patienten zu ermutigen, übungsweise nicht gegen die Versteifung eines steifen Armes anzukämpfen, sondern mit ihr mitzugehen, d. h. den Arm übungsweise noch steifer zu machen, als er war, und erst danach zu entspannen; oder der Physiotherapeut verschafft durch seine Manipulation etwas Erleichterung dadurch, daß er den verspannten Arm unterstützt und so entweder aktiv oder passiv eine körperliche Lockerung und bessere Bewegungsmöglichkeit auslöst. In der Psychotherapie bedeutet, sich mit dem Widerstand zu verbünden, daß der Therapeut die erstarrten Emotionen des Patienten unterstützt — z. B. Isolationstendenzen, Vorurteile, Hostilität, Übertragungserscheinungen. Er akzeptiert damit das Recht des Kranken, so zu sein, wie er ist — z. B. sich unwirklich zu fühlen, starr zu sein, isoliert oder asozial. *Wenn so der Therapeut das Recht jedes Menschen auf seine Wirklichkeit, sogar auch auf seine Krankheit anerkennt, kann der Patient es sich leisten, seine erstarrten Haltungen aufzugeben, weil der Therapeut ihm hilft, Vertrauen in seine — wie immer geartete — persönliche Wirklichkeit zu setzen.* Er hat seine Integrität unterstützt und wann immer erstarrte Emotionen aufgetaut sind, wendet sich alles Lebendige dem Leben zu. (Und Leben schließt Veränderung, Wachstum und Soziabilität ein.)

In meinem Spiel bedeutet ein »sich mit dem Widerstand verbünden«, daß ich mein »Soll« in ein »Will« übersetze.

Beispiele: »Ich *soll* arbeiten, aber ich *will* nicht; ich *sollte* freundlich sein, aber ich *bin* ärgerlich; ich *soll* nicht soviel essen, aber ich *will* essen.« Das Spiel sagt: »Ich muß tun, was ich *will*« aber: Ich muß das »Will« überprüfen: Will ich arbeiten? Will ich essen? Und *wenn* ich es will, dann *muß* ich es tun. *Die Macht des Solls steht nun im Dienst des Willens.* So kann ich nicht mehr sagen: »Ich sollte nicht essen, *aber* ich tue es.« Ich muß mich entscheiden, welche Seite ich wähle: zu essen oder nicht zu essen. Diese Entscheidung schließt mein körperliches Verlangen und mein Wissen um die Konsequenz des Essens ein. (Mehrere meiner Freunde und Patienten waren überrascht, als sie sich während des Spiels zum Kühlschrank begaben, um etwas Eßbares zu holen und nun mit Vergnügen entdeckten, daß sie eigentlich gar keinen Wunsch zum Essen in sich verspürten.)

Möglicherweise reagieren wir auf die Macht des Sollens oft mit Apathie und Hilflosigkeit wie Kinder, die der überlegenen Macht der Erwachsenen ausweichen oder rebellisch entgegnen. Unser Über-Ich, oder der »Sollhund« (Fritz Perls' Ausdruck) hat uns gesagt, was wir tun müssen, und so setzen wir uns gegen ihn ab, indem wir uns rebellisch gegen ihn wenden, selbst dann, wenn wir inhaltlich mit seinem Verlangen übereinstimmen; oder wir identifizieren uns mit dem »Sollhund« so, daß unser Wollen vom Sollen ununterscheidbar wird.

Beispiel: Eine recht unordentliche Freundin von mir stellte fest, daß sie jedesmal, wenn sie das Spiel spielte, anfing, ihren Haushalt aufzuräumen.
Ihre Antwort auf das »Sauberkeits-Soll« ihrer Mutter war Unordnung. Ihren eigenen Wunsch auf Ordnung ließ sie auch als Erwachsene nicht aufkommen, weil ihr erwachsenes Ordnungsbedürfnis von ihrer veralteten Rebellionslust gegen die Mutter unterdrückt war. Durch das Spiel verband sich das antiquierte »Soll« der mütterlichen Stimme mit ihrem reifen eigenen Willen. — Sicher würde umgekehrt das Spiel den Impuls zur Unordnung bei vielen überordentlichen Menschen aufkommen lassen.

Das Spiel verbindet das »Soll« mit dem »Will«. Für die zehn Spielminuten verschmelzen die Macht des Sollens mit der Macht des Wollens. Reifes Wollen ist eine Verschmelzung von Impulsen, Realitätssinn und Wertungen geklärter persönlicher Zielgerichtetheit. In dem Spiel wird diese Integrierung durchsichtig wie unter einem Mikroskop. *Das Spiel lehrt zwischen »ich möchte«, »ich soll« und »ich will« zu unterscheiden.*
Nun habe ich alles erzählt, was ich über das Spiel im Augenblick erzählen will. Ich würde mich sehr über schriftliche Reaktionen von »Spielern« freuen.

Seit der Veröffentlichung des Artikels im Englischen sind einige Jahre vergangen. Inzwischen habe ich das Spiel auch für Gruppen modifiziert. Die zusätzliche Regel *in Gruppen* heißt: *»Ich muß tun, was ich will, ohne die Grenzen des Wollens anderer zu verletzen und ohne Gegenstände (die mir nicht gehören) zu beschädigen«.* Das Gruppenspiel ist sowohl leichter, da die Gegenwart anderer anregend wirkt, als auch schwerer, da mehr Realitätseinschränkungen zu beachten sind.

Beide Spiele üben persönliche Entscheidungsfähigkeit zwischen dem Impuls »ich möchte«, dem inneren Gebot »ich soll« und dem realitätsgeklärten »ich will«. Das Einzelspiel scheint mehr therapeutische, das Spiel in der Gruppe mehr soziale Bedeutung zu haben. Im Gegensatz zu den meisten Encounterspielen, die inzwischen bekannt geworden sind, liegt in diesem Spiel die Initiative zu Aktivitäten nicht in gestellten Aufgaben, die *alle* befolgen und individuell bearbeiten, sondern in *eigenen Initiativen* und Entscheidungen. So ist das Spiel eine Übung zur Bewußtwerdung innerer Strebungen und der Verantwortung zu entscheiden — im Zusammenhang mit anderen Menschen und Dingen.*

---

* So hilft das Spiel — im Sinn der »themenzentrierten interaktionellen Methode« (TZI), sich bewußt zu werden, daß jeder Mensch sein eigener Chairman ist — der verantwortlich ist für seine Wahrnehmung nach innen, nach außen, für seine Wahlen als in sich geschlossene Einheit und als Teil universeller Gemeinschaft.

13

Zur Humanisierung der Schulen: Vom Rivalitätsprinzip zum Kooperationsmodell mit Hilfe der themenzentrierten Interaktion (TZI)*

Erziehungsziele und -methoden gehören zusammen. Wenn sie nicht im Einklang miteinander stehen, wird das Ziel verfehlt. Ich habe mich überzeugt, daß die Schulsysteme in Amerika und in Deutschland, die fast universelle Sehnsucht nach Erziehung zur Demokratie und sozialen Gerechtigkeit nicht fördern. Beide arbeiten mit dem *Rivalitätsprinzip*, das ich für eine destruktive Grundlage halte.

Ich bin geneigt, diese Tatsache weniger als Manipulation politischer und ökonomischer Machtbedürfnisse einzelner Gruppen anzusehen, denn als eine generelle (alle Schichten miteinbeziehende) Unfähigkeit, sich von althergebrachten Erziehungsgedanken abzulösen, die, als das öffentliche Schulwesen aufkam, Fortschritt bedeuteten, die aber heute den Antiquariatswert von Übersee-Brieftauben haben.

Erziehung im human-demokratischen Sinn dagegen, deren Ziele gleichwertige Schätzung von Person, Gemeinschaft, sozialer Gerechtigkeit und Wissen sind, bedarf neuer Gedanken und Strukturen. Diese sind *durch psychologische und sozialpädagogische Erfahrungen*, so denke ich, realisierbar geworden. Ich glaube, daß diese früher utopisch anmutenden Ziele durch klärende Benützung neuer wissenschaftlicher Systeme (wie z. B. Psychoanalyse und Feldtheorie) in erreichbare Nähe der Kindererziehung und des Schulwesens gerückt sind; und daß unter der bedrohlichen Situation der Zerstörung alles Irdischen Erziehungsreformen, die zur Vermenschlichung führen können, keinen Aufschub vertragen.

Das Rivalitätsprinzip

Wenn wir behaupten, daß *›Ich‹* und *›Wir‹* und *›unsere Welt‹* wichtig sind, ergeben sich folgende Fragen für den Erzieher:

---

* Die Teilnehmer eines Workshops für Lehrer, die nach theoretischen und praktischen Hilfen für den Unterricht suchten, weckten bei mir das Gefühl der Dringlichkeit, dies zu schreiben. Ich möchte an dieser Stelle besonders Dr. med. Gerd Iversen danken, der als Teilnehmer an diesem Workshop, als sozial engagierter Arzt und als Herausgeber des *Schleswig-Holsteinischen Ärzteblattes* mein Schreiben während und nach dem Seminar mit fast autoritärer Suggestionskraft unterstützte! Danke, Gerd!

- Wer bin ich? — Was ist mir wichtig? — Für mich? — Für meine Schüler? — Für alle?
- Wer bist du (seid ihr), Schüler? — Was ist dir (euch) wichtig? — Was willst du (wollt ihr)?
- Was sind die Gegebenheiten, in denen wir uns befinden? — Was wollen, was müssen wir lehren/lernen, tun? — Welches *Müssen* ist unumgänglich, welches *Wollen* können wir verändern? — Wie?
- Wie wählen wir im Hier-und-jetzt die Aufgabe (das Thema) zur Bearbeitung?

Meine Schreibmaschine wird zum durchsichtigen »Fernsehschirm«. Aus ihm sehen mich mitleidige und verächtliche Gesichter von Lehrern und Schülern an: »In welcher Zeit lebst du? Seit wann geht es um *unsere* Wünsche und Interessen?«
»Wir sind doch abhängig von den Notwendigkeiten des Abverlangten, an dem unsere Existenz hängt — die jetzige als Lehrer, die zukünftige als Schüler —: Noten, Promotion, Vorschriften, Lehrpläne.«
»Ich habe Schüler, deren Namen ich kaum kenne — 200 Kinder, die ich je einmal in der Woche 45 Minuten sehe.« »Es kann noch schlimmer kommen, wenn der neue Plan durchgeführt wird, wo 7jährige Kinder ›frei wählen‹ dürfen, was sie lernen wollen und mit ihren Büchern Stunde um Stunde gruppenlos von Klassenzimmer zu Klassenzimmer traben werden und weder andere Kinder noch ihre Lehrer näher kennenlernen.« Nein, ihr mich anschauenden, fast resignierten Lehrer, Schüler, ich bin kein Utopist. Die Tatsache, daß etwas so ist, bedeutet nicht, daß es so bleiben muß. Sie bedeutet klares, neues Denken und Tun.

Solange ein Schulsystem nicht zur Individuation der Lehrer und Schüler und zu ihrer Freude und Effektivität beiträgt, solange sie nicht zur Emanzipation von Wirklichkeitssinn führt und die Probleme der menschlichen Jetzt-Geschichte nicht im Vordergrund stehen, solange *müssen* wir das Erziehungssystem verändern. Solange Minoritäten durch Abstimmung oder Ausschließung — finanziell oder mit Gewalt — unterdrückt werden, gilt es zu erforschen, warum so einfache Fragen wie die obigen mit »Weltfremdheit« abgetan werden müssen, obwohl die Not der Lehrer und Schüler vielen wohlmeinenden Menschen in der Seele brennt.
Wenn ich, du, wir in dieser Welt wichtig sind, ist unsere Aufgabe, einander kennen und miteinander *kooperieren* zu lernen und diese eine Welt, in der und durch die wir leben, zu pflegen anstatt sie zu zerstören.
Wenn wir jedoch auch nur ein paar Schritte in eine der üblichen Schulen hineingehen, schlägt uns ein anderer Geist entgegen:

Wäre es dir möglich, wenn du ein kleiner Schüler wärest, neben einem anderen kleinen Schüler zu sitzen, der »1« und »2« auf seiner Schreibarbeit stehen hat

und freundlich lächelnde Augen der Lehrer empfängt, *und du nicht?* Wäre es dir möglich ihn oder sie zu lieben? — Du selbst hast eine »5« oder »6« auf dem Stück Papier, das dich fröhlich gemacht hatte, denn bei dir zu Hause »spielte« man nicht schreiben und malen, wie es bei deinem Nachbarn der Fall war. Du hast auch früher nie irgendwo an einem Tisch gespielt oder gar mit Bilderbüchern hantiert; — du lerntest, schnell zu rennen, dich und Dinge, die du irgendwo fandest oder nahmst, zu verstecken und die Gesichter der Erwachsenen zu studieren (wann sie gefährlich würden). Langsam würdest du auch, auf deiner festgeschraubten Kettenbank, lernen, daß »5« und »6« bedeutet, daß du nicht Klassensprecher sein darfst oder Pflanzen gießen (und das gerade könntest du gut!) — Würdest du lernen, dich selbst zu lieben, wenn andere auf dich herabschauen? — Autorität zu respektieren, die dich nicht achtet? (Denn wenn die Lehrerin auch belehrende Worte sagt und versucht, dir etwas beizubringen: Du weißt, daß sie nicht mag, wie du sprichst: in einzelnen Worten, in Lauten, nicht in grammatisch richtigen Sätzen.) — Und darüber hinaus: Mutter spricht zwar selbst nicht so, aber sie haut dich, wenn du nicht »gut bist und lernst«; denn das weiß sie auch von früher, daß »5« und »6« böse Zahlen sind.
Würdest du, als Oberprimaner, deinen Mitschülern helfen, das Mathematik-Examen zu bestehen, wenn du weißt, daß nur die Allerbesten eine Chance haben, zum Universitätsstudium zugelassen zu werden, und es gibt nur wenige Plätze?
Würdest du dich mit Lehrmethoden und Techniken befassen, und in abendlangen Runden mit deinen Studenten freie Stunden in fruchtbaren Diskussionen und Aktionen verbringen, wenn du weißt, daß der einzige Weg für dich zu einer geachteten und stabilisierten Universitätskarriere eine enorme Anzahl von dir geschriebener und gedruckter Seiten ist?

Kurz gesagt: *Der Geist der Schulen ist vom Rivalitätsprinzip geprägt,* — spätestens von der ersten Klasse ab, hindurch bis zum Abitur, Dr.-Titel und Ordinarius.
Das Rivalitätsprinzip aber bedeutet die Organisation des unverdünnten Egoismus. Im Erziehungswesen bedeutet dies Rivalisieren um Noten, um bevorzugte Stellung, zuerst um die Gunst des Lehrers, dann in Universitäten, Behörden und Stellungen. Nur ich *oder* du können reüssieren, nicht *wir.* (Resultat: besser ich als du.) Die Balance zwischen Ich-Gerichtetheit und Wir-Antrieb ist permanent gestört. Persönliche und soziale Krankheit sind das Resultat. Mir sind Fälle bekanntgeworden, wo Schüler systematisch Arbeiten ihrer Kameraden versteckten oder zerstörten, um besser in der Klassenleistungskurve abzuschneiden. Der Diebstahlhandel für Examensfragen schnellt in die Höhe. Mit der immer wachsenden Rivalitätskampagne verschwinden oft auch letzte Spuren von Gemeinschaftssinn im Klassenleben, selbst die traditionelle unschöne, aber immerhin noch Solidarität zeigende Verbrüderung gegen Erwachsene (der kranke, doch immerhin nicht ausgestorbene Kooperationsantrieb).

Das *Übergewicht vom Stofflernen* gegenüber der Möglichkeit zu denken, schöpferisch zu sein (dieses schöne deutsche Wort selbst ist in Mißkredit geraten) und die Vernachlässigung menschlicher Interaktion kennzeichnet die Schulwelt des Rivalitätsprinzips. Rohe Vergleiche von guten und schlechten Schülern in Worten und Zahlen, die sie beschämen, sind unermüdliche Repräsentanten merkantilen Geistes. Die Schule widerlegt nicht die tägliche Fütterung durch Fernsehen: von Schönheitskönigin über Geld-für-Quiz-Produktionen zu bezahlten Sportspitzenleistungen, die (an sich nichts böses) vielen Kindern (fast der Majorität in den USA) den Eintritt in Sportteams unmöglich machen. *Vergötterung physischer Gewalt ist nur der letzte Ausläufer einer systematischen Erziehung zum Überwältigen des anderen.*

Die *Lehrerausbildung* ist im wesentlichen auf Stofflernen ausgerichtet. Junge Lehrer studieren nächtelang Massen an Fakten und einige Theorien, die sie bis zum Examen in ihren Gehirnfächern deponieren müssen. Wenig Zeit bleibt für praktische Pädagogik, die sie überwiegend als Praktikanten von älteren Lehrern mitbekommen, die ihrerseits von Stoff- und Papiermengen überschwemmt werden und selten ihren ursprünglichen Enthusiasmus bewahren konnten. Der junge Lehrer, selbst wenn er auf modernen pädagogischen Hochschulen war und von neuen Methoden hörte, findet sich, oft verzweifelt, in Klassenräumen, wo von Interaktion zwischen Schülern kaum etwas übrig ist, außer sich unter- oder überlegen zu fühlen. Ohne genügende Erfahrung und Unterstützung durch andere Lehrer fehlt ihm die Möglichkeit, seine Kenntnisse konstruktiv anzuwenden.

Psychopathologie gehört fast nirgends zum Lehrplan. Ohne psychologische und psychotherapeutische Beratung (in den meisten deutschen Schulen), mit ungenügenden Sonderschulen und Sonderklassen (sowohl in Anzahl als in der Auswahl behinderter Schüler — schwachbegabte zusammen mit intelligenten, emotionell Verstörten und physisch Behinderten) werden Lehrer in eine unmögliche Situation gebracht. Ohne Hilfe müssen sie mit schwierigen Kindern arbeiten, die verstört sind und stören. Nur wenn ihr Aufschrei sehr laut wird, werden einzelne Kinder von den Klassen entfernt. Diese Kinder bleiben oft Gezeichnete, deren Weg nicht weiter führt als zur ungenügenden Sonderschule, ins Spital oder etwas später ins Gefängnis und in die Verlassenheit.

Das Rivalitätsprinzip — mit seinem Sprößling leeres Stofflernen ohne Rücksicht auf Person und Kooperation — spiegelt sich auch in der Anordnung der Schulräume wider. Pulte, Tische, Bänke stehen in Reih und

Glied, das Katheder in hierarchischer Position zentral ihnen gegenüber. Die Raumverteilung wirkt als manipulatorisches Instrument, die Begegnung von Ich und Du der Schüler und freundliche Beziehung zum Lehrer zu hemmen oder unmöglich zu machen.
Die Grausamkeit von Stoffanbetung anstelle von *lebendigem Lernen* drückt sich besonders in der Volksschule in traditionellen Schulräumen aus, wo ganz junge, kleine Menschen in Reihen gesteckt werden — so grausam wie Kühe im nie-zu-verlassenden Kuhstall (nicht ganz so grausam wie Hühner auf Drahtböden) — sie alle dürfen nur »fressen«, was man ihnen reicht, sich nicht bewegen, und — wenn sie Kinder sind — nicht miteinander reden.

Lernstunden übersehen den Körper, Turnstunden den Geist der Schüler. Beide verlangen, daß der Student seine ganze Anstrengung für Leistungen hergibt, die weder er noch sein Lehrer bestimmt haben und die weder seiner inneren Entfaltung, noch seinen zwischenmenschlichen Beziehungen, noch den in der Welt notwendigen Erfordernissen Rechnung tragen.

Und noch einmal möchte ich betonen, daß ich hinter diesen bitteren Tatsachen keine böswillige Manipulation von herrschenden Menschen oder Klassen sehe, sondern die Schwierigkeit, neue Prinzipien und Techniken den humandemokratischen Bedürfnissen der Welt zuzuordnen.
Das tragische Moment in dieser Situation, so scheint mir, ist das *Phänomen der Unbewußtheit,* wie es in allen Unterdrückungssituationen (z. B. der Sklaven) dominant ist. Die Situation ist so schlimm, daß sie verdrängt wird. Viele Lehrer, fast ohne es zu merken, resignieren, geben die Hoffnung auf, daß Lehren ihnen Freude und Entwicklungsmöglichkeiten geben könnte. Schüler kommen selten auf den Gedanken, daß ein Lernen ohne Rivalität in Noten und Prüfungen möglich wäre und daß es unter allen Umständen viele Lerngebiete gäbe, die sie ebenso begeistert und freiwillig lernen könnten wie Rock-Musik, Automarken und Sexualexperimente. Ich glaube, daß die »Generationenkluft« eng mit unlebendigem Schullernen verbunden ist: Die Erwachsenen haben das Kreative und Spielerische (fast auch das Nützliche) aus dem Unterricht entfernt. Was übrig bleibt sind Sehnsucht oder Resignation, Suche nach Führung von außen (da Innenführung nicht gelehrt, sondern abgedrosselt wurde), oder Auflehnung gegen *alle* Autorität, auch der sachlichen und förderlichen, Auflehnung nicht gegen Unmenschliches, sondern gegen Menschen — mit voraussehbarem Blutvergießen, Drogen-Narkose und Tod.

Ich glaube, daß Kinder und Erwachsene »etwas leisten« wollen. Ich glaube, daß das Wort »Leistungsdruck« aufkam, nicht weil Leistung an sich gehaßt wird, sondern fremd-verlangte-Leistung, die nicht mit innerem Sein und den Bedürfnissen Nächster oder Bedürftiger verbunden ist.

Schüler und Lehrer funktionieren gleichermaßen unter dem Diktat bewertender Zahlen, die existentiell nichts mit ihnen zu tun haben. Sie weinen und lachen, bekommen Lob und Tadel, Promotion oder Entlassung durch persönlichkeitsfremde Nummern, die je nach Land 1—6 oder A—F heißen — Nummern, die fremd-verordnete, ich-fremde Leistungen etikettieren, selbst wenn ursprüngliches Interesse da war. Die Leistung und ihre Nummernetikette spricht nicht *zu* der Person, sondern *über* sie.
Diese Zahlen klassifizieren Personen aus der Fernglasperspektive der Fremdleistung und des äußeren Benehmens; sie berauben den Menschen seiner Personhaftigkeit und stempeln ihn zum auswechselbaren Leistungsroboter. Im Bann des Rivalitätsprinzips werden zwar allgemeine Fähigkeiten der Alters- und Intelligenzstufen untersucht und welches Material integriert werden *könnte;* nicht aber *welches* Material für *diesen* Menschen in *dieser* Situation, in *diesen* Umständen und in *dieser* Gemeinschaft Bedeutung hat. Unlebendiges Lernen dient weder der Person noch der Gemeinschaft, noch der kontemporären Kunst, Wissenschaft, Wirtschaft oder irgendeiner anderen sachlichen Notwendigkeit außer vorübergehenden Schein-Konjunkturen und Schein-Vergnügungen einzelner Bevorzugter, die selbst auch durch Magengeschwüre und Herzinfarkte ihren Beitrag an das Destruktionsreservoir des Rivalitätsprinzips bezahlen.

Ich habe als Therapeutin und Gruppenleiterin auch mit »Ausbeutern« gearbeitet und bin zu der Überzeugung gekommen, daß auch die »Ausbeuter« — weniger sichtbar als andere — unter dem Rivalitätsprinzip leiden, und manche viel von ihrer Macht über andere aufgeben würden, wenn sie wüßten, wie. Auch sie stecken im System. Viele Menschen der Oberschicht leiden unter Angst, die zwar in mehr Bequemlichkeit eingebettet ist als die der Unterschicht, aber nicht weniger schmerzhaft ist.

Im allgemeinen wird in der Rivalitätsschulwelt von Menschen durch klassifizierende Zahlen und unmenschliche Nicht-Begegnungen die Wissensspreu von dem Wissensweizen fein säuberlich geschieden. Die Weizenpflanzen sind fast ausschließlich Kinder begünstigter und begünstigender elterlicher Verhältnisse (finanziell, intellektuell und emotionell), während die Spreu der Unbemittelten (in Geld oder Vorbildung oder Anlage) zur sozialen oder naturgegebenen Ungerechtigkeit hinzu nun auch noch das Beschämtwerden in Schulen erleiden muß, was ihnen den letzten Impuls zum Überwinden der Handikaps und zur Entwicklung eines tragfähigen Selbstbewußtseins vergällt.

Es ist fünf Uhr morgens. Es ist die dritte Nacht, die ich schreibend verbringe. Leistungsleidenschaft, nicht Leistungsdruck. (Ich habe Glück. Ich bin sozial und ökonomisch frei und von innerem Wollen angespornt.)

Aber ich fühle mich unsicher. Ich tue etwas, was ich nie in meinen Unterrichtsgruppen tue: Ich zeige das Negative auf, bevor ich positive Möglichkeiten skizziere.
Ist diese überwältigend negative Aussage wirklich notwendig? Hätte ich nicht statt dessen über Reformversuche schreiben sollen? Und feststellen sollen, wieviel Positives traditionelle Schulen in den letzten zweihundert Jahren geleistet haben, sogar auch im sozialen Fortschritt? Die familiäre Wärme im kleinen Schulhaus; die jahrelange Beziehung zu einem oder wenigen Lehrern, die die ausschließliche Beeinflussung durch Eltern und Familie ergänzte; die Möglichkeit, viel mehr zu lernen, als zu Hause möglich war; auch Ärmeren zumindest Bücher und Lernbedingungen zu verschaffen; Freundschaften zu ermöglichen und zu begünstigen (und ich selbst war ein zufriedenes Schulkind, in Berlin — vor 40 Jahren und mehr)! Vielleicht, wenn ich gelassen wäre und mehr Zeit hätte, würde ich manches anders schreiben. Aber ich habe zwei Jahre Notizen und Tonbandsammeln hinter mir — über Lehren und Lernen in Schulen —, immer darauf wartend, mehr zu wissen und auszusortieren. Jetzt, nach diesem Seminar der leidenschaftlichen Sorge, will ich nicht mehr auf Perfektion warten. Das Übel des Rivalitätsprinzips ist deutlich genug.
Eine Erkenntnis steigt auf, die mich erleichtert: Ich kritisiere nicht Menschen, etwa »schlechte Lehrer«, »verantwortungslose Bürokraten«, »kalte Ausbeuter«, »dumme Schüler«, »gedankenlose Ideologen«, »gleichgültige Eltern« etc., sondern stelle ein durchgängig grausames, weil unrealistisches Prinzip heraus, das wohlmeinende Menschen vergiftet, wie ein unsichtbares, unriechbares Gas. Und ich stelle dieses Gift so negativ dar, wie ich glaube, daß es dargestellt werden muß, um »gesehen« und »gerochen« zu werden, weil sonst, wenn wir es nicht realisieren, das Gift nicht unschädlich gemacht werden kann (das — wie viele Gifte — in homöopathischen Dosen hilfreich und nützlich sein kann, z. B. im Hockey- oder Schachspiel, vorausgesetzt, daß sie Spiele und nicht Totschlagszeremonien sind).
Und ich fühle mich auch erleichtert, weil ich jetzt endlich tue, woran ich methodisch glaube: auch in der Darstellung von Stoff persönlich und interaktionell zu bleiben, von mir zu euch zu sprechen, d. h. »mich nicht vorzuenthalten« und den Leser um Gemeinschaft zu bitten.

Ich frühstückte auf meinem Hotelbalkon. Es verblieben mir drei Scheiben Brot. Es war sinnlos, sie dem Hotel zurückzugeben; sie wären nur Mitglieder von unsortiertem Müll geworden. So zerbröckelte ich eine Scheibe und warf sie auf das Dach unter meinem Balkon. Sofort kam ein kleiner Schwarm von Vögeln und pickte sie auf. Dann entfiel mir ein sehr großer Brocken. Ein Sperling flog damit weg und wurde von anderen verfolgt und belagert. Es gab Krieg. Dann warf ich eine Menge Bröcklein der zweiten Scheibe hinunter und das friedliche Mahl nahm seinen Fortgang. Die dritte Scheibe fand nur langsame, uninteressierte Abnehmer. Der Schwarm hatte sich anderen Interessen zugewandt. — »Rivalität«, dachte ich, »hat auch bei Vögeln seinen Ursprung in der Knappheit von Gütern.« Dann fielen mir meine ein- und zweijährigen Menschen-Freundlein ein: wie unendlich gern sie andere füttern, *wenn* sie dabei nicht zu kurz kommen; und wie bitterlich sie weinen, wenn ihnen mehr weggenommen wird, als sie bereit sind zu geben. Und ich war wieder voller Staunen über diese Illustration des Rivalitäts- und Kooperationsprinzips.

Ich glaube, daß die Aufwärtsentwicklung des wachsenden Menschen sich kaum auf die primitivsten Regungen, sondern mehr auf ihre vernünftige Handhabung bezieht; daß es auf die Verminderung von Existenzangst ankommt und die Befriedigung wesentlicher elementarer Bedürfnisse (inklusive der nach Zuneigung und Anerkennung); daß naturgegebene Mängel nur durch Verstehen, Liebe und sozial-ökonomische Gerechtigkeit ertragen werden können; und daß in unserer güter- und gedankenverknüpften Welt *jeder* Isolationismus Angst und Aggression auslösen muß.

Es erscheint mir besonders tragisch, daß einige der neuen Reformideen Fakten übersehen, die sie zum Scheitern bringen müssen. Ich halte z. B. die Reformidee der *freien Wahl von Fächern* an sich für wünschenswert; dagegen würde sie (wie es in Schweden bereits nachgewiesen wurde!) schädlicher sein als die traditionelle Schule, wenn sie Kindern, vor allem jüngeren, *den notwendigen Schutz und die menschliche Betreuung von Klassenlehrern und Klassenkameraden entzieht.* Die letzte Geborgenheit einer umgebenden Bekanntheitsatmosphäre, wo man sich bei Namen und Eigenart kennenlernen kann, verschwindet hinter wandernden Füßen, die alle 45 Minuten heimatlos von Raum zu Raum dirigiert werden, wo sie Fremde, immer nur Fremde antreffen! — Die finstere Analogie des *Hospitalismus* der Jahrhundertwende steigt auf, wo steril gehaltene, der Zärtlichkeit und Bemutterung entzogene Säuglinge starben oder verkümmerten: Müssen wir erst konkret solchen *Hospitalismus in Schulen* erleben und Kinder zu leiblich oder seelisch verkümmerten Krüppeln oder Abgewandten erziehen, wenn der Stand unseres Wissens diese Resultate *zu früher Entpersönlichung des Unterrichts* mit fast eindeutiger Sicherheit voraussagen kann?

Und eine gleichermaßen wohlmeinende, verhängnisvolle Methodik scheint mir in manchen amerikanischen progressiven Versuchen vorzuliegen, wo Riesenräume ohne Zwang (und oft ohne Innenstruktur) zur Gemeinsamkeit, nicht aber zum Tun oder Lernen auffordern. Ich war wochenlang Hospitantin in einer Schule, wo Jugendliche sich nicht ihrer Mäntel entledigten, Coca-Cola-Flaschen den Fußboden besiedelten und die angesagten Arbeitsgruppen kaum je zustandekamen. Die Jugendlichen waren freundlich und zugewandt; sie kamen oder kamen nicht zur Schule und lebten auf einer Schutzinsel gegen Forderungen und Anforderungen. Sie lernten wenig, außer der Wärme ihrer Gefühle (selten tief, selten in engeren Beziehungen). Oft langweilten sie sich. Als ich die

Lehrer danach fragte, sagten sie: »Erst müssen sie Vertrauen und Liebe erfahren, bevor sie lernen können.« — Ich glaube, es fehlte und wird ihnen fehlen das Korrelat zur Liebe: sich selbst und die Welt kennen und verstehen zu lernen und sich in ihr zu bewähren und zu verwirklichen.

Es gehört ins politisch-ökonomische und ärztlich-therapeutische Gebiet, den Rahmen individueller und kooperativer Freiheitsmöglichkeiten zu erweitern; ins psychologisch-pädagogische, die vorhandenen persönlichen Gegebenheiten individuell und in Gruppen zu fördern. Sich selbst *nur* als Produkt (der Familie und Gesellschaft) zu sehen und nicht *auch* als Produzent von beiden, beruht auf einem (heute von der Physik als unhaltbar angesehenen, undurchlässigen) Kausalprinzip, das nicht die Tatsachen unerklärter Wahrscheinlichkeiten und das Phänomen freier Wahl mit einschließt. *Der Psychotherapeut ist nie ein Reparateur von Komputern, der Pädagoge nie ganz hoffnungslos: Es gibt fast immer — auch im Verstörtesten — Ansatzpunkte von Wahlmöglichkeiten.* Für den Bürger und Politiker bedeutet dies, Bedingungen zu schaffen, in denen *alle* Menschen optimale Entwicklungschancen haben.

Reiner Egoismus (Selbst-Trieb) ist eine Krankheit, ebenso wie *reine* Selbstaufgabe (Gemeinschafts-Antrieb). Sie kommen im Effekt auf dasselbe hinaus: die Zerstörung eines Teilhabers und damit eines Teiles der Welt.
Ich glaube, daß die Krankheit des statischen oder übergewichtigen Egoismus dann entsteht, wenn Existenzangst überhand nimmt und unerträglich ist, so daß das Interesse an der Wahrnehmung der Welt an den Wänden des eigenen Körpers haften bleibt (eine Selbstverständlichkeit, wenn man als Gefangener vor dem feindlichen Kannibalenfeuer sitzt).

Themenzentrierte Interaktion im Unterricht*

Die »Gleich-wichtig-Hypothese« der TZI (bezogen auf Ich-Wir-Es und Globus) stellt meiner Ansicht nach implizit das Fundament jeder humanistischen Theorie und Praxis dar. Ich bin so wichtig wie Du und wie Wir; wir alle sind interdependent, wechselseitig abhängig von der Welt als Ganzem — dem großen »Es«, das uns stützt und durchdringt, das andererseits nach unserer Unterstützung und Interaktion verlangt. Niemals ist jedoch die Welt als ganzes im Fassungsbereich unserer Sinne und un-

* Dieser Abschnitt ist verändert gegenüber der im *Schleswig Holsteinschen Ärzteblatt* und der *Schweizer Schule* erschienenen Fassung. Ich habe den damals unter mehr Druck geschriebenen Aufsatz später in englischer Fassung erweitert und amerikanisiert (Revolutionary Evolution in Classrooms) und diesen Teil zusammen mit Wolfgang Ramacher rückübersetzt! Die in den Beiträgen 8 und 9 dieses Buches enthaltene Darstellung der TZI wird hier vorausgesetzt.

seres Geistes. Wir können nur Splitter von ihr im Nacheinander begreifen. Diese winzigen Teile sind als Bezugspunkte unserer wechselnden Aufmerksamkeit unser unmittelbares »Es«. In Therapiegruppen mögen dies die Probleme einer Person sein, die allgemein bedeutsam sind; oder es mag ein Thema sein wie »Wie werde ich mit Angst (oder Schmerz) fertig?«. Eine Organisationsgruppe mag den »Aufbau wirksamer Kommunikationswege in unserer Organisation« zum Thema haben; im Klassenzimmer mögen es Themen sein wie »Ich und die Elektrizität« — »In London gegen Ende des vergangenen Jahrhunderts geboren — wie hätte mein Leben ausgesehen?« — »Ich bin ein Mann. Ich bin eine Frau. Ich bin ein Junge. Ich bin ein Mädchen. — Was ist Rolle — was Realität?«
Der humanistische Therapeut oder Lehrer ist bestrebt, sowohl den eigenen als auch den Freiheitsbereich der Schüler in ihren Wahlmöglichkeiten zu erweitern und zu vertiefen.
Das ist gewiß nicht leicht. Als menschliche Wesen sind wir die Einheit »Ich« und zugleich Teil des »Wir«. Diese Gegebenheiten bedingen im Bewußtsein ein paradoxes Hin-und-her-Schwingen zwischen unserer Existenz als selbständiger Einheit und der Existenz als Teilchen sozialer und kosmischer Systeme. Wir sind immer autonom und immer interdependent. Daraus folgt: Jedes Ich trägt volle ich-bezogene Verantwortung für sich selbst, trägt partielle Verantwortung für jeden anderen Menschen (graduell mehr für Menschen, denen wir uns näher verbunden fühlen) und für die situativen Gegebenheiten, in denen wir leben (den Globus, in dem und durch den wir in Interaktion stehen).
»Dynamisches Balancieren« ist ein Kerngedanke der TZI. Damit ist die Aufgabe gemeint, innerhalb des existentiellen Paradoxons (biologische Einheit und zugleich sozial-kosmischer Anteil zu sein) immer wieder Balance herzustellen: Balance zwischen den Ich-Wir-Es-Faktoren der Gruppe, Balance zwischen physischen, emotionalen, intellektuellen und spirituellen Bedürfnissen und Wünschen, Balance zwischen Geben und Empfangen, Hören und Sprechen, Aktivität und Ruhe etc.

Zur Betonung der Schwerpunkte ICH – WIR – ES im Klassenzimmer: Struktur, Verlauf, Balance

In themenzentriert interaktionell arbeitenden Klassen ist es Aufgabe der Lehrer, Struktur, Arbeitsverlauf und Balance zielgerecht zu initiieren. Der Lehrer agiert gleichzeitig als Hüter der Organisation der Arbeitsstrukturen und des interaktionellen Prozesses, als Fachmann und Didaktiker und als menschliches Wesen, das die gleichen Grundbedürfnisse hat wie seine Schüler. Es ist Aufgabe des Lehrers, die Klasse als Gruppe

zu fördern und nicht mit einer Ansammlung untereinander beziehungsloser und rivalisierender Menschen zu arbeiten. Der Lehrer versucht, sich der eigenen persönlichen Wünsche und Bedürfnisse ebenso bewußt zu sein wie der seiner Schüler, und dementsprechend zu handeln. Der Lehrer betont die Wichtigkeit der Gruppe im Sinne eines interaktionellen Wir, das Schüler und Lehrer einschließt; er betont die Wichtigkeit von Aufgaben, Themen, Studien und Aktionen. Der Lehrer betont die Gegebenheiten der Welt und die Wichtigkeit der Fertigkeiten zu ihrer Bemeisterung: mit anderen zu kooperieren und die Welt als Interaktion von Geben und Nehmen zu erkennen. (Autonomie und Interdependenz, Ehrfurcht vor dem Leben und Wachsen und Verantwortlichkeit sind axiomatische Grundvoraussetzungen des TZI-Systems.)
Nachfolgend skizziere ich einige Möglichkeiten, wie Lehrer eine dynamische Balance zwischen Ich-, Wir- und Es-Faktoren anstreben können. Selbstverständlich gibt es eine Vielzahl nützlicher, technischer Hilfen, deren Darstellung jedoch den Umfang dieser Ausführungen sprengen würde.*

Schwerpunktverschiebung zum ICH (Person) im Klassenzimmer

Die Betonung des »Ich« schließt ein:

— *den Lehrer zugleich als Leiter und als wichtigen Partizipanten der Klasse zu achten.* Er ist zugleich Sachautorität, führend in Strukturierungsfragen und ein Mensch mit den gleichen menschlichen Primärbedürfnissen wie seine Schüler. Darüber hinaus ist er für seine Schüler der Archetyp der Autorität — des Meisters, dem (unbewußt) magische Qualitäten zugeschrieben werden, die sie bewundern und/oder gegen die sie rebellieren.

— den Lehrer als sich entwickelnden Menschen zu respektieren, der für

* *TZI ist ein Kommunikationssystem, das nicht nur durch Lesen oder rasche Demonstrationskurse »gelernt« werden kann.* Nach den Erfahrungen der WILL-Fakultät braucht man *ungefähr zwei bis drei Jahre* an nebenberuflichen Kursen und Erfahrungen, um die TZI-Prinzipien und -Techniken zu integrieren (WILL-EUROPA, Basel, Rütlistr. 47). Das gilt für Therapeuten, die Gruppen leiten, für Lehrer, Organisatoren, Geistliche usw. *Einige nützliche Elemente der TZI können jedoch leicht aufgenommen werden.* Sie helfen, die Leitvorstellungen und Handlungsrichtungen eines Menschen neu zu orientieren. Ihre Anwendung ist besonders fruchtbringend in der eigenen Familie, Kommune oder in anderen Kleingruppen. Ich hoffe, daß die berufsmäßige TZI-Ausbildung in die Curricula der Pädagogischen Hochschulen und der Universitäten integriert und innerhalb der normalen Studienzeit realisiert werden wird.

sich selbst verantwortlich ist. (»Durch den Einfluß eines anderen Menschen gestützt zu werden«, setzt das Bewußtsein der eigenen Bedeutung voraus; ich respektiere den anderen, »weil er ist wie ich«.)
— die Anleitung, *wie Schüler vom »ich muß das lernen« zum »ich will es lernen«* kommen können. Dazu sind *Stunden interaktioneller oder privater Besprechung* nötig, um Störungen aus dem Weg zu schaffen und persönlichen Bezug zu Themen zu finden.
— anzuerkennen, daß *Werte* keine bleibenden Errungenschaften sind, sondern *Leitlinien für das Leben* darstellen (nicht zu erwarten, daß ich ein Idealbild — oder eine andere Art von Bild — darstelle; daß ich weder zu wissen habe, was ich nicht weiß — ich mag wünschen, es herauszufinden —, noch zu sein habe, was ich nicht bin; lieber real zu sein, als eine Rolle zu spielen).
— als selbstverständlich vorauszusetzen, daß Menschen Rücken haben, die schmerzen, Mägen, die sich verkrampfen und Kehlen, die sich wie zugeschnürt anfühlen können, oder daß man sich leicht und behaglich fühlen kann — und diese Gegebenheiten in Überlegungen und Handlungen zu berücksichtigen.
— daß wir Gedanken haben können, in denen blitzartig Erkenntnisse aufleuchten, oder daß wir uns leer und ausgebrannt fühlen können.
— den Glauben zu berücksichtigen, von einem höheren Wesen geliebt zu werden, oder die Überzeugung, daß nichts Jenseitiges existiert (zwischen Glauben und Wissen zu unterscheiden).
— *sich bewußt zu sein, daß jemand eine Kindheit in Licht und Liebe erlebt haben mag und daß ein anderer in Elend, Hunger und Lumpen aufwuchs* oder zu einer kalten und zerbrochenen Familie gehörte — und dieses Wissen in der Praxis in *entsprechendes Verhalten* umzusetzen.
— sich *um Wahrheit zu bemühen und niemals zu sicher zu sein;* zu irren und neue Wege zu suchen; weder ein Tugendmuster noch ein unkontrolliert Impulsiver sein zu müssen.
— *weder Gehirntrichter zu bedienen, noch die Lebensfreude des Gebens abzudrosseln.*
— sich bewußt zu sein, daß *niemand über gleichmäßige Kräfte verfügt,* sondern daß es auch innere Ebbe und Flut gibt, die akzeptiert werden müssen.
— zu versuchen, frühe schädliche Einflüsse zu verstehen und zu überwinden. (Dazu gehört auch, nach Prinzipien des Rivalisierens oder der »Verdinglichung des Menschen« erzogen worden zu sein.)
— zu versuchen, sich der *Übertragungen und Gegenübertragungen bewußt zu sein:* als Illusionsvorstellungen, die Menschen aus den Erfahrungen der Kindheit mitbringen — und daß es diese Illusionen durch

Konfrontation mit der Realität aufzuarbeiten gilt. (Dies schließt ein, daß Lehrer leicht als Archetypen der Autorität gesehen werden — die Illusion des Meisterbildes: Vater/Mutter sind unfehlbar oder ... im Guten oder Grauenhaften allmächtig.)

— Mißerfolge, Leistungen, Gefühle, Verwundbarkeiten zuzugestehen — zu versuchen, fairer mit anderen umzugehen und die eigene Fehlbarkeit zu akzeptieren.

— darauf zu achten, daß *Aussagen kongruent* mit dem inneren Erlebnis sind, aber weder taktlos noch selbstdestruktiv, hinzuarbeiten auf zunehmend offenere Kommunikation durch *Verminderung der Verwundbarkeiten* und durch Auswahl des Auszusagenden nach dem Prinzip „selektiver Authentizität«.

— *auf Interessen und Gefühle ernsthaft einzugehen — nicht nur auf Leistungen und Interaktionen. Gefühle sind, was sie sind. Aktionen bedürfen der Kontrolle.* Gefühle brauchen keine Rechtfertigung und Zensorschaft, sondern Verständnis. Sie mögen sich ändern oder nicht. »Sei nicht wütend« ist eine sinnlose Aussage. »Ich sehe, daß du wütend bist — irgend etwas muß dich aus der Fassung gebracht haben« mag einen sinnvollen Dialog einleiten und zur Veränderung führen. *Meine Wut ist mein Eigentum; meine wütende Handlung unterliegt zwischenmenschlicher Verantwortung.*

— *Schülern und Studenten mit der Grundbotschaft der TZI zu begegnen* (dem Alter und Reifegrad angepaßt): *»Du bist dein eigener Chairman, deine eigene Leitperson.* Höre auf deine inneren Stimmen — deine verschiedenen Bedürfnisse, Wünsche, Motivationen, Ideen; brauche all deine Sinne — höre, sehe, rieche, nimm wahr. Gebrauche deinen Geist, dein Wissen, deine Urteilskraft, deine Verantwortlichkeit, deine Denkfähigkeit. Wäge Entscheidungen sorgfältig ab. Niemand kann dir deine Entscheidungen abnehmen. *Du bist die wichtigste Person in deiner Welt, so wie ich in meiner.* Wir müssen uns untereinander klar aussprechen können und einander sorgfältig zuhören, denn dies ist unsere einzige Brücke von Insel zu Insel. Mach dir bewußt, was für dich zu sagen und zu hören wichtig ist. Rufe uns, wenn du Hilfe brauchst. Vermutungen sind ein mühseliges und unsicheres Geschäft; wir können viel sicherer sein, wenn wir unsere Gedanken eindeutig und authentisch äußern. Riskiere auch zu erfragen, was du haben willst — vielleicht wirst du es bekommen, vielleicht auch nicht. Das ist die Wirklichkeit. Wir müssen sie zu akzeptieren lernen.

Wenn du unfähig bist, dich für das zu interessieren, was im Klassenraum vor sich geht — wenn du ärgerlich, zu gelangweilt bist oder Schmerzen

hast, oder zu aufgeregt über etwas, das dich freut, so daß du dich nicht konzentrieren kannst —, *sag es!*
Störungen und Aufregungen haben Vorrang (wenn du dich beim besten Willen nicht konzentrieren kannst oder den besten Willen nicht hast).
— als Lehrer zu wissen, daß man nur für das eigene Lernen und Lehren Verantwortung trägt und nicht für das der Schüler. Jedoch im Paradox des Lebens akzeptiert der Lehrer innerhalb dieser existentiellen Entscheidung eine Teil-Verantwortlichkeit auch für das Lernen seiner Schüler; er beachtet in der Art und Auswahl seines Lehrens Fortschritt und Feedback seiner Studenten als hilfreiche Wegweiser für Selbsterkenntnis und methodische Revisionen. So lehren Schüler ihre Lehrer, besser zu lehren, und Lehrer ihre Schüler, besser zu lernen. Durch den Prozeß von Lehren und Lernen zwischen Lehrern und Schülern geschieht die Entdeckung lebendigen Lernens und Lehrens für beide.

Schwerpunktverschiebung zum ES (Thema, Aufgabe) im Unterricht

»Es« ist wichtig als das zu bewältigende Thema, unser gemeinsamer Fokus in der Gruppe. (In einer Therapiegruppe ist es die persönliche Schwierigkeit und ihre Lösung, in einer Organisation das Erarbeiten optimaler Strukturen, in einer Schulklasse der Konvergenzpunkt zwischen dem öffentlichen Lehrplan und den Interessen des Lehrers und der Schüler.)
In einer akademisch vorgebildeten Klasse überschwemmt Sachbezogenheit (Stofflernen) leicht die interaktionellen Interessen und Verstörtheiten einzelner, die aus Angst oder Ärger aus der Klassenbezogenheit und -arbeit herausfallen. Der Lehrer unterstützt die Kommunikation dieser »Herausgefallenen« mit der Hypothese, daß er und die Klasse Verantwortung für die persönliche Bedrängtheit jedes einzelnen teilen; er unterstützt Kommunikation, er erzwingt sie nicht.
In einer Ich-und-Wir-bezogenen Klasse (in fortschrittlichen Schulen oder in Klassen, die Sensitivitätstrainings kennen) überwiegen oft interaktionelle und Ich-betonte Strebungen, die vom Sachthema wegführen. »Verstörtheiten« und »leidenschaftliche Interessen« werden zum übergewichtigen Anliegen aller oder einzelner. *Der TZI-Lehrer unterstützt dann die Rückbeziehung auf das Thema mit der Hypothese, daß es notwendig sei, gegebene Aufgaben zu bearbeiten.* Diese Hypothese ist leicht durch den Hinweis auf das Dach eines Hauses vertretbar, das vor der Regenperiode geflickt werden soll, was sachlich evident ist. Sie ist *schwer zu vertreten, wenn Schüler den Stoff als irrelevant, d. h. als nicht auf sich selbst bezogen erleben.* Dabei wird das »zu flickende Dach« durch ein undurchsich-

tiges Ziel ersetzt. Der einzige Grund zum Lernen ist hier ein Sekundärmotiv, »das Abitur«, »die Versetzung«.

Dieselbe Situation besteht bei dem *Befolgenmüssen undurchschaubarer (oder »ungerechter«) Gesetze. Der Lehrer wird zum Polizisten oder zum Anwalt:* Wie kann ein Gesetz, ein System beeinflußt werden? Ist Umsturz ohne innere persönliche Veränderung imstande, das eingeübte Rivalitätsprinzip und seine dazugehörigen autoritären und anti-autoritären (beides unsachliche Haltungen) Elemente zu überwinden? Oder würde eine Machtverschiebung von einer Schicht zur anderen resultieren, die wieder nicht zu einer echten Gemeinschaft aller wird?

Ich bin überzeugt, daß jede Veränderung gesellschaftlicher Ordnung, die allen Menschen Rechnung tragen soll, sowohl ökonomische als auch humanistische Reformen durchführen muß. *Wenn Menschen nicht innerlich human fühlen und denken, wird jede ökonomische Reform nur zur Schichtenveränderung führen,* nicht aber zur Aufhebung der Ungerechtigkeit und Grausamkeit. Umgekehrt: Humanistische Erziehung ohne ökonomische Reform ist unmöglich; denn *humanisierende Erziehung muß zum Nachdenken und Handeln im Sinn der Vermenschlichung der politischen und ökonomischen Situation führen. Es erscheint mir so, daß nur eine relative Gleichzeitigkeit dieser beiden reformatorischen Strömungen eine Katastrophe größten Ausmaßes verhindern könnte.*

Die meisten Themen können ansprechen, wenn ihr persönlicher Bezug zum Lernenden erkannt wird und sie nicht als Fremdkörper übergestülpt werden. Die Primärfrage ist, wo die emotionellen und intellektuellen Beziehungspunkte jedes einzelnen zum Thema liegen und wie er diese entdecken kann.

Jeder Lernende erfaßt nur ein kleines Stück der unendlich großen Welt. Dies Stückchen Welt, auf das sich eine Person oder Gruppe jeweils konzentriert, ist der Fokus des Gruppeninteresses: das »Es«. *Im lebendigen Unterricht ist Relevanz, d. h. Bedeutsamkeit des Themas, für jeden und alle die wesentliche Aufgabe;* das Es als Fokus der Interaktion ist der Inhalt des stofflich zu Meisternden.

Alles Lernen vollzieht sich interaktionell. Das ist offensichtlich, wenn Menschen in einem Raum versammelt sind und jeder mit jedem kommuniziert. Es ist weniger deutlich, wenn Bücher oder Fernsehen die lebendige Gemeinschaft ersetzen. Doch sogar im Alleinsein dauert Interaktion in introjizierter Form an, dokumentiert durch die Sprache, unsere inneren Worte; in ihnen schlägt sich das kommunikative Leben nieder.

Menschen, die kooperativ zusammenarbeiten, regen sich gegenseitig an und lernen voneinander. Die fruchtbarsten Themen ergeben sich aus Fragestellungen, die ihren Ursprung in den realistischen, täglichen und persönlichen Erfahrungen der Menschen haben. *Der Lehrer, der lebendiges Lernen fördert, fragt nicht, wie Studenten motiviert werden können, sondern wie er ihre Motivation finden kann.* Die Ausgangsfrage des Lehrers lautet nicht: »Wie motiviere ich die Schüler?«, sondern: *»Wo und wie leben sie?« »Woran sind sie interessiert?« »Woran liegt mir?« »Wo liegen die Interessen des Gemeinwesens, in dem wir leben, und der Gesellschaft?«*

Solche Themen-Findung kann sich nur langsam aus der geduldigen Arbeit vieler Eltern, Lehrer und Schüler heraus entwickeln. Die meisten Lehrpläne entstehen jedoch nicht auf solchem Arbeitsweg, sondern sind weitgehend mit traditionellen und oft sinnlos übernommenen Inhalten belastet. Diese Lehrpläne haben wenig oder nichts mit den Interessen von Lehrern und Schülern oder ihrer Umgebung zu tun. *Ein fixierter Lehrplan ist (notwendigerweise) immer hinter der Zeit zurück und von der Gegenwart entfernt.* Das ist ein bedauerlicher Bestandteil traditioneller Erziehung. Auf diese Weise werden Lehrer und Schüler gehindert, Themen von unmittelbarem Bezug aufzugreifen; ein Vorgehen, das sie auch zu Inhalten der relevanten Vergangenheit und zu Inhalten außerhalb der direkten Bezugsebene führen würde, und zwar im Rahmen eines folgerichtigen, begründeten Prozesses. Beim augenblicklichen Stand der Dinge können Lehrer und Schüler ihre Interessen nicht vertiefen und wachsen lassen, da sie nach der Methode toten Lernens — eine große Menge an Wissen in möglichst kurzer Zeit zu vermitteln — von Inhalt zu Inhalt getrieben werden, zum nächsten Bahnhof und zur nächsten Berechtigungsfahrkarte hin.

Selbst wenn wir heute noch den vorgeschriebenen Lehrplan akzeptieren (und zugleich als Bürger bekämpfen), *kann der Lehrer auch dem gegebenen Lehrplan doch noch Relevanz abgewinnen* (denn es wäre nicht fair, unsere Kämpfe von Kindern ausfechten zu lassen). Zudem ist das Erlernen des *Personalisierens aller Themen* für jeden Menschen hilfreich. Selbst trockene und fernliegende Sachgebiete enthalten interessante Elemente, wenn der Schüler lernt, persönlichen Zugang zu jedem Thema zu finden. Das personalisiert gefaßte Thema enthält immer die Frage: *»Und was bedeutet mir persönlich diese Fragestellung, diese Sache, diese Aufgabe?«*

Ein solcher Einstieg in das Thema wird gewöhnlich nur für kleine Kinder als sinnvolles Verfahren akzeptiert. Dieser natürliche pädagogische Ansatz wird jedoch später als »infantil« abgelehnt, obwohl de facto alles relevante Erlernte (auch des Erwachsenen) im subjektiv Personalen wurzelt.

(Ich glaube, daß ein Zusammenhang besteht zwischen unserer universell — merkwürdig — distanzierten Gleichgültigkeit »fremdem Schicksal« gegenüber

[Personen und Völkern gleichermaßen] und dem Schulwertungssystem der »Objektivität« von Wissen und Lernen. Ich halte für möglich, daß das jahrelange *Eintrichtern von persönlich irrelevantem Material gleichzeitig das Austreiben von Relevantem bewirkt, daß Empathie und Einfühlung weitgehend im Druck des Einscheffelns von emotional unwichtigem oder unverdaulichem »Bildungsgut« verloren gehen.)*
Die Möglichkeit, durch mehr personalisierende Methoden persönliche Relevanz auch in anscheinend unpersönlichen Sachgebieten zu finden, darf darum nicht dazu verwandt werden, über das Verstehen und Kombinieren von Sachverhalten und Ideen hinaus auch zum Ignorieren von lebenswichtigen Anliegen persönlicher und sozialer Art beizutragen. Wenn ein TZI-Lehrer unterrichtet, ist diese Gefahr nicht groß, da er und die Teilnehmer angeleitet werden, die Interessen des »Ich« und des »Wir« in Balance mit dem Interesse am »Es« zu halten.

Das Schwergewicht wird zum Thema verlegt durch die adäquate *Themenfindung:* Im idealen Fall würde das Thema nur aus den sinnbezogenen Interessen der Schüler, des Lehrers und der Zielsetzung der sozialen Umgebung, die für die Existenz der Schule mitverantwortlich ist, gesetzt werden. Dies würde bedeuten, Gemeinsames und Individuelles klarzustellen und Themen zu finden, die alle Interessen miteinschließen, oder Untergruppen der Klasse für verschiedene Themen zu bilden. Es gäbe Freiheit für alle Studienthemen, Aktionsmöglichkeiten und Forschungsprojekte. Der Kompromiß, vorgegebene Themen außerhalb der direkten Bezugssphäre zu personalisieren, birgt eine Gefahr für den einzelnen wie für die Gesellschaft: *Schüler und Lehrer können von Problemen abgelenkt werden, mit denen sie sich aus natürlicher Betroffenheit heraus sonst leidenschaftlich auseinandersetzen würden* — z. B., ihre persönliche und soziale Umgebung zu erfassen und nach neuen Wegen des Zusammenlebens zu suchen. Ein oberflächliches Ansammeln von Fakten ohne persönlichen Bezug kann Schüler wie Lehrer gegenüber existentiell wichtigen Fragen blind werden lassen, und durch totes Lernen wichtige Zeit verschwenden.
Themenfindung und Themensetzung in Schulen mit vorgegebenen Lehrplänen verlangen die Fähigkeit, den obligatorischen Lernstoff mit dem inneren Interesse der einzelnen und der Klasse zu vereinen.

Zur Form des Themas:

Das Thema soll nicht so eng gefaßt sein, daß es zu wenig Raum für Assoziationen läßt und nicht so weit, daß es ins Grenzenlose führt. Wie alle Strukturen muß es Freiheit und Bindung anbieten:
— Das Thema soll konkret genug sein um Bilder und Gedanken zu stimulieren, doch nicht so scharf umgrenzt, daß es neue Perspektiven der Sache oder einzelne Personen ausschließt.

— Das Thema soll so kurz und klar formuliert sein, daß es leicht im Gedächtnis haften bleibt, doch nicht so banal, daß es langweilt.
— Das Thema soll die Interessen aller Teilnehmer miteinschließen können und, wenn möglich, über sie hinausführen.
— Das Thema soll als Richtungsstütze dienen im Sinn der Zielsetzung des Lehrplans und der von Lehrern und Schülern.
— Das Thema soll dazu dienen, Interessen und Erfahrungen in Verbindung zu bringen.
— Das Thema soll so gesetzt werden, daß konstruktiv weiterführende Gedanken ermöglicht werden, die über das Problem hinausführen und nicht den Horizont einseitig einmauern.

Das Thema bedarf der Einführung.

Durch bloße Aufgabenstellung werden die meisten Menschen nicht hinreichend angeregt. Es ist oft auch schwer, sich neu auf ein Thema einzustellen, wenn man von irgendeiner anderen Aktivität herkommt oder noch nicht auf diese Arbeit eingestellt ist. Alle Einleitungen haben den *gemeinsamen Sinn, die Aufmerksamkeit und Gefühlslage auf das Thema hinzuleiten.*
Ein Thema kann auf viele Weise eingeführt werden:

Zum Beispiel:
— durch Aufforderung, an eigene Erfahrungen zu denken, die mit dem Thema in Verbindung stehen.
— durch visuelle Vorstellungen.
— durch eine einleitende Vorlesung, die anregend aber sehr kurz sein soll. (5 bis 7 Minuten — längeres Zuhören führt Schüler leicht in die langgeübte Passivität zurück, in der eigene Ideen unterdrückt werden.)
— durch ein »geführtes Schweigen«, in dem die Studenten zu ihrer eigenen Beziehung zum Thema geleitet werden.
— durch gegenwärtige oder vergangene Erfahrungen, die sich auf das Thema beziehen könnten.
— durch die jetzige Befindlichkeit und relevante Assoziationen aus der weiteren Gegenwart.
— durch Spiele, Dialoge, Rollenspiele oder auch Brain- und Heart-storming (»Hirn- und Herzstürme«).

Das Thema wird gestützt, wenn der Lehrer an der Fragestellung selbst wirklich interessiert ist und das Interesse der Schüler unterstützt. *»Ich kann nicht wissen, wie du am besten lernst; ich würde dir aber gern helfen, daß du deinen besten Weg herausfindest.«*

Obgleich der Lehrer keines anderen Leitperson sein kann, so kann er den Schülern doch oft helfen, durch das Erforschen von Ideen oder Fakten stimulierende Methoden oder Techniken zu finden. Die bloße Frage »Was wollt Ihr tun?« hat destruktiven Charakter. Der Kindergartenscherz: »Müssen wir heute wieder das tun, was wir wollen?« zeigt ein *Bedürfnis nach Anregung und Strukturierung.*

Die Herausforderung, die in der Übernahme der alleinigen Verantwortung für die eigene Wahlentscheidung liegt, setzt voraus, daß wir innerlich genügend frei sind, um wahrnehmen zu können, frei genug, um klares Zielbewußtsein, zureichendes Wissen und Alternativen anzustreben, um von diesen Grundlagen aus entscheiden zu können. — *Erziehung ist ein Prozeß, bei dem Herausforderungen und Aufgaben dem Leistungsvermögen und Reifegrad des Schülers entsprechend dosiert werden müssen.*
Manchmal hängen tiefere Störungen direkt mit der behandelten Fragestellung zusammen; diese Störungen gilt es zu erkennen und aufzuheben, bevor Lernen geschehen kann.

Es ist erstaunlich, wie *viele anscheinend tiefreichende Verstörtheiten gemildert und sogar aufgearbeitet werden können, wenn eine Klasse von Schülern in ihrem Verhalten zu Kooperation und aufrichtigem Wohlwollen gefunden hat.* Die Atmosphäre gegenseitigen Akzeptierens, die Ähnlichkeit menschlicher Schwierigkeiten und das Bedürfnis zu helfen sind mächtige Hilfskräfte. Oft sind sie sogar in Klassenzimmern stärker wirksam als in Therapiegruppen. Dieses unerwartete Phänomen mag dadurch erklärt werden, daß ein gemeinsames Anliegen vorhanden ist, daß alle Teilnehmer im gleichen Boot zum gleichen Ziel rudern und daß diese Gemeinsamkeit Spannung und Freude erregt.
(Dies trifft allerdings nur dann zu, wenn es zuvor gelungen ist, die Haltung des Rivalisierens hinreichend abzubauen.)

Das Thema wird unterstützt durch Lehrer, die Lehrer-Schüler und durch Schüler, die Schüler-Lehrer sind. Nichts ist hilfreicher für das Thema als das gemeinsame Bemühen um das Problem. Die meisten Lehrer gestehen bereitwillig ein, daß sich ihr eigenes Lernen intensivierte, als sie zu lehren begannen. Gleiches gilt für Schüler. *Geben und Erhalten sind existentielle Bedürfnisse. Eines dieser Bedürfnisse nicht ausleben zu können, führt zur Störung des inneren Gleichgewichts. Lehrer tun gut daran, von ihren Schülern und durch ihre Schüler zu lernen.*
Das *Thema kann in Unterthemen aufgeteilt* und so in kleinen Diskussions-, Aktivitäts- oder *Studiengruppen behandelt werden.* Dadurch wird der Umfang des Behandelten vergrößert und zugleich jeder einzelne intensiv in Teilgebiete involviert. Die Unterthemen werden von den Kleingruppen wieder ins *Plenum zurückgebracht,* wobei jeder einzelne einen festen, kleinen Standort intensiv kennt.
Das Thema kann auch von Kleinstgruppen (3 bis 4 Studenten), in interaktionellen *Lesegruppen* oder *Schreibgruppen,* behandelt werden. Diese *»Interlesegruppen« oder »Interschreibgruppen«,* scheinen fast immer

besonders anregend zu wirken. Im »Interwriting« wählen sich jeweils die Schüler ein beliebiges Unterthema, das sie in beliebiger Form bearbeiten können, allerdings mit dem Ziel, ihre Arbeitsergebnisse schriftlich zu fixieren. Resultate sind: Essays, Reportagen, Satiren, Gedichte, Abhandlungen, Schwänke, Märchen, vielfältige Forschungs- und andere Arbeitsprojekte etc., manchmal von allen, manchmal von einem oder zweien niedergeschrieben. Fast alle Schüler, sogar eingefleischte »Nichtschreiber«, haben Freude an dieser stimulierenden Erfahrung.

(»Wie sind in einem Raum kleine Schreib- oder Gesprächsgruppen möglich, besonders, wenn die Pulte am Boden festgeschraubt sind?« Sie sind möglich: Notfalls setzen sich die Personen auf die Pulte, um sich ansehen zu können. Hat ein Zimmer Platz für alle Teilnehmer, ist auch Platz da für kleine Gruppen!«)

Das *Thema wird vor allem unterstützt, wenn möglichst viel Zeit* auf intensive Arbeit *mit einem Unterthema* verwandt wird (Wagenschein: »Exemplarisches Prinzip«)*.

Und ebenso wichtig: *Das Thema wird unterstützt dadurch, daß man nicht zu dicht daran kleben bleibt.* Wenn die Klasse zeitweilig vom Thema abweicht, geschieht meist mehr integratives Lernen, als wenn der Pfad allzu eng bemessen ist. Wenn persönliche und Gruppenbedürfnisse ernsthaft miteinbezogen werden — ob sie zum Thema gehören oder nicht —, arbeitet die Gruppe fließender und mit geringerem Druck.

Volles emotionales Einbezogensein schlägt sich im Arbeitsgeist und in kreativer und kooperativer Aktion nieder.

Schwerpunktverschiebung zum WIR (Gruppe) im Klassenzimmer

Wir sind wichtig als die »Ichs« aller Personen einer Gruppe in Interaktion. Unsere Wichtigkeit ist unsere optimale Beziehung zueinander, in der wir jedes Ich und unser Thema fördern. Optimale menschliche Beziehungen sind nicht maximale Nähe, sondern *ich-angemessene Nähe und Distanz. Optimale Handlung im Sinn des Themas ist nicht Selbstaufgabe, sondern angemessener anteilhafter Beitrag.*

Das Wir verbindet alle Gruppenmitglieder in ihrer am Es orientierten

---

* Das Thema wird unterstützt durch Flexibilität + Kreativität, z. B.: Jeder Schüler wählt für einige Zeit einen Autor über ein Sachgebiet und liest und forscht über ihn und seine Arbeit; dann treffen sich die »Autoren-Kollegen« zu einem »Symposium«, so daß alle Schüler mit allen gewählten Autoren in lebendigen Kontakt treten und einen von ihnen genau kennen (J. Fagan).

Ähnlich kann mit Geschichtsperioden umgegangen werden. Schüler übernehmen Rollen, wie z. B. Kaufleute, Regierende, Frauen, Bauersleute, Arbeiter, Handwerker, Kinder, Krieger, die sich dann auf »dem Marktplatz« treffen.

Interaktion. Wenn sich Bewußtheit von Selbst und Einbezogenfühlen in Gruppe und Thema bei jedem Gruppenmitglied vertiefen, gewinnt auch das Wir an Tiefe.

Der *Lehrer* verstärkt das Wir im Klassenzimmer:

— wenn er die *Würde jeder Person achtet* und das Bewußtsein von Autonomie und Interdependenz zu vertiefen sucht.
— wenn er dem Glauben Ausdruck gibt, daß Streben nach *Vervollkommnung unserer Fertigkeiten und kreativer Gebrauch unserer Begabungen angeborene Bedürfnisse des Menschen sind*, die nur durch persönliche und soziale Krankheit an ihrer Entfaltung gehindert werden können.
— indem er soweit wie irgend möglich *Prinzipien der Kooperation* anwendet — und nicht das Prinzip des Rivalisierens —, und so in der Gruppe die Bereitschaft fördert, schwächere und gestörte Schüler in Wir-heit und ihnen angemessene Aktivitäten der Klasse einzugliedern und damit Arroganz und Angst abzubauen. Dies vermindert oft die Verstörtheit oder führt den Schüler dazu, fachmännische Hilfe zu suchen.
— indem er *die Schüler konsequent dazu anhält, selbst die Verantwortung für ihre eigenen Entscheidungen und Wahrnehmungen, Gedanken, Urteile, Aktionen sowie für das Bewußtwerden von Gefühlen und Empfindungen zu übernehmen.* Mit dem Zuwachs an persönlicher Sicherheit und Selbstbestimmung steigert sich bei den Schülern auch die Fähigkeit, anderen gleiches Recht und gleiche Verantwortlichkeit zuzubilligen. Diese Haltung steht in diametralem Gegensatz zu den Zielvorstellungen des Gehorsams und der Angepaßtheit, die schwache Ichs nur dazu bringen können, eine vegetativ gesteuerte Herde zu bilden — unfähig zu einem starken Wir. (Das Wir kann nur so stark sein wie seine einzelnen Ich-Komponenten.)
— indem er *Gruppenthemen (»Ich«- und »Wir«-Themen) in den regulären Arbeitsplan mit aufnimmt.* Die dem Klassenleben innewohnenden Konflikte ergeben immer wieder thematische Fragestellungen. Sie können zum Zeitpunkt ihres Auftretens formuliert und in geplanten oder spontanen Klassendiskussionen bearbeitet werden. Themen müssen so formuliert sein, daß Problem und Lösungsrichtung angesprochen werden: »Ihr seid anders als ich; wie kann ich Verschiedenheiten schätzen lernen?« »Zurückhaltung und Aus-sich-Herausgehen — wann und wie ist es gut für mich und euch, wann nicht?«
— indem er den *Klassenraum in verschieden große Gruppen strukturiert:* kleine, mittelgroße und Plenumsgruppen. Eine Atmosphäre der Vertrautheit ist kaum in sehr großen Gruppen zu erreichen. *Vertrautheit wächst jedoch in kooperativ gelenkten Kleingruppen;* von dort über-

trägt sie sich leicht auf größere Gruppen. Die *Kleingruppen-Zusammensetzung muß variieren*, so daß alle Schüler mit allen anderen bekannt werden und sich keine festen Untergruppen bilden.
— indem er den Schülern so früh wie möglich Prinzipien des Gruppenleitens beibringt. Die Hilfs-»Regeln« der TZI sind fruchtbar, wenn sie als *Hilfen* und nicht als Dogmen aufgefaßt und vom Lehrer selbst praktiziert werden.
Hilfsregeln im Klassenzimmer können variieren und von der Klasse erfunden werden. Sie dürfen nicht dem Geist der existentiellen Postulate widersprechen*.

Hilfsregeln fürs Klassenzimmer:

— Wenn du kritisierst, versuche eigene Verbesserungsvorschläge hinzuzufügen.
— *Sage anderen Leuten nicht, wie und warum sie so oder so sind, sondern wie du auf sie reagierst.*
— Halte *Balance zwischen Teamarbeit und individuellen Beiträgen;* laß' keines zu kurz kommen.
— Fördere Begegnungsspiele und lasse jeden (behutsam) die Autobiographie jedes anderen kennenlernen. *Kooperatives Leben setzt Verstehen voraus. Der Hintergrund hilft, den Vordergrund zu erleuchten.*
— *Akzeptiere Aufgaben aus der Welt außerhalb des Klassenzimmers* — Aufgaben, die für die Realität relevant sind und das Prinzip der Kooperation über den Klassenraum hinauswirken lassen. Dadurch wird das *gruppendynamische »Wir — Die-da«-Phänomen vermieden:* »Wir sind gut — Die-da sind schlecht.«

Die Klasse ist eine Gruppe von zufällig zusammengekommenen Menschen. Das *Wir der Klasse als Teil eines »Erd-Wir« zu sehen, ist Aufgabe jeder humanistischen Schulung. Eine in sich gefestigte Gruppe akzeptiert Fremde und von außen herangetragene Angelegenheiten. Eine Gruppe mit grundsätzlichen Schwierigkeiten unter ihren Mitgliedern meidet Fremde nach Art der Hühner-Hackordnung.* Über den erzieherischen Wert für die Klasse hinaus tragen solche nach außen wirkenden *Aktivitäten das humanistische Prinzip in die Gesellschaft in ihrer Gesamtheit hinein.*

Wir-heit wird besonders gefördert, wenn man das (undemokratische) Prinzip der Mehrheitsabstimmungen zur Entscheidung offener Fragen

---

* Siehe: Die Grundlagen der TZI: Axiome, Postulate, Hilfsregeln. In diesem Band. Die folgenden Hilfsregeln beziehen sich speziell auf die Anwendung von TZI im Klassenzimmer.

vermeidet. Obgleich Abstimmungen als demokratische Prozedur geschätzt sind, gleichen Majoritätsbeschlüsse autoritären Maßnahmen. Wie diese bieten sie dem Individuum keinen Schutz. Minoritäten, Repräsentanten anderer Meinung oder von geringerer Macht, werden unterdrückt. Verletztheit, Feindschaft, Apathie und Mangel an Bereitschaft zur Kooperation sind oft das Resultat (noch öfter die Rivalität durch Obstruktion, um zu beweisen, »daß wir es besser machen würden als Ihr«). *Solange sich Menschen dem Gesetz des Siegens und Verlierens unterwerfen anstelle des Zusammenspiels in Konsensus und Kompromiß, kann vernünftiges Denken und kooperatives Handeln selten zustande kommen.* (Daher ist oft ein äußerer Feind notwendig, um Kooperation und Gemeinschaft zustande zu bringen.)
Werden Menschen jedoch vor die Aufgabe gestellt, *alle* Gesichtspunkte einzuschließen und in Richtung eines für alle akzeptablen Konsensus' oder Kompromisses zu arbeiten, so ist Kooperation nötig. Experimente mit solchen Ideen haben mich überzeugt, daß der bloße Entschluß zu präzisen Aussagen und sorgfältigem Zuhören Entscheidungsprozesse ungeheuer positiv beeinflußt. Menschen, denen sorgfältig zugehört wird, sind weit mehr bereit, selbst sorgfältig zuzuhören. Sie müssen sich dann nicht überlegen — während ein anderer spricht —, was sie als nächstes sagen, wie sie angreifen oder sich verteidigen könnten. Die hebräische Version der Goldenen Regel besagt: »Liebe deinen Nächsten; er ist wie du.« Moderner Humanismus akzeptiert diese ethische Maxime und fügt einige Anregungen zu den Methoden hinzu, *wie* solche Anforderungen verwirklicht werden können. (Das ist die Hoffnung, die gesellschaftsbezogene und psychotherapeutische Theorien der menschlichen Welt am Rande ihrer Zerstörung anbieten.)

Pädagogik am Kreuzweg: »Verdinglichen« oder »Humanisieren?«

Heutzutage herrscht weitgehend Übereinstimmung, daß Menschen sich verändern oder verändert werden können. Die *Veränderungsmöglichkeiten* tendieren in zwei *diametral entgegengesetzte Richtungen: zur Mechanisierung und Entmenschlichung oder zur Hoffnung auf humanistische, revolutionäre Evolution.*
Dies sind die Verschiedenheiten:
— einerseits ein extremes Lohn/Straf-System — andererseits ein System behutsamen Verbesserns;
— einerseits indirekte Manipulation — andererseits direktes, offenes Führen;
— einerseits absichtliche Geheimhaltung von wichtigen Informationen

(über Menschen, Dinge, Materialien) — andererseits offene Angebote zur Erkundung der Realität;
— einerseits Hunger oder Überfluß — andererseits angemessene Versorgung für alle;
— einerseits wahllose oder manipulative Eingriffe in chemische und elektronische Operationen — andererseits organismische Unterstützung und Vertrauen in interpersonale und therapeutische Möglichkeiten (Wachstumshilfe, die keine operative und mechanische Technik ausschließt, diese aber nur auf Spezial- und Not-Fälle beschränkt).

Humanistische Erziehung setzt neue Leitvorstellungen und eine neue Berufsbeschreibung für den Lehrer voraus. Die Prinzipien der »Verdinglichung« und des Rivalisierens, die unsere Schulen völlig durchdringen, müssen durch humanistische und kooperative Einstellung ersetzt werden. Hierzu bietet die »themenzentrierte Interaktion« eine realisierbare Möglichkeit.

14
Pädagogisch-therapeutische Interventionen (Bausteine)

Begriffliche Klärungsversuche

Pädagogisch-therapeutisch ist jede Situation, die dem psychisch eingeengten Menschen hilft, Zugang zu sich selbst und zu anderen zu finden, d. h. deutlicher zu empfinden, präziser wahrzunehmen, tiefer zu fühlen, klarer zu denken und sich bezogen auf den anderen auszudrücken. Mit anderen Worten: Eine pädagogisch-therapeutische Situation fördert die Fähigkeit, sich der Welt und sich selbst verantwortlich handelnd zuzuwenden und seiner autonom-interdependenten Wirklichkeit Rechnung zu tragen.

Psychotherapie dient der Auflösung fehlgeleiteter und fixierter Strebungen oder dem Erwecken verkümmerter Möglichkeiten; Pädagogik bezieht sich auf die Erfüllung und Erweiterung des freien Potentials.

Ein Gleichnis: Eine Pflanze wird krank, wenn ihr Stamm mit Draht abgedrosselt ist. Sie kann nicht gesund werden, wenn man ihr nur Wasser und Nahrung anbietet. Der Draht muß erst entfernt werden. Der Mensch ist *die* Pflanze, die manche Fesseln auch von innen her — mit etwas Hilfe von außen — entfernen kann. *Psychotherapie ist die Kunst, Fesselungen zu lösen, Pädagogik die Kunst, die Gelösten zu nähren, zu leiten und zu sich selbst zu entlassen.*

Pädagogik ist die Kunst, Therapien antizipierend zu ersetzen. Therapie ist nachträgliche Pädagogik. (Gesellschaftliche Strukturen können Art und Häufigkeit der Fesselungen verändern, vermindern oder erhöhen.

Die psychische Not weiter Bevölkerungsschichten macht die Frage nach psychotherapeutischer Prophylaxe und allgemein erhältlichen psychologischen Hilfestellungen zu einem vorrangigen Problem. Spezialisten-Exklusivität, wo sie nicht absolute Notwendigkeit ist, ist unvertretbar. (Ebenso unvertretbar ist therapeutische Chirurgie und anamnestische Tiefenforschung in der Hand ungelernter »Therapeuten«.) Es ist notwendig, Lehrer, Eltern, alle, die mit Kindern (oder dem »Teil-Kind« im Menschen) verantwortlich zu tun haben, mit dem erforderlichen pädagogisch-therapeutischen Instrumentarium auszustatten. Lehrer und Eltern sollen nicht zu einer Passivität verdammt werden (oder sich selbst verdammen), die das Ertrinken der Zöglinge zuläßt, weil sie zwar selber schwimmen können, aber keine motorisierten Rettungsboote besitzen.

Dies ist als solches in der Allgemeinmedizin kein revolutionärer Gedanke. Wissen um Therapien hat von eh und je in jedes Haus gehört: Wis-

sen um Ernährung, um Heilkräuter, Salben, physische Übungen; Wissen um den Sinn von Fieber und Schmerzen als Angebote zur persönlichen Beachtung oder als Signal, um ärztliche Hilfe zu suchen; Wissen um die Wirksamkeit persönlicher Zuwendung im Gespräch und Unterscheidungsfähigkeit, wann der Kuß für ein angeschlagenes, wann Desinfektionsmittel für ein aufgeschlagenes Knie angebracht sind (und wann der Gang zur Tetanusspritze notwendig ist).
Die traurige Tatsache ist, daß die meisten Menschen weit unterhalb eines adäquaten pädagogisch-therapeutischen Anspruchs- und Wissensniveaus leben. Prophylaktische und therapeutische, speziell psychotherapeutische Mittel sind heute vorwiegend intellektuell und materiell Privilegierten bekannt oder zugänglich. Medizinische und psychotherapeutische Spitzenleistungen erregen zugleich Bewunderung und Verzweiflung bei all den Menschen, für die dieses Können im gelobten und versiegelten Lande der Möglichkeiten bleibt.
Ein Schritt auf dem Wege zur notwendigen antizipatorisch-prophylaktischen Verbreitung psychotherapeutischer Effizienz ist eine Auseinandersetzung und Ineinanderfügung therapeutischer und pädagogischer Möglichkeiten. Ärzte, Psychotherapeuten und Erzieher müssen Berufe und technische Bereiche miteinander besprechen und klären. Für diese Beratungen und Erwägungen sind bisher noch zu wenig Zeit, persönlicher Einsatz und öffentliche Mittel aufgewandt worden.
Kenntnisse über das psychische Wachstum von Kindern und deren Erziehung werden von angehenden Ärzten (wenn überhaupt) in ihrem Studium kaum verlangt; sie gründen sich daher vor allem auf den sogenannten »praktischen Verstand« (common sense), der Gefahr läuft, Verhaltensmuster zu vermitteln, die der Niederschlag unreflektierter eigener Erfahrungen und Traditionen sind. Ein entsprechender Mangel ergibt sich für Pädagogen, deren Ausbildungsgang die Auseinandersetzung mit psychopathologischen Problemen und den Erwerb medizinischen Wissens wenig oder gar nicht miteinschließen. Mindestens einige gemeinsame Seminare für Angehörige beider Berufe erscheinen mir nötig, um einem Minimum vernünftiger Ansprüche gerecht zu werden: z. B. ein Schulpraktikum für Ärzte und ein klinisches Semester für Pädagogen.
Die themenzentrierte Interaktion (TZI) enthält einen Ansatz zur pädagogisch-therapeutischen Erziehung und Nacherziehung. Meine Überlegungen in diesem Artikel sind Bausteine einer Auseinandersetzung mit dem Warum ihrer therapeutischen Effizienz, deren Bedeutung mir selbst erst im Lauf der Jahre bewußt geworden ist.

Vor vielen Jahren sagte mir Bonnie Strickland, eine junge Kollegin in Atlanta,

Georgia, sie habe TZI nie anders denn als Therapie aufgefaßt. Es sei ihr unverständlich, daß ich es nicht dafür hielte. Damals nannte ich ihr meine Gründe, weshalb ihre Ansicht nicht stichhaltig sei: Die Methode gehe nicht ins Anamnestische, löse nicht alte Bindungen und Verstrickungen auf und sei weder auf Themen der Selbsterfahrung konzentriert, noch auf die emotional korrektive Erfahrung zwischen Therapeut und Patient; sie gehe Störungen nur soweit an, wie es für den Verlauf der Arbeitsgruppe notwendig sei und um lebendiges Lernen für den einzelnen zu ermöglichen; und nur um »lebendiges Lernen und lebendige Kommunikation« gehe es bei TZI.
Bonnie antwortete lächelnd, das könnte ja alles so sein, aber sie wisse genau, daß sie selbst und Leute, die sie in ihren TZI-Gruppen gehabt habe, sich im Laufe der gemeinsamen Arbeit stärker, fröhlicher und effektiver fühlten und auch von anderen in ihrem Alltag so verändert erlebt würden.
Seitdem habe ich mich durch unzählige Menschen meiner eigenen Gruppen und denen von Kollegen — die therapeutische und nichttherapeutische Gruppenleiter sind — überzeugt, daß TZI nicht nur eine Methode lebendigen Lernens und lebendiger Kommunikation ist, sondern therapeutische Effektivität hat und nachhaltige Veränderungen zustande bringt.

Dies führt zu den Fragen dieses Artikels: Wie kann eine Methode auch dann therapeutisch wirksam sein, wenn ihr Thema primär nicht die individuelle Verstörtheit von Menschen betrifft, diese nicht interpretiert, keine anamnestischen Fragen anspricht, Themen aus allen Bereichen des Lebens, der Arbeit, des Unterrichts, des Nachdenkens behandelt und in modifizierbaren Techniken fast allen Alters- und Bildungsgruppen Hilfestellung anbietet?*

---

* Den ersten Anstoß zu diesem Artikel gab mir Prof. Wolfgang Jacob, Heidelberg, in Vorgesprächen über ein von uns geplantes Buch über die Philosophie von Krankheit und Gesundheit. Vieles von diesen Gedanken floß in diese Schrift mit ein; die Grenzen »wer hat was gedacht«, sind unbestimmbar. Ich möchte Dir, Wolfgang, und vielen Freunden, die direkt und indirekt zu diesen Bausteinen beitrugen, noch einmal (hier im Druck!) von Herzen danken; speziell auch Ruth Ronall, die ihren Nachtschlaf in New York, Karl und Ilse Walka, die ihre Wochenendpausen in München, und Marcella Schäfer, die freie Berliner Stunden opferten und mit Ideenreichtum und Klärungen diese Schrift bereicherten. Und mein Dank geht ebenso zu den vielen Workshopteilnehmern und Freunden, die Anteil an dieser Arbeit nahmen.

Die *Beispiele* dieses Artikels stammen aus Lehrer-Ausbildungsseminaren in den Vereinigten Staaten, der Schweiz und Deutschland. Namen und andere persönliche kennzeichnende Faktoren sind verändert worden, Briefe und Berichte sind Zitate.

»Das Thema als Mittelpunkt der Gruppe« oder »Grundlagen der TZI: Axiome, Postulate, Hilfsregeln« sind *Voraussetzung* zum Verständnis dieses Artikels.

Zur kurzen Erläuterung kann das Postulat auch so ausgedrückt werden: »Mache dir deine innere und äußere Wirklichkeit bewußt. Benütze deine Sinne, Gefühle, gedanklichen Fähigkeiten und entscheide dich verantwortlich von deiner eigenen Pespektive her.«

Stummer Monolog am Bett eines vier Monate alten Kindes:

> »Ich bin Dein Vater, Deine Mutter, oder ein anderer, der Dich pflegt. Ich bin wichtig für Dich. Ich bin für Dich da. Du bist mein Kind. Ich beschütze Dich, und ich hab Dich lieb. Du bist ganz neu, ein Erlebnis, eine Liebe, eine Forderung. Du weißt noch nicht, daß Du wichtig bist, weil Du atmest, lächelst, spielst — wichtig für Dich, für mich, für andere, für viele. Jeder Mensch strahlt von seinem Zentrum über sich hinaus ins Weite ... Noch entscheide ich vieles für Dich — nicht alles. Ich nehme Dich in meine Arme und wiege Dich. Ich gebe Dir zu trinken, zu essen, ich besorge und umsorge Dich. Ich lächle Dich an.
>
> Über manches entscheidest Du schon selbst: Ob Du ißt, trinkst, schreist, lächelst, Dich zuwendest, Deine Füße mit Deinen Händen suchst. Du schreist oft. Manchmal sagst Du Töne. Ich versuche, Deine Sprache zu verstehen. Wenn ich mich täusche und Dich füttere, wenn Du getragen werden willst, oder ich Dich trage, wenn Du trinken möchtest, bringe ich etwas in Dir in Unordnung. Ich möchte Dich verstehen und Deine Ordnung nicht stören. Ich kann es nicht immer; wir sind nicht im Paradies. Du mußt weinen — wie ich.
>
> Ich spreche Dich an, Du hörst gut zu. Bald wirst Du meine Sprache verstehen, weil ich wichtig für Dich bin; und in Dir sagt etwas, daß Du sprechen willst. Du willst hören, ich will sagen. Meine Sprache wird Deine Sprache sein, für Deine Gedanken. Dies ist mein Einfluß auf Dich, meine Sprache, mein Lächeln, meine Art, Dich zu lieben und Dir manchmal böse zu sein — dies ist Dein Schicksal. Später wirst Du lieben, wen Du lieben willst, um Dich und in Dich sehen, tun, was Du tun willst. Und ein wenig von mir wird immer in Dir sein. —«

Und so wächst der kleine Chairman mit seinem autonomen Streben und in der Interaktion mit seinen Erziehern in Geborgenheit. Er weiß, daß er und die anderen füreinander wichtig sind. Und wenn Leben oder Tod die ersten Menschen, die er kannte, längst von ihm getrennt haben, behält er dies eine: daß er und seine Nächsten wichtig sind.

So könnte es sein — so ist es selten.
Viele Wände stellen sich zwischen Kinder und Erwachsene: Krankheit, Kälte, Armut, Gewalt; Mangel an Zuhören, Anschauen, Liebe; ein Zuviel, ein Zuwenig an Besorgnis; ein Zuviel, ein Zuwenig an Zutrauen zu dem, was das Kind schon tun und entscheiden kann; keine Zeit oder zuviel Zeit zur gemeinsamen Tätigkeit, zum Zuhören und Spielen; kein Geld für Nötiges und Freudiges oder zuviel Geld, das alles entwertet. —

Beispiel:
Vater zu dreijährigem Sohn: »Ein Junge weint doch nicht wegen eines kaputten Spielautos! Hör auf zu heulen oder ich kauf dir kein neues.«
Der Sohn läuft zur Katze und zieht sie am Schwanz. Der Vater schlägt ihn und kauft kein neues Auto.

Zurückschlagen? Das geht nicht. — Heulen? Geht auch nicht. Was geht? Was lernt das Kind?

Nicht-fühlen, was ich fühle; nicht traurig sein, wenn ich traurig bin und es nicht mehr wissen. Leer und einsam sein und nicht wissen, wer ich bin. Eine Mauer ziehen zwischen mir und anderen. Gewalttätig und/oder autistisch sein. Lernen, daß Liebe und Kaufen identisch sind. Lernen, daß Kinder, die Katzen quälen, schlimmer sind als Erwachsene, die Kinder schlagen. Also: Übermacht und Gewalt sind gut.

Es könnte auch anders sein:

Vater zum Sohn: »Weinst du, weil du traurig bist, daß dein Auto kaputt ist?« Sohn: »Ja, will's nicht kaputt.« Vater: »Du bist traurig, weil's kaputt ist, und ich bin traurig, daß wir es nicht mehr reparieren können.« Sohn: »Das arme Auto weint auch.« — Vater und Sohn verstehen sich. (Die Katze schnurrt!)

Was lernt das Kind? Erwachsene fühlen ebenso wie Kinder und verstehen sie. Erwachsene sind nicht allmächtig. Das Kind darf ein Kind sein und magisch denken. Ein geliebter Gegenstand ist wichtig und nicht so leicht auswechselbar.
Matthias Kroeger*: »So wiederholt sich hier das alte und sinnvolle Formulierungsdilemma: *›Ist jeder sein Chairman und nimmt es nur mehr oder weniger wahr? Oder wird er es erst, weil der infantile Chairman noch keiner ist?* — Es scheint mir wie eine Frage des Mutes, ob ich mich getraue, es als verallgemeinerungsfähige ontologische Theorie zu formulieren: ›Jeder ist sein Chairman. Wohl *muß* jeder sich entscheiden, aber

---

* »Profile der Themenzentrierten Interaktion«, *»Wege zum Menschen«*, Heft 11/12, 1974, S. 463.

wird er darum schon entscheidungsfähig? Wird aus jedem Menschen ein Mensch?‹ Ich glaube, jeder kann sein Chairman werden, wenn wir uns dazu helfen. Ermutigen wir uns gegenseitig dazu? Dann *wird* der Satz berechtigt: Jeder *ist* sein Chairman. So wird der ontologische Satz, den nur der Mut ermöglicht, historisiert, er wird biografisch. *Werde, wer Du bist.*«

Menschen kommen mit unterschiedlichem Potential zur Welt. Ihre Umgebung begünstigt oder verdirbt es. Das Explizitmachen des Daseins-Postulats der Chairmanregel bedeutet, daß, *was immer auch geschieht, wir immer noch ein Stückchen autonom sind, d. h. wählen, trotz aller bedingenden Unfreiheit — schon als Kinder, noch als Greise und im minimalen Sinn auch noch als Kranke, Arme und Gefangene.*

Der Gruppenleiter ist nicht Vater/Mutter seiner Gruppe; aber er übernimmt die »elterliche« Aufgabe, *eine Situation vorzubereiten, in der Veränderung möglich wird.*

Beispiel:

Ted, 35, Arzt, Hochschuldozent, ein Jahr nach seinem ersten Workshop.

Akzeptieren heißt, menschliche Realität in ihrer Problematik als soseiend zu erfahren — inklusive der Notwendigkeit, sich selbst und die Umwelt zu verändern; *Akzeptieren heißt nicht: keine Werte oder eine Laissez-faire-Haltung zu haben oder Probleme zu verniedlichen oder Gegensätze zu verleugnen.*

Wahrgenommene Schwierigkeiten (aus einem Brief an mich): »Für mich war es während der rund 20 Jahre, ca. ab 15, praktisch ein Ding der Unmöglichkeit, mich in Gruppen von mehr als 4 bis 5 Personen an einem Gespräch zu beteiligen, mich zu Wort zu melden, meine Schwierigkeiten zu vertreten. Da ich einmal im Gymnasium bei einer ungeschickten Antwort ausgelacht worden war, entwickelte ich eine phobische Angst, meine Gesprächsbeiträge könnten nicht ankommen, die Leute würden die Köpfe nach mir umdrehen, mich für dumm halten, etc. Daran änderte auch mein berufliches Vorwärtskommen nichts. Nur, wenn ich von der Rolle her, z. B. als Universitätsdozent oder als Vorsitzender eines Komitees mich bereits in Sicherheit befand, konnte ich relativ frei sprechen. In dieser Situation befand ich mich auch zu Beginn meines ersten TZI-Kurses ...«

Geschehnisse, Interventionen: »... In der ersten Sitzung (Thema: ›Wie lerne ich, wie möchte ich lernen?‹) brachte ich kein Wort über die Lippen, bis du wie beiläufig die Chairman-Regel einflochtest ... Das hat den Bann gebrochen: Ich konnte ein Statement abgeben und dabei erfahren, daß es von der Gruppe ohne negative Beurteilung aufgenommen wurde, was mich ermutigte, auch weiterhin aktiv am Gespräch teilzunehmen. Seither kann ich mich in TZI-Gruppen problemlos am Gespräch beteiligen, und es gibt viele Erfahrungen, da mir der Transfer auch im Berufsleben immer besser gelingt. Ich brauche immer weniger die abgesicherte Rolle dazu. Ich bin von mir her freier.«

Kommentar: Vordergründig führt Ted seine Verschüchterung im Sprechen auf ein einmaliges Auslachen zurück. Die Hypothese liegt nahe, daß hinter diesem erinnerten Ereignis eine lange Reihe von »Du bist nicht so, wie du sein sollst«-Erlebnissen steht. Wenn die Hypothese stimmt, so könnte ich mir erklären, warum die Chairman-Regel so blitzartig und positiv einschlug: Niemand werde von jetzt ab mehr sagen können, wie er sein solle. Er würde selbst wählen und nicht mehr von anderer Leute Meinung abhängig sein. Es traf ihn wie ein »guter Blitz«.

Natürlich ist die Sache nicht so einfach. In den ersten Stunden bin ich ja als Leiterin meist für die Teilnehmer das Symbol aller früheren Autoritäten, also eine Übertragungsfigur.

Am Anfang einer TZI-Gruppe (und jeder anderen) ist es speziell wichtig, sich als Lehrer oder Leiter dieser universellen Möglichkeit und häufigen Wirklichkeit bewußt zu sein: Er wird nicht nur gesehen, wie er wirklich ist, sondern *auch* mit den Augen und Gefühlen illusionärer Erinnerungsübertragungen. (Ebenso überträgt der Lehrer Gefühle und Illusionen aus seiner Vergangenheit auf Gegenwartsbeziehungen — auf Kollegen, Vorgesetzte, Schüler etc. Dies ins Bewußtsein zu rufen, ist notwendig. Bewußtsein hilft, Gefühle nicht als »objektive«, sondern als »subjektive« Wirklichkeit zu behandeln. Die Tatsache, daß ich etwas fühle, bedeutet nicht, daß es objektiv so ist. Es bedeutet, daß ich meine Gefühle subjektiv wichtig nehmen und überprüfen muß, ob sie objektiven Gegebenheiten entsprechen.

Nun sage ich also zu Ted in der ersten Stunde: »Sei dein eigener Chairman.« Ich sage es zu ihm, der in mir (wahrscheinlich) nicht nur eine Fachautorität, sondern auch eine Übertragungsperson erlebt. *So beruht Teds »Heilung« zunächst auf dem unsicheren Boden eines Übertragungsglaubens.*

Ich nehme die Übertragung zunächst als gegeben an und verwende sie, um sie abbauen zu helfen. Ich sage — implizit oder explizit —: »Glaube nicht, daß du durch meine Chairmanregel Redefreiheit gewinnst! Du gewinnst sie durch *deine* Autonomie-Erkenntnis.« Wenn Ted mir dies glaubt, so ist dieser Glaube von seinem Übertragungswunsch angefeuert. *Wenn er aber dann durch stetiges Üben seinen Autonomie-Glauben in integriertes Erleben umsetzt und eigene Erfahrungen sammelt, so wird der Übertragungsboden überflüssig und löst sich auf wie die Samenhülle*

in der Erde, wenn die junge Pflanze ihren Schutz nicht mehr braucht. Das Chairman-Postulat ist Teds Eigentum geworden — er besitzt nun echte Erfahrung mit seiner Autonomie.
Diese Reifung durch pädagogisch-therapeutische Intervention ist auch der Weg jeder gutgehenden Ersterziehung: daß nämlich Eltern und Lehrer dem Kind dazu verhelfen, die Wirklichkeit korrekt zu erkennen und zu erfassen. *Diese Hilfe besteht darin, Situationen zu begünstigen, in denen unbehinderte Wahrnehmung des Kindes einfach geschehen kann* (nicht zu viel Angst auslösen, nicht unecht sein, nicht überstimulieren etc.); und sie geschieht *durch klare Mitteilungen* von Fakten oder Beziehungen, die das Kind einfach übernimmt. So lernt das Kind z. B. Pilze sammeln: Die Erwachsenen sagen ihm, welche Pilze giftig sind, welche nicht. Dies übernimmt es als Wahrheit, die es normalerweise nicht überprüft. — Wenn dem so gläubigen Kind nun gesagt wird, »alle Nachbarn auf der linken Seite der Eisenbahnschienen sind mit Mißtrauen zu beobachten«, so schafft dies eine (unrealistische) Mißtrauenssituation, die das Kind wahrscheinlich ebenso übernimmt wie die Giftpilzaussage.
Alle inkorrekten Mitteilungen, speziell solche von emotionalem Gewicht, bedeuten einen Glaubensballast für das wachsende Kind und Einschränkung seiner Möglichkeit zu er-wachsen.

Ich habe viele Patienten gehabt, die von solchen giftigen Vorurteilen geprägt worden sind. Es gibt Familien, für die alle Nicht-Familien-Mitglieder Feinde sind (das gilt häufig auch für die Beziehungen zwischen Völkern!).

Teds Nachbarn auf der »linken Seite der Eisenbahn« waren für lange Zeit (20 Jahre lang!) Menschen, die Angst in ihm auslösten — nämlich alle die, die ihn auslachen *könnten.*
»Sei dein eigener Chairman«, erweckte in ihm die verkümmerte Möglichkeit, seine Augen, seine Ohren, seine Gefühls- und Urteilskraft zu benützen. Er erlebte, daß die Gruppen-»Nachbarn« gar nicht so gefährlich waren, wie er sie sich vorgestellt hatte.
Wie in allen Therapien ist es ein langer Weg vom erstmaligen Über-den-Zaun-Schauen bis zur gesicherten Integration. Frühprägungen sind emotional tief verwurzelt; es braucht viel Anstrengung, Geduld und neue emotionale Begebenheiten, um alte Vorurteile, Fixierungen, Übertragungen aufzulösen.

»Störungen haben Vorrang«

Ein Bild: Ein Felsblock liegt im Weg des Wanderers. Der Wanderer muß ihn wegräumen oder über ihn hinwegklettern oder ihn umgehen

oder er muß zurückgehen und Hilfe holen. *Eines* kann er nicht, ohne sich zu verletzen: ihn nicht beachten. —
Angst, Schmerz, Wut können »Steine« des Innenlebens sein. Sogar unausgedrückte Freude und Erregung können zum Stein werden. Diese Steine können den Wanderer unsicher, energielos, impotent machen. Sie können Kreativität und Kooperation verhindern.

Es war die Erkenntnis, die in diesem Gleichnis liegt, die mir zum ersten Schritt von der Psychoanalyse zur themenzentrierten Interaktion verhalf. Die Analyse lehrt, »Widerstand« gegen angstvolles Erinnern zu respektieren und ihm einen wichtigen Platz in der Therapie einzuräumen, anstatt ihn entweder durchbrechen oder beiseiteschieben zu wollen. — Der Analytiker geht mit dem Widerstand mit, bis er überflüssig geworden ist. Dieses Prinzip »Widerstand vor Inhalt« sah ich als Weg allen lebendigen Lernens: nicht Lern- und Lebensstörungen zu durchbrechen oder beiseite zu schieben, sondern sie anzuerkennen als Teil der Person. Denn Widerstände sind mit lebendiger Energie besetzt und Bestandteil des inneren Lebens. *Diese Anerkennung erlöst den Betreffenden von der Angst, nicht so sein zu dürfen, wie er ist: »Ich darf sein, wer ich bin, ich bin Ich und wertvoll auch mit meinen Störungen und Widerständen und mit dem bewußten oder unbewußten Wunsch nach Hilfe, sie überwinden zu lernen.*

Nicht alle Störungen sind Tiefenstörungen, die hauptsächlich auf Kindheitsfixierungen zurückgehen. Es sind meist akute unausgesprochene Stimmungen und Verstimmungen, die Störungen in Gruppenmitgliedern aufkommen lassen: Störungen aus Außenbeziehungen oder gerade Geschehenem. »Wenn du mir das nur vorher schon gesagt hättest«, ist wohl der häufigste erstaunte und entspannende Satz, der Lücken schließt. Die unwahrscheinliche Anzahl von kleinen Verstimmungen, die aus irgendeinem Grunde nicht gesagt werden und sich zu Schützengräben und Festungswällen verfestigen, durch die Menschen, Beziehungen und Arbeit leiden, ist auch geübten Gruppenleitern immer wieder ein fast unglaubliches Erlebnis.
Wie werden solche positiven und negativen Störungen im allgemeinen in Gremien und Klassenzimmern und anderen Gruppen behandelt? Was tun die Teilnehmer? 1. Sie täuschen Aufmerksamkeit vor, die nicht da ist. 2. Sie zwingen sich zu einer Aufmerksamkeit, die nur von einem Bruchteil ihrer Energien gespeist wird, weil diese in starken Emotionen gebunden ist. 3. Die unterdrückten Emotionen schleichen sich meist auf Nebenwegen als Fehlerquelle in Entscheidungen und Gedankengänge ein.
Emotionale Krisen, psychosomatische Krankheiten, Leistungsdruck, verdeutlichen den Unsinn dieser Verneinungspolitik. Der Leistungsmensch

darf nicht nach Innen spüren, was er wirklich will. Er gehört zur Maschinerie, die erwachsene Menschen ans laufende Band fixiert und Kinder in Lernzielfabriken gefangen hält.

Zwischen der Erkenntnis, daß Störungen zerstören — wenn sie nicht in die Interaktion fließen dürfen —, und lebendigem Wandel liegt die ängstliche Abwehr gegen Veränderung — der »Widerstand«, der sich als Felsblock in den Weg legt.

TZI-Seminare rühren an viele Tabus: an das Tabu, sich schwach oder dumm zu fühlen; an das Tabu anzusprechen, daß man gerade nicht bei der Sache ist; an das Tabu, sexuelle und zärtliche Gefühle zu haben, auch »wo sie nicht hingehören«; an das Tabu zu weinen etc. Und es wird erfahren, daß »Erlaubnis haben« zu sein, »wer und wie man ist«, Leistungsfreude statt Leistungsdruck und Kooperation statt Konkurrenz aufkommen läßt — inklusive der Suche nach kreativen Lösungen, Störungen durch Macht- und Rivalitätsverhältnisse anzugehen.

»Die Angebote der TZI sind: Versuche in dieser Sitzung das zu geben und zu empfangen, was Du selbst geben und empfangen möchtest. Sei dein eigener Chairman ... Mit diesen Angeboten gesteht sich der Leiter selbst und jedem anderen soviel Autonomie zu, wie unsere Kultur seit Jahrhunderten verbal als Selbstverständlichkeit postuliert, aber in der Praxis ebenso wie die primitivsten Forderungen der Menschenrechte täglich und stündlich mißachtet. Das bedeutet konkret, daß der TZI-Leiter die Macht darüber abgibt, wer, was, wann wie und zu wem und in welcher Form zu sagen hat.«*

Die Angst, daß am Anfang einer TZI-Gruppe zu viele individuelle Störungen angemeldet werden, besteht zu Recht. Das Neue muß eingeübt werden. Auf die Dauer wirkt die Hypothese, Ich-Wir-Es als gleichgewichtig zu sehen, gegen diese Gefahr. Denn es können nicht nur Ich-Störungen, sondern auch Störungen gegen das Wir und das Es den Vorrang haben. (Wenn diese Möglichkeit nicht auch bedacht wird, kann das Störungspostulat destruktiv verwandt werden.)

Die Tatsache, daß Störungen ausgesprochen werden, bringt Erleichterung, selbst wenn die Zeit nicht dazu ausreicht, auf alles einzugehen. Wenn die Atmosphäre des Verstehenwollens (Aussagen und Zuhören) geschaffen worden ist, erledigen sich auch viele interpersonelle Probleme außerhalb der eigentlichen Gruppenzeit. (In TZI-Gruppen besteht kein Gebot — wie in manchen anderen Gruppenmodellen —, Besprechungen

---

* Aus: Marianne Zollmann (wissenschaftliche Assistentin der Pädagogischen Hochschule, Göttingen): Bericht an die Bundeszentrale für politische Bildung über »TZI in der Mitarbeiterschulung von Organisationen«, 1974.

und Kontakte außerhalb der Gruppenzeit zu vermeiden. Sie werden als selbstverständlich erachtet.)

Beispiel:

Tina, 25, Kindergärtnerin, Erfahrung mit gruppendynamischen Gruppen; erster TZI-Workshop.

Wahrgenommene Schwierigkeiten: Tina fühlt sich hin und her gerissen zwischen ihren vielen Verantwortlichkeiten: ihrem Mann, ihren Kindern, ihren Eltern, ihren Kindergartenkindern, deren Eltern, sozialen Aktionen etc. Sie lebt in ständigen Gewissenskonflikten und Schuldgefühlen, weil sie nicht alles schaffen kann. (Am Anfang des Workshops notierte ich mir: »Ich hoffe, daß Tina in diesem Workshop die Richtigkeit ihres Gewissens in Frage stellen wird.«)
Zuviel Verantwortung zu übernehmen, ist verantwortungslos: Ich kann es nicht vor mir selbst verantworten, mich zu zerstören. Ich kann es anderen gegenüber nicht verantworten, mich unentbehrlich zu machen.
Geschehnisse und Interventionen: Es ist ein vierzehntägiges Seminar. Ich wähle verschiedene Aufteilungen der Gruppe (24 Mitglieder). Beim erstenmal, als ich die Gruppe in drei Teile aufteile und jede Gruppe einen Praxisleiter sucht, meldet sich auch Tina. Durch Zufallsverteilung fällt auf Tina eine Gruppe mit drei für sie sehr schwierigen Teilnehmern: eine politische Persönlichkeit ihrer Heimatstadt, ein Mann, dem sie ambivalente erotische Gefühle entgegenbringt, und eine sehr explosive junge Frau (Ilse).
In der Pause vor der Sitzung sprach mich Tina aufgeregt an und erzählte mir von diesen Zusammenhängen. Ich sah die Situation auch als zu schwierig für sie an. Ich bat sie, die beiden anderen Gruppenleiter zu fragen, ob sie mit ihr tauschen würden. Die beiden anderen (denen Tina die angstbeladene Sachlage nicht im Detail darstellen wollte) waren mit ihren Gruppen zufrieden und wollten nicht tauschen.
So überlegte ich, wie ich es Tina erleichtern könnte, und bot mich an, in ihrer Gruppe Supervisor zu sein.

Auch Supervisoren — (ebenso wie Leiter) — sind in TZI-Gruppen immer primär Mitglieder, die jedoch zusätzliche Funktionen haben. Der Supervisor versucht, hilfreich einzuspringen, wenn die Leitung inadäquat erscheint, und seine Intervention zu erklären. Im allgemeinen wird die supervisorische Partnerschaft als angenehm und hilfreich empfunden, wenn die vorurteilsbedingten Ängste vor dem Supervisor (als negativ Beurteilendem) überwunden sind. (Ich halte negative Kritik ohne direkte Hilfestellung für sadistischen und arroganten Unfug.)

Die drei Gruppen hatten dasselbe Thema, welches wir zuvor zusammen bestimmt hatten: »Wie finde ich meine mir angemessene Nähe und Distanz in Gruppen?« *Wie* das Thema eingeführt würde, war jedem Gruppenleiter überlassen. Tina wählte als Einführung eine Spielübung: »Geh in diesem Raum von allen anderen so weit weg wie möglich und beobachte, wie dir dabei zumute ist.« Nach einer Weile gab sie die nächste Aufforderung: »Komm an andere so nahe heran, wie du möchtest.« — Ich nahm an, daß Tina sich nun vor zu großer Nähe mit den drei ihr schwierigen Teilnehmern fürchten würde und beeilte mich, im sich bildenden »Nahhaufen« dicht bei ihr zu sein. Danach saßen wir im üblichen Kreis, um ein interaktionelles Gespräch über Nähe-Distanz-Erlebnisse zu führen. Wir hatten kaum angefangen, als Ilse aufsprang und schrie: »Ich halte das nicht aus« und aus dem Zimmer rannte. (Ilse war uns als explosiv bekannt geworden. Ich wertete ihr Verhalten nicht als Alarmzeichen.)

Es gibt kein Allgemeinrezept, wie mit hinauslaufenden Teilnehmern umzugehen sei. Es gibt Menschen, die in Angst oder Schmerz nach Teilnahme rufen und andere, die Alleinsein suchen. Es gibt auch provokatives, auf Gruppenreaktion zielendes Verhalten. Es ist notwendig, Intuition (vgl. Kap. II, 11) und Urteilskraft zu schulen, um solche Unterschiede zu erkennen. Im Zweifelsfall lieber zuviel als zuwenig tun.

Tina sah mich an; ich sagte, daß ich glaubte, Ilse sei o. k. Wir würden mit ihr später sprechen.
Tina blieb verstört. Sie sorgte sich um ihre »Unfähigkeit als Leiter« und meinte, sie hätte die Situation verhindern sollen. Ich sagte, daß Ilse offenbar als ihr eigener Chairman gewählt habe wegzugehen. Das sei wohl für sie die ihr im Augenblick gemäße Handlung gewesen. Wir könnten ihr das zugestehen, auch wenn wir es lieber gesehen hätten, daß Ilse gesprochen hätte.
Kommentar: Aus Tinas Brief einige Tage nach ihrer Heimkehr: »Daß Du, Ruth, mein Problem akzeptiert hast, Dich ruhig um Lösungen bemühtest und dann einfach *da* warst, hat mir sehr gut getan. Als während der Sitzung Ilse plötzlich aufstand und wegging und ich verzweifelt nach meinen Fehlern suchte und mich schuldig fühlte an ihrem Weglaufen, sprachst Du von *ihrer* Autonomie. Das hat Entscheidendes ausgelöst. Ich hatte plötzlich das Gefühl, als könne ich ein Band sprengen, das mich zugeschnürt hatte. Darüber war ich unheimlich glücklich, ganz tief. Ich habe gemerkt, wie für mich eine Kraft in der Chairman-Regel liegt: Ich tue, was ich tun will und bin nicht für *alles* verantwortlich. Ich bin verantwortlich für das, was ich verantworten will ... In den nächsten Tagen haben Leute zu mir gesagt: ›Du siehst ganz anders aus, Dein Gesicht hat

sich verändert, ich erlebe Dich jetzt als echt ... Ich bin mir noch nicht klar, was entscheidender für mich war: Dein Akzeptieren oder die Chairman-Regel, vermutlich beides ... Jetzt frage ich mich oft inmitten allen Tuns und Treibens: Will ich das, was ich jetzt tue, wirklich tun? Und ich habe dabei ein sehr gutes Gefühl.«
Ich glaube, die pädagogisch-therapeutischen Interventionen waren das Verdeutlichen der »Chairman-Regel« und das Ernstnehmen einer Störung, die Tina nicht allein bewältigen konnte; daß sie erfahren konnte, daß es auch zum »eigenen Chairman-Sein« gehört, Hilfe annehmen zu können und nicht *alles* allein machen zu müssen. Dies war neu für Tina, die immer mehr Verantwortung auf sich nahm, als sie verantworten konnte.

In anderen Fällen könnte Unterstützung in Realsituationen, wie ich sie Tina gab, genau das Gegenteil bewirken, etwa: »Da sieht man ja, wie schwach und unbedeutend ich bin, nichts kann ich allein bewältigen, ich bin und bleibe hilflos und dumm, auch der Leiter sieht es.«

Ilse erzählte mir, als ich sie nach der Stunde fragte, wie es ihr ergangen sei, daß sie dankbar für das Alleinsein war und es benützte, sich schriftlich mit sich selbst auseinanderzusetzen: Sie erkannte ihre Ambivalenz, anderen nahe sein zu wollen und Nähe zu hassen und sah einen Zusammenhang mit ihren explosiven Ausbrüchen in diesem psychischen Zwiespalt. Sie hatte das zum erstenmal erkannt.

Die Person des Leiters als pädagogisch-therapeutisches Instrument

Ein Leiter/Lehrer ist ein pädagogisch-therapeutischer Helfer und Katalysator, wenn er in sich selbst echt ist (sich nicht betrügt) und kongruent (echt und selektiv) in seinen Aussagen.

Ich laufe Stafetten mit mir selbst. Wie kann ich den Entwurf dieses Kapitels soweit bekommen, daß ich ihn in Freizeitmomenten fertig machen kann? Mich drückt das Bewußtsein, daß ich in wenigen Wochen wieder in den Vereinigten Staaten sein werde, diese Schrift fertiggestellt haben soll und noch viele Gruppen dazwischen liegen. Die »Schweizer Schule« und der Klett-Verlag warten schon zu lange.

Wie leite ich mich selbst hier?

Ich bin unter Druck und zerstreut. Warum schreib' ich dies auf? Das interessiert doch niemand; es ist irrelevant — oder ...? Es ist doch der innere Prozeß des Leiters, über den ich in diesem Abschnitt Aussagen machen will.
Ich versuche, mir selbst zu helfen und es euch mitzuteilen. Wie mach' ich selbsttherapeutische Mittel transparent?

Nebelhaft fällt mir ein, worüber ich gestern meine Notizen zusammensuchte. Ich bin unter Druck, und ich will mich leiten. Wie würde ich andere leiten? Ich würde sie fragen, was ihnen jetzt wirklich wichtig sei. — Was ist mir jetzt wirklich wichtig?
»Gib dir Freiraum, Ruth, sei frei für Einfälle. Einfälle kommen nicht auf Befehl. Sei frei für was auch immer kommen mag — was ist dir wichtig?«
»Ich bin Leiterin einer (unsichtbaren) Gruppe von Lesern. — Das stimmt nicht: Wir sind keine Gruppe.«
»Der Leiter als pädagogisch-therapeutisches Instrument auch für sich selbst — das stimmt.«

Seit gestern ist es Herbst hier oben in den Bergen. Es stürmt um das kleine Haus. Die Fenster und die Fensterläden rattern. Diese Herbstmusik klingt mit jahrtausendelangem Rauschen in meine Einsamkeit hinein. Ich fühle mich zugleich geborgen und ängstlich. — Ich bin ein Leiter, und ich bin allein. Ich bin allein mit meinem Thema — jetzt geht es eher:

Ich bin als Leiter ein Teilnehmer wie Ihr. Und ich bin führend. Ich bin der Chairman meiner selbst und der »Chairman der Gruppe.« Als Chairman der Gruppe benütze ich mich als Instrument — mich, wie immer mir auch zumute ist. Meine Verantwortung ist, nicht aus der Leitungsfunktion auszusteigen — aus mir, aus der Gruppe oder aus dem Thema. Ich fühle, denke, bin gestört, bin gelassen, bin apathisch oder passioniert, wie immer mir auch zumute sein mag. Ich will mich selbst nicht auslassen, und ich will mich euch zuwenden und das Thema vertreten. *Ich bin optimal (nicht maximal!) transparent für euch.* Dies sind die grundlegenden Haltungen des Leiters von TZI-Gruppen (derselben Haltung wie die von Erlebnistherapeuten). Echte und kongruente Partnerschaft wird als pädagogisch therapeutisches Mittel gesehen.
Der Leiter arbeitet an seiner eigenen *Echtheit und Kongruenz. Echtheit bedeutet das Bewußtwerden seiner Empfindungen und Gefühle, seiner geistigen Bezogenheit, und es bedeutet Klarheit seines Intellektes; Kongruenz bezieht sich auf die Fähigkeit, innere Bewußtheit nach außen in Gesten und Worten klar auszusagen.* Dies bedeutet ein *Absage an »eine Rolle spielen« und das Akzeptieren seiner Funktionen.*
Nicht-Transparenz, schweigendes Beobachten, analytische Interventionen rühren im Teilnehmer die Hilflosigkeit des Kindes dem undurchsichtigen Erwachsenen gegenüber an:
Es kann ihn noch nicht erkennen und verstehen und unterliegt doch seiner Macht. *Der »neutrale«, »abstinente« Leiter, der »nicht beeinflussen« will, geht an der Tatsache vorbei, daß er eine viel größere (Übertragungs-)Macht durch sein Schweigen ausübt, als er je durch Meinungs-*

äußerung oder offenes Einflußnehmen bewirken könnte. Denn, wann immer seine Führung undurchsichtig ist, *muß* der Teilnehmer raten, was für eine Person der Leiter denn sei und welche Motive, Gedanken, Gefühle er wohl habe. Der Partizipant ist nun auf non-verbale Wahrnehmungen und seine eigenen Interpretationen des Ungesagten angewiesen. So fabriziert er Phantasien über den Therapeuten, die mit Fehlschlüssen und Übertragungsillusionen erfüllt sind. Darauf folgen Abhängigkeits- und dazugehörige Rebellions- und Rivalitätshaltungen, die in manchen gruppendynamischen Veranstaltungen als menschen-eigentümliche Gesetzlichkeit behandelt worden sind anstatt als Reaktion auf Übertragungssituationen.

Meine Ansicht: Die verstärkte Übertragungsbeziehung in klassisch-analytischen Modellen bewirkt ein Vertiefen alter, fixierender Kerben; der abstinente Leiter, der seine Realität, soweit er kann, nicht einbringt, wirkt als erneuter Stimulus, das alte Überich sprechen zu lassen und die Gefühle »Ich bin kleiner als du« zu erleben. Die Arbeit am Abbau dieser Gefühle wird unnötig erschwert und verlängert.

Die Idee, daß durch Verstärkung der Übertragung gegenüber dem Therapeuten und deren Durcharbeitung die ursprünglichen Fixierungen besser aufgelöst werden können, hat sich meiner Meinung nach als Irrtum erwiesen; die Übertragungstendenz im Menschen ist so stark, daß sie keiner Verstärkung bedarf. Sie offenbart sich, auch ohne durch »therapeutische Wiederholung« zunächst noch tiefer eingekerbt zu werden. *Es ist vor allem meine Erfahrung auf diesem Gebiet und die daraus resultierende Überzeugung, die mich als Therapeutin von der klassischen Analyse zur Erlebnis- und Gestalt-Therapie brachte: daß die sofortige, eindeutige, authentische Gegenüberstellung und Bearbeitung jedes Übertragungssymptoms (anstelle von Steigerung und späterem Durcharbeiten) technisch überlegen und menschlich sympathischer ist.*

Ich habe in *einem* Zug geschrieben, ohne aufzusehen. Der Sturm hat sich gelegt, der Himmel ist grau, und die Berge mir gegenüber tragen einen mathematisch-klaren Horizontalstrich um ihre Mitte, wie einen Gürtel; ihre Blusen sind weiß, die Röcke grün. »Nullgrenze 1500 m« sagt es im Radio. Die obersten Spitzen der Schneeriesen sind jetzt versteckt wie die verinnerlichten Kindheitsriesen der Elternmächte, verhüllt, unbeweglich, vereist...

Die Elternriesen in mir: Ich fühle leise Angst vor meinen gruppendynamischen und analytischen Freunden; werden sie verletzt oder mir böse sein, daß ich weitergegangen bin, anderes glaube? Werde ich ihre Freundschaft verlieren? Könnten sie ein Negatives mit Freud teilen — sein Nicht-Akzeptieren von Freunden, die weiterschreiten wollten, als sei es Verrat an ihm? —

»Werde, der du bist« — das möchte ich, ohne meine Freunde zu verraten oder als Verräter zu gelten. Das wünsche ich uns.

Dies zu sagen, daß Realität unsere Autorität ist, ist pädagogisch-therapeutisch wichtig; es zu wissen, zu leben, und zwar überall — als Gruppenleiter, als Teilnehmer, als Person. Es ist notwendig, zu Menschen, die nicht weinen wollen (weil sie nicht schwach sein »dürfen«), mit voller Autorität zu sagen: »Tränen sind eine Hilfe der Natur, Spannungen zu entladen, um wieder frisch und neu anfangen zu können. Schwäche ist so wirklich wie Stärke. Sie gehört zu jedem Dasein. Wir alle sind auch schwach.« *Autorität ist nicht Willkür oder Übermacht, sondern Wirklichkeitskenntnis.*

Das Gesetz, daß Feuer brennt und uns verbrennen kann, ist Autorität. Wir sind verantwortlich, daß wir kleine Kinder davor beschützen. Das Gesetz der Schwerkraft ist Autorität; wir müssen uns und hilflos Gefährdete vorm Absturz bewahren. Das Gesetz des Essen- und Trinken-Müssens und gegenseitige Verantwortlichkeit ist Autorität; wir müssen uns, unsere Kinder und Abhängige ernähren. Die Daseinspostulate sind Realität — wenn wir leben wollen.

Wann immer wir ein Stück Realität erforscht und integriert haben, haben wir ein Stück Autorität gewonnen. Autorität haben ist nicht identisch mit autoritär sein. Das Wort »autoritär« bezieht sich auf *»Autoritarismus«*, nicht auf Autorität; die Verwechslung von »Autorität haben« und »Autoritarismus« verwirrt unsere Erzieher und Organisationen.

— *Autoritär*-Sein heißt: Menschen zu überwältigen.
— *Autoritativ- (oder Autorität-)*Sein heißt: eine Sache zu verstehen und zu vertreten.
— *Nicht-autoritär-Sein* bedeutet: Menschenwürde zu vertreten.
— *Nicht-autoritativ-Sein* bedeutet: unrealistisch zu sein.

Beispiel:

Frederik, 45, Gymnasialdirektor, erster TZI-Workshop.

Wahrgenommene Schwierigkeiten: Frederick war am ersten Tag ärgerlich und abgewandt. Er gab deutlich zu erkennen, daß er mehr an Freizeit als am Kurs interessiert war. Er liebte »Schwimmen im Ozean und weite Strandwanderungen«.

Später erzählte er, daß er vielfach in Konflikten mit Lehrern und Schülern sei: Manchen ist er zu autoritär, manchen zu nachgiebig. Er haßt jeden Schultag und überlegt, ob er sich zurückziehen soll.

Geschehnisse und Interventionen: Ich erlebte Frederick in der ersten

Stunde wie einen zum Unterricht gezwungenen Schüler, der sich lieber mit seinem Nachbarn unterhält. (Wenn ich ihn auf die Hilfsregel hin ansprach, daß Seitengespräche meist interessant für alle seien, ob er uns mitteilen wolle, was er zum Nachbarn sagte, antwortete er: »Nein, das will ich nicht.«) Ich stellte mir vor, daß er sich beruflich verpflichtet fühlte, »so einen Kurs zu machen«, ohne zu glauben, daß es ihm etwas bringen würde. Ich sprach ihn nicht darauf an. Ich glaubte, daß jede Frage oder Hypothese ihn nur noch mehr verärgern würde. Schon am zweiten Tag des zweiwöchigen Workshops fragte mich Frederick, wieso ich die Themen selbst stellte und warum ich die Teilnehmer jeweils in Plenum oder Kleingruppen aufteilte. (Ich hatte das schon zuvor erklärt, was er nicht gehört hatte.) Ich erklärte autoritativ: »Wir werden schon morgen anfangen, zusammen zu planen. Ich will am ersten und zweiten Tag meine Vorerfahrung von TZI-Strukturierung und Themensetzung benützen, bis wir uns alle besser kennen werden und ihr mehr über die Methode erfahren habt. Ich reagiere auf Fredericks direkte Frage nach Information mit direkter Antwort. Er fragt nach methodischer Begründung meines Organisationsverhaltens, ich antworte ihm direkt und autoritativ:

»Ich fange in Ausbildungskursen meist mit Themen des Kennenlernens an, bevor wir gemeinsam strukturieren, weil wir dann unsere Persönlichkeiten besser berücksichtigen können. *Dann werden wir technische Hilfe zur* Strukturierung von verschiedenen Arten von Gruppenaufteilungen und die Kunst der Themenfindung und Formulierung besprechen. Es gibt dadurch Möglichkeiten, *die Wünsche jedes einzelnen optimal zu berücksichtigen.*

Wir werden ein täglich rotierendes Komitee haben, das den »Wunschzettel« aller im Plenum aufgreifen und »Überschriften« in Themen umzusetzen lernen wird. Das Komitee wird die tägliche Strukturierung vornehmen, einschließlich einer Vorstrukturierung der jeweils verbleibenden Gesamtzeit. Das Komitee wird täglich am Morgen die Planung im Plenum bekanntgeben; diese wird für denselben Tag nach Möglichkeit nicht verändert, jedoch werden Revisionen und neue Wünsche für die nächsten Tage vorgeschlagen. — Jedes Komiteemitglied verbleibt zwei Tage im Amt. Bei vier Mitgliedern bedeutet das ein tägliches 50%iges Rotieren. Ich selbst bin nur am Ende der Vorplanung dabei und helfe bei technischen Fragen.

Diese Struktur hat sich als günstig erwiesen; *sie berücksichtigt optimal die Wünsche aller Mitglieder, gleichgültig, ob sie einer Majorität oder einer Minorität angehören.* (Auch wenn es sich um die Minorität eines einzigen Mitglieds handelt.) Sollte sich dieses Planungsmodell für unsere Gruppe nicht als gut erweisen, können andere Vorschläge besprochen werden. Diese Struktur ist jedoch mit Versuch-und-Irrtum in mehreren Jahren ausprobiert worden und ist wert, als ein effizientes Modell kennengelernt zu werden.

Das Programm des ersten oder auch des zweiten Tages eines ersten Basiskurses mache ich meist allein, da die Gruppe noch nicht die notwendigen Vorkenntnisse hat, die zur Strukturierung einer TZI-Ausbildungs-Gruppe gehören.

Frederick war erleichtert. Er sagte, er hätte seit Jahren seinen Mitarbeiter-Lehrern und seinen Schülern gegenüber nicht mehr gewagt, für einen Sachkenntnisvorsprung Anerkennung zu verlangen. Er sei unsicher und des Streitens müde gewesen.
Ich antwortete ihm, daß ich mich als Sachautorität bezüglich der TZI ansähe und daher Autorität (auf diesem Gebiet) beanspruche. Die Gruppe hier käme ja aus diesem Grunde zu mir.

Aus einem Brief Fredericks nach Kursende (nach einer Beschreibung des positiven Erfolgs seiner Arbeit und der Verbesserung seiner Familienbeziehungen): »Was ist mir da passiert? Einmal und vor allem die meiner Meinung nach realistische Sicht der Autoritätsproblematik. Da war ich vor allem durch die letztjährige Literatur sehr verunsichert worden — eine Unsicherheit, die manchmal beinahe in Handlungsunfähigkeit ausartete. Zweitens stieß ich hier auf eine Methode, die ich schon seit Jahren angewandt habe. Jetzt ist sie mir ein wenig klarer geworden, und die didaktische Relevanz scheint mir möglich ... Ich fühle mich jedenfalls freier, gelöster, aktionsfähiger. Ich glaube, ich will die WILL-Ausbildung machen. Ich bin seit vielen Jahren, vielleicht noch nie, so glücklich gewesen.«

Kommentar: Freud lehrte Studenten der Psychoanalyse, auf der Oberfläche des Bewußtseins ihrer Patienten zu arbeiten. Diese Forderung ist auch für pädagogisch-therapeutische Arbeit relevant. Es ist notwendig, den Teilnehmer dort abzuholen, wo er ist, und nicht, wo der Gruppenleiter meint, daß er sein solle.
Frederick lehnte zunächst meine Autorität ab. Ich drängte sie ihm nicht auf. Dann verlangte er Sacherklärung. Ich gab sie ihm direkt und mit autoritativer Sachlichkeit. Frederick fühlte sich nicht überfahren und akzeptierte die Differenzierung zwischen autoritärem und autoritativem Verhalten. Da Frederick ein freiwilliger Kursteilnehmer war, konnte ich allerdings annehmen, daß er sich etwas von der TZI für seine Arbeit versprach.

In »Zwangsgruppen« (d. h. mit Menschen, die unter behördlichen oder beruflichen oder anderen Zwängen in TZI-Gruppen kommen müssen) *stelle ich zuerst fest, daß diese Zwangssituation für die Teilnehmer und mich* unangenehm ist. Dann sage ich etwa, *daß jeder Mensch auch innerhalb von Zwängen noch ein Stückchen Selbstbestimmung finden könne.* Die »Gezwungenen« könnten sich z. B. hier entscheiden, ob sie diese Zeit jetzt wie an einer Ölhaut herunterfließen lassen wollten oder versuchen wollten, hier etwas für sie Wichtiges zu tun. Dann mache und sammle ich Vorschläge. Meistens stellen sich zunächst Verzweiflung, Haß, Auflehnung, Trauer, Beschwerden ein. Und erst, wenn diese miteinander durchlebt worden sind, können Menschen ihre eigene Zeit wieder soweit besitzen, daß sie sie für sich selbst verwenden wollen.

»Übertragungen« realistisch entgegenzutreten ist pädagogisch-therapeutisch.

Übertragungs-Phänomene sind nicht an Praxisräume gebunden, sie sind universell. Übertragen werden Gefühle und Illusionen, speziell von Kindheitserlebnissen, auf spätere Beziehungen. Dies zu wissen, beschützt Lehrer und Schüler, Vorgesetzte und Mitarbeiter, speziell in hierarchiegebundenen Beziehungen, vor vielen unnötigen Irrtümern.

Beispiel:

Beate, 55, Gymnasiallehrerin und Ivan, 22, Student. (Beide Partizipanten haben WILL-Gruppenerfahrung. Die Sitzung ist eine Supervisionsgruppe. Technik: Ich veranlasse am Anfang der Stunde jeden, ein Arbeitsgruppenproblem einzubringen. Ich fordere auf, dafür zu sorgen, daß jeder zumindest einen Schritt mit seinem Problem weiterkommt.)

Wahrgenommene Schwierigkeiten: Kurz nachdem die Runde der Problemstellung beendet ist, bricht Ivan in das Gruppengespräch ein. Er könne nicht zuhören. Er sei von Gefühlen in seiner Beziehung zu Beate überwältigt. Er phantasiere über sie Tag und Nacht. Er wolle etwas von ihr, etwas lernen, etwas erfahren, etwas geschenkt bekommen. Sie erfülle seine Phantasie von einer Ideal-Mutter. Beate sagt, sie habe starke mütterliche Gefühle für ihn, wisse aber nicht recht, was er haben wolle; sonst würde sie es ihm gern geben.
Geschehnisse und Interventionen: Die Gruppe ist fasziniert und will ihre Zeit diesen beiden Teilnehmern voll widmen. (Ich bleibe innerlich bei meiner »Seminar-Idee«: daß jeder etwas für die Lösung seiner Probleme erhalten solle.)
Ivan erzählt, daß er seine Mutter als kleines Kind verloren habe und von seinem Vater und einer Tante, die Alkoholikerin war, aufgezogen wurde. Die Tante war unberechenbar. So fühlte er sich immer unsicher. Ivan phantasierte, daß er eines Tages eine »richtige Mutter« haben werde, eine, wie es Beate sein könne.
Beate ist traurig, daß sie nicht weiß, was er sich wünscht, denn sie würde es ihm gern geben. Ivan denkt darüber nach, und die Gruppe hilft ihm mit Vorschlägen. Dann sagt er: »Meine Mutter soll fair und gütig sein.« Beate: »Was soll ich tun, um fair und gütig zu sein?« Das Gespräch geht

Ich fange erst jetzt an — in Lambelets Sinn — zu begreifen, *daß das, was ich für die »Nicht-Therapie« der TZI gehalten hatte, gerade eines ihrer wesentlichsten therapeutischen Elemente ist: nämlich, das Nicht-Durcharbeiten eines nur »angeritzten« unbewußt gebliebenen Konflikts:*
In der TZI-Gruppe werden unrealistische Reaktionen vorsichtig in Frage gestellt — sei es durch direktes Ansprechen oder durch empathisches Mitgehen. Dies »Anritzen« zeigt den Konflikt im Hier-und-jetzt auf. Der Teilnehmer kann weniger defensiv sein, weil seine Angst vermindert worden ist. Die verstehende und offene Interaktionshaltung trägt zur »korrektiven emotionalen Erfahrung« bei. *Der unbewußte Konflikt wird nicht durch Durcharbeiten seiner Herkunft, sondern auf dem Wege der Reduktion von Angst seinen Auswirkungen gegenüber angegangen. Gesundung sickert quasi von oben nach unten ein und löst die innere Erstarrung auf — mit oder ohne Bewußtwerden der primären Traumata.*

Beispiel:

Stella, 30, Krankenschwester und -Ausbilderin, fortgeschrittene WILL-Ausbildungskandidatin.

Stella erfährt per Telefon während einer Gruppensitzung, daß ihre sehr geliebte Großmutter gestorben ist. Ich beobachte ihr starres Schweigen und ihren wippenden Fuß. Auf Anfrage sagt sie, daß sie tanzen will, und wird von Peter zum Tanz aufgefordert. Er verändert jedoch den Tanz in einen Schein-Ringkampf. Sie macht momentan mit und setzt sich dann schweigend hin.
Ein Jahr später erzählt sie, daß sie seit dieser Sitzung keine Depressionen, an denen sie zuvor gelitten hatte, mehr gehabt habe. Sie habe sich nach der Stunde sehr geärgert, daß sie den Ringkampf, den sie für einen pseudo-therapeutischen Angriff hielt, überhaupt mitgemacht habe. Peter habe sie zu einer Zeit angegriffen, als sie ihrem inneren Gefühl folgend, tanzen wollte, obwohl — oder weil — sie so traurig war. Ihre Nachgiebigkeit habe sie erschreckt. Sie habe daraufhin das ganze Jahr daran gearbeitet, ihre Wünsche und Aggressionen nicht mehr von anderen Menschen bestimmen zu lassen. »Ich war dir auch dankbar, Ruth, daß du, weder über den Tod meiner Großmutter noch über mein Tanzen irgendetwas gesagt hast. Etwa, daß es seltsam sei, daß ich tanzen wollte, gleich nach dem Telefongespräch. Du ließest das alles stehen und bliebst einfach mit der Gruppe . . . Der TZI-Leiter gibt mir pädagogischen Freiraum, ich habe ihn, er zeigt ihn mir.«
Die Förderung persönlichen Freiraums vermittelt eine wesentliche pädagogisch-therapeutische Erfahrung. Sie wird in vielerlei Weise angeregt, z. B.:

— *Bestimme, wann du reden oder schweigen willst.*
— *Gehe das Thema von deiner eigenen Perspektive, von deinem eigenen Erlebnis und deinem eigenen Gedankengang her an.* Wenn du nicht teilnehmen kannst, sag es, um dich *von den Störungen zu befreien.* — Wenn du nicht wirklich teilnehmen willst, frag dich und uns nach den Konsequenzen und entscheide, was du tun willst.
— *Ich als Leiter/Lehrer übernehme nur die Verantwortung für mein Leiten und Lehren, nicht für dein Lernen und Handeln.* Aber ich würde gern von dir lernen, wie ich dich besser leiten/lehren könnte.
— *Gib und nimm in dieser und jeder Stunde, was du im Rahmen dieser Möglichkeiten geben und erhalten willst.*
— *Es gibt keine »falschen« Gefühle, es gibt nur unakzeptable Handlungen.* Schmerzliche, gewalttätige und andere unangenehme Gefühle sind Signale, nicht Taten. Sie verlangen besseres Selbstverständnis und kontrollierende Beachtung, die zu Entscheidungen führt.

So werden psychodynamische und existentielle Erkenntnisse zu leitenden Aufforderungen, die den Freiraum eigener Entscheidungsfähigkeit und Verantwortlichkeit deutlich aufzeigen und erweitern.

Gefühle und Empfindungen ernst nehmen, sich in sie einzulassen, ist pädagogisch-therapeutisch.
(Gestalttechniken und ihre Abgrenzung von Gestalttherapie)

Körperliche Empfindungen und seelische Gefühle sind Wurzeln unserer Existenz. Und doch können sie von uns beiseite geschoben werden, als gäbe es Denken und Handeln in emotionsgereinigten Flaschen. Diese Einengungsmöglichkeit ist Ursache der meisten Erziehungskatastrophen, Gemeinschaftszersplitterungen und psychosomatischer Krankheiten. Rückkoppelung zum eigenen physischen und gefühlsbezogenen Leben ist psychotherapeutische Aufgabe.

Beispiel:

Timothy, 28, Pfarrer, lehrt Theologie; hat mehrere Workshops hinter sich, ist in TZI-Ausbildung.

Wahrgenommene Schwierigkeiten: Timothy fühlt sich im allgemeinen wohl, doch ist er sehr verunsichert, wenn er mit depressiven Gefühlen seiner Beratungsklienten und Studenten umgehen muß. Beim Thema *»Das Fremde in mir und das Fremde in andern — wie lebe ich damit? Wie arbeite ich damit?«* sagt er, *daß er nie etwas Fremdartiges in sich* *selbst verspüre — jedoch andere oft als sehr eigenartig empfinde* — speziell seine Frau, wenn sie deprimiert sei oder verzweifelt über ihn.

Geschehnisse und Interventionen: Timothy übt Leiten im Plenum. Ich bin partizipierender Supervisor. Das Thema ist: *»Spiele im TZI-Unterricht — wann und wie?«* Es ist ein Abendplenum. Die Gruppe hat sich auf einen »Spielabend« gefreut. Ich selbst bin müde und meiner eigenen Reaktionen nicht sicher.

Timothy sitzt da mit ausgestreckten Beinen und hängenden Armen und gibt wenig Impulse in die Gruppe. Die Gruppe sucht mühsam nach Spielübungen. Es ist, als ob eine Lähmung von Timothys Stuhl kommt, die Spiele — auch selbsterfundene — blockiert. Ich frage Timothy nach einer Weile, ob er sich mehr einschalten wolle. Er nickt und bleibt lahm. Ich glaube nun, daß ihn etwas bedrückt, möchte aber nicht noch einmal direkt fragen. Ich bin unsicher und habe das Gefühl, daß jede Frage ihn jetzt belasten würde. Als er jedoch mehr und mehr zu versteinern scheint, fasse ich Mut und sage, *daß ich glaube, er fühle sich nicht wohl; ob das stimme.* Timothy reagiert erleichtert und sagt, *er fühle sich leer und blockiert. Ich sage: »Sei leer und blockiert, erlaube dir, leer und blockiert zu sein, mach dich ganz, ganz leer.«*

Timothy hat schon früher *»Gestalttechniken«** wie diese in Gruppen erlebt und reagiert sofort mit Zustimmung. Diese Technik »gibt Erlaubnis«, sich ganz in jedes jeweilige Gefühl einzulassen.

Aufforderung: »Fühle, was du fühlst, empfinde, was du empfindest, laß dich in dein Gefühl einsinken, sei dein Gefühl, folge seinen Spuren in deinem Körper.«

Ich begleite Timothy durch den Wellengang verschiedener Gefühle und Bilder, die aus dem Erlebnis der Leere aufsteigen. Er wird traurig und weint. Aus Timothys Notizen: *»Als das Schlimmste vorüber war, fühlte ich mich ungeheuer befreit und glücklich, weil ich für mich eine ganz neue Gefühlsqualität entdeckt habe: Ich kann wieder echt und tief traurig sein!«*

Später sagt Timothy, er habe sich leer und wie gelähmt in dieser Stunde gefühlt, weil ihn eine depressive Teilnehmerin in der Gruppe an seine eigene Frau erinnert habe und ihm die Realität seiner schwierigen Ehe plötzlich ganz klar zu Bewußtsein gekommen wäre. Darum sei ihm das Thema, »Spiele zu spielen«, völlig unreal vorgekommen; aber er habe das nicht sagen wollen.

---

* Die Entwicklung von Gestalttherapie und -techniken ist das fast ausschließliche Verdienst von Fritz Perls. Alle späteren Techniken, speziell Spiele und Varianten in Gruppenarbeit, bauen auf Perls' grundlegenden Konzepten auf.

Kommentar: Ich war müde in der vorgeplanten Stunde »Spiele im TZI-Unterricht — Wie? Wann?« Ich war daher meiner Beobachtungen und Entscheidungen weniger sicher. Ich hielt zunächst die relative Passivität und Apathie der Gruppe auch für Müdigkeit — wie meine eigene. Langsam wurde mir jedoch klar, daß Timothy unter mehr als Müdigkeit litt.

Sequenz der supervisorischen Interventionen:
1. Supervisor setzt sich mit sich selbst auseinander (Schweigen: Wie sieht es in mir aus?)
2. Aufforderung an Timothy, aktiver zu leiten, wenn er kann/will.
3. Frage nach Timothys Befindlichkeit (da Inaktivität anhält).
4. Gestalttechnik: (»Own up to your feelings« =) »Laß dich ganz in dein Gefühl ein.« Keine Interpretation, keine erklärende Diskussion, sondern Verstärkung des Erlebten; Vertrauen, daß die Tiefe des Gefühlserlebnisses Timothy zum nächsten Schritt verhelfen wird.
5. Timothy ist erleichtert. Er erlebt die Re-Integration seines »verlorenen Fremdartigen«: seine eigene Traurigkeit.

Bei einer zufälligen Begegnung einige Monate später erzählte mir Timothy, daß er nun die Depressionen seiner Frau viel leichter ertrage, was ihrer Ehe viel geholfen habe.

Timothys Durchleben seiner Leere führte ihn zum Erlebnis der Traurigkeit, vor der er sich so sehr gefürchtet hatte, so sehr, daß er auch die Depressionen seiner Frau nicht ertragen konnte.
Die *Gestalttechnik* der Bewußtmachung der Hier-und-jetzt-Gefühle führte dazu, durch den Vordergrund der Leere den Hintergrund der Traurigkeit zu erleben. Das emotionale Durchleben von seiner Leere/Traurigkeit brachte therapeutischen Fortschritt.
Die Konzentration auf die Gestalt, auf Hintergrund und Vordergrund von Gefühlen darf nicht mißverstanden werden. Gemeint ist Konzentration auf Empfindungen, nicht auf Gründe für ein Gefühl.

Nicht: »*Warum* fühle ich, sondern *wie* fühle ich?«
Nicht: »Ich bin traurig, *weil* ich gekränkt worden bin, und warum ist das geschehen? Sondern: »*Wie* ist die Trauer in mir?« Sie ist *jetzt* in meinem Herzen, es tut weh.« (Leiter: »Spür' dein Herz und sieh', was geschieht.« »Es zieht sich zusammen, es klopft laut, jetzt wird es stiller, es wird plötzlich ganz ruhig in mir.«)

Solche Worte in allen Variationen sind das übliche Resultat des Durchlebens von Schmerzen und Angst bis ins Körperliche hinein. Danach folgen heilende Veränderungen.
Diese Technik als Lehrender und Leitender zu kennen, hat pädagogisch-

therapeutische Bedeutung. Lehrer und Leiter können sie erlernen. *Gestalttechniken beruhen auf aktiv eingeleitetem Bewußtwerden der emotionalen Gestalt des jeweiligen Augenblicks.*
Gestalt meint hier die Ganzheit aus bewußten Gefühlen und momentan nicht bewußten Gefühlen; die bewußten Gefühle heben sich als Figur vor dem Hintergrund der unbewußten Gefühle ab wie die Bleistiftzeichnung von weißem Papier.

Gestalttechniken, die über das Klären des Augenblicks hinausführen, ins Anamnestische hinein, gehören zur Gestalttherapie.
Diese gehört nicht in die Hand von Menschen ohne gründliche *Ausbildung und Erfahrung über Psychopathologie, Psychodynamik und therapeutische Interaktionen. »Wilde« Gestalttherapie entspricht ungelernter Chirurgie.*

Von vielen weiteren Gestalttechniken möchte ich hier nur drei beschreiben:

1. Phantasietrip

Beispiel:

Fay, 30, Gymnasiallehrerin; erster TZI-Workshop.

Wahrgenommene Schwierigkeit: Eine Lehrstunde. Fay ist unbeteiligt. Sie sagt auf Anfrage, daß sie intellektuell, aber nicht mit dem Herzen dabei sei. Sie habe ganz andere Probleme als andere Teilnehmer und wolle darum nicht über sie sprechen.
Fay: »Darum möchte ich nicht hier sein.«
Ich: »Wo möchtest du lieber sein?«
Fay: »Weit weg.«
Ich: »Geh weit weg, so weit weg, wie du willst, wo du gern wärst. Geh in deiner Phantasie weit weg dahin, wo du sein möchtest. Du brauchst uns nicht zu erzählen, ›wo *du* bist‹, außer, wenn du willst. Nimm dir Zeit für deinen Trip.«
(langes Schweigen)
Fay: »Ich bin weit weg — unter einem Busch.«
Ich: »Sei unter einem Busch — weit weg —.«
(langes Schweigen)
Fay: »Ich will der Busch selbst sein.«
Ich: »Es ist gut, ein Busch zu sein.«
(langes Schweigen)
Ich: »Ein Busch muß nichts sagen. Er ist ein Busch.«
Fay: (lächelt) »Ich bin nicht ganz Busch. Ich sitze nur unterm Busch.«
Ich: »Willst du dem Busch etwas sagen?«

Fay: »Ich brauche nichts zu sagen. Er versteht mich.«
Ich: »Du bist mir vertraut, Busch, wir kennen uns. Wir brauchen nichts zu sagen. Wir verstehen uns ohne Worte.«
Fay: »Ich möchte hier unterm Busch sitzen bleiben.«
Ich: »Mit uns oder allein?«
Fay: »Allein.«
Ich: »Wir lassen dich allein — wir gehen irgendwo spazieren und du sitzt unter dem Busch.«
Fay: (erlöst) »Ja!«
Ich wende mich der Gruppe und dem Thema zu und »wir lassen sie allein«. Kurz danach beteiligt sich Fay an der Arbeit. Für den Rest des Tages »blieb sie bei uns«. Daß sie sich ganz in ihr Hier-und-jetzt eingelassen hatte, befähigte sie, ganz im nächsten Hier-und-jetzt mit uns zu sein.

2. »Laß den Körper sprechen«

Der Körper hat seine eigene Sprache, mit der er auch Übersetzer unserer Gefühle ist. Er macht Unsichtbares sichtbar — ohne Worte. Wenn wir seine non-verbale Sprache ins Verbale übersetzen, erhöhen wir unser Verständnis: »Dein Finger liegt auf deinem Mund. Was sagt der Finger zum Mund? Was sagt der Mund zum Finger?«
»Dein Fuß klopft auf die Erde. Was sagt er?«
Der Körper ist gefühlsnah und sagt darum oft etwas über emotionale Befindlichkeiten aus, die dem Sprecher noch nicht zum Bewußtsein gekommen sind. *(Während in Gestalttherapie diese Körpersprache bis in die »unerledigten Geschäfte der Kindheit« verfolgt werden kann, bleiben Gestalttechniken beim Klarstellen augenblicklicher Erlebnisse.)*
Mit Gestalttechniken lernen Gruppenmitglieder ihre Körpersprache zu verstehen und zu verbalisieren, z. B.:
»Ich, mein Mund, sage: ›Ich will etwas erzählen.‹« »Ich, mein Finger, warne: ›Tu's nicht — hier ist Gefahr.‹«
Der Konflikt ist aus dem Non-Verbalen ins Verbale übersetzt worden und kann nun untersucht werden.

3. »Spalte deinen Konflikt«

Die *Aufforderung* ist: *»Spalte deinen Konflikt in zwei Seiten auf und geh jeder Seite bis in alle Konsequenzen nach.«*
Statt: »Ich will die Eltern aller meiner Schüler aufsuchen, aber ich will nicht so viel Zeit verlieren«, heißt es nun: Die eine Seite sagt: »Ich will

die Eltern der Schüler aufsuchen, damit ich sie kennenlerne *und* weil ich ein besserer Lehrer sein will *und* weil ich mich für die Zuhause-Situation wirklich interessiere.« *Die andere Seite sagt:* »Ich will nicht so viel Zeit verlieren, weil ich Bücher lesen, Sport treiben, mit meinem Partner zusammen sein will, weil ich fremde Häuser nicht mag; weil ich Angst habe, meine Autorität einzubüßen; weil ich fürchte, mich nicht adäquat zu benehmen.« — Die Aufforderung des Leiters bleibt: *»Trenne und wiederhole deine Aussagen!«* Sage sie als getrennte Aussagen, betone die eine Seite des Konflikts mit der linken Hand, die andere mit der rechten.
Es kann viele Wiederholungen und Zusätze geben. Dann kommt ein Punkt, wo wirklich alles gesagt ist. In diesem Augenblick kann es zum einfachen Gefühl der Erleichterung kommen: Es ist alles klar und der Weg offen für Neues; oder es kommt zu einem Phänomen, das aus Meditationsübungen bekannt ist: einer Leere, die einen Wandel einleitet, durch die eine gemäße Lösung auftaucht. (In Gestalttherapie, in der auch Konflikte der Kindheit als gegenwärtige Konflikte auftauchen, führt dieses Erlebnis oft zur »Sackgasse«, einer Leere, die zum therapeutischen »organismischen Wandel« führt.)
Die Qual des Konflikts »ja — aber« ist beendet.
(Eine *Lösung für den Konflikt,* Tonis Eltern zu besuchen, wäre z. B.: »Ich werde mit allen Eltern und Schülern einen Ausflug machen«, oder: »Ich werde jede Woche zwei Stunden Besuche machen.«)
»Ich will, aber ich kann nicht« kennzeichnet einen stagnierenden Konflikt. Wenn ich wirklich nicht kann, nützt Wollen nichts. (Z. B.: »Ich möchte 10 Jahre jünger sein, aber ich kann nicht« ist kein Konflikt, sondern ein unerfüllbarer Wunsch.) In allen Fällen jedoch, wo das »kann nicht — aber« keine unüberwindliche Realität darstellt, handelt es sich um einen echten Konflikt: Ich habe Gefühle und/oder Gründe, die mich nach zwei oder mehr Seiten ziehen. Der Konflikt lautet in Wirklichkeit nicht: »Ich will, *aber* ich kann nicht«, sondern: »Ich will *und* ich will nicht.« In dieser Konfliktspaltung wird die zusammenhaltende Spange des unüberwindlichen »Ja — aber« aufgemacht und die verschiedenen Strebungen sagen — jede zu sich selbst —«ja«.
Mit diesem emotionalen Anerkennen, daß ich nicht »nicht-kann«, sondern »nicht-will«, sind Lösungen erreichbar und wenn es nur die offene Entscheidung zur Nichtentscheidung wäre; denn *ich mache mich nicht mehr zum Opfer eines schicksalhaften »ja — aber«, sondern trage Verantwortung für die Entscheidung* zu handeln oder abzuwarten.

Aggressionen *sind.* Sie sind
1. aktives zielgerechtes Eingreifen in Vorgänge;
2. Entladung emotionaler Spannungen;
3. Kampf gegen Destruktivität;
4. Feindseligkeit.

Aktivität, Spannungsentlastung und Verteidigung gegen Destruktion sind lebensimmanente Notwendigkeit. Feindseligkeit dagegen — die Seligkeit, Feinde zu haben — ist Reaktion auf einen unerträglichen unvermeidbaren Frustrationsgrad oder Passivität einem vermeidbaren gegenüber — die Haltung eines Menschen, der sich ohne entgegnende Reaktion frustrieren läßt.

Freunde, Familien und Gruppen, die offene Auseinandersetzungen zulassen und Frustrierungen nach Möglichkeit vermindern, verbrauchen weniger Energien für Feindseligkeit als solche, die Emotionen und Offenheit vermeiden. Die Vermeidung von feindseligen Aggressionen ist die Kunst der Vorbeugung und Früherkenntnis von überflüssigen Einengungen (Kettenhunde beißen).

TZI-Gruppen begünstigen Verminderung von Feindseligkeit z. B. durch einen optimalen Grad offener Auseinandersetzung, Achtung vor der eigenen und vor anderen Personen und Gruppenentscheidungen durch Konsens und Kompromiß. Vorhandene Frustration und korrespondierende Aggressionen werden ausgesprochen, aufgenommen und besprochen. In dieser Atmosphäre haben es weder freundliche noch feindliche Gefühle nötig, in Deckung zu gehen und Schaden anzurichten:

Matthias Kroeger* schreibt:

»*Die TZI geht davon aus* — so verstehe ich sie —, *daß erst Positivität der Erfahrungen und Gefühle, Basis und Ermöglichung von Autonomie und Kreativität ist. Gewiß ist das »Nein«, das sich vom anderen absetzt, der Anfang vollzogener Autonomie (R. Spitz), aber nur das Kind, das »Ja« erfahren hat und sich dadurch gewiß und akzeptiert fühlt, wird es schaffen, sein Nein so zu sagen, daß es der Mutter und sich selbst gegenüber nicht destruktiv zu werden braucht.* Das Nein wird dann unterfangen und gegründet im Ja — zu einer konstruktiven Möglichkeit. Wenn nun demgemäß ein TZI Workshop positiv, in bewußt akzeptierendem und Vertrauen ermöglichendem Klima eingeleitet wird, so kann in diesem positiven Klima sehr bald Aggression geäußert werden, ohne von Angst und Unsicherheit einer Anfangssituation belastet oder unnötig

* »Profile der Themenzentrierten Interaktion«. *Wege zum Menschen*, Heft 11/12, 1974, S. 467.

vergrößert zu werden. Angst durch voraussehbare belastende Situationen und unpersönliches Leiterverhalten zu verstärken, ist unnötig.«
Pädagogisch-therapeutisches Anliegen: »Mit Gelassenheit das Unveränderliche zu akzeptieren, mit Mut das zu Verändernde zu ändern. Und mit Weisheit den Unterschied zu erkennen.«

Macht und Wirklichkeit

Ich bin nicht allmächtig.
Ich bin nicht ohnmächtig.
Ich bin partiell mächtig.

Geistige und psychische Krankheiten können auch aus der Perspektive von Allmachts- und Ohnmachtswahn betrachtet werden: daß ich mehr sein muß, als ich sein kann, oder daß ich weniger bin, als ich bin. *Gesundung ist das zunehmende Bewußtwerden partieller Macht.* Pädagogisch-therapeutisch sind Interaktionen, die zu dieser Erfahrung und ihrer generellen Anerkennung führen.
Im Laufe der Jahre sind mir u. a. zwei Zauberformeln zu Hilfe gekommen, die ich gern weitergebe:

Meine pädagogisch-therapeutische Sicherheits-Zauberformel sechzig : zwanzig : zwanzig (60 : 20 : 20)

Bei jeder Arbeit, die ich vorhabe oder tue, bei jedem neuen Treffen, überall, wo ich mit Menschen bin, die mich ansehen, mir zuhören, mich beobachten, halte ich mich an diese magische Formel:
Sechzig Prozent der Leute ist alles, was ich sage oder tue, gleichgültig,
zwanzig Prozent der Leute finden mich und was ich sage und tue grauenhaft, und
zwanzig Prozent finden mich und was ich sage und tue großartig.

Es gibt Leute, die mit siebzig : fünfzehn : fünfzehn besser zu fahren scheinen oder auch mit fünfzig : fünfundzwanzig : fünfundzwanzig. Ich selbst halte mich an sechzig : zwanzig : zwanzig und empfehle sie wärmstens. Meistens stimmt sie. Nur einmal, als ich in einem Workshop diese Formel vermittelte, fragte ein Kollege — in allem Ernst —, wie ich denn zu dieser Statistik gekommen sei! (Wie ich dazu gekommen bin? Nicht durch realistische Berechnung, sondern durch den Zauber märchenhafter Wahrheit, die nicht mit der Autorität der Wirklichkeit spricht, sondern sie lächelnd transzendiert.)

Meine pädagogisch-therapeutische Projekt-Planungs-Formel

Wenn ich einen Kurs oder ein Arbeitsprojekt vorbereite, erkundige ich mich zuvor in allen erdenklichen Details über die Situation, für die das Projekt geplant wird. Dazu gehören die Zielsetzung, die Planer, die Gruppe, ihre Erwartung, die vorgesehene Zeit, die Räume und die Fragen: »Wer will mich dort haben und warum? Wer will mich nicht und warum nicht? Wer bezahlt mich und warum? Was wird gefürchtet, erhofft, von wem und warum?«
Mit den Antworten zu all diesen Globusfragen setze ich mich zu Hause hin und erarbeite einen Plan, der diese Faktoren und meine eigene Zielsetzung und Fähigkeiten mit in Betracht zieht. Und nun mache ich einige Alternativpläne für unerwartete Situationen. Ich bedenke Themenmöglichkeiten, Verteilung von Plenum und Kleingruppen (nach Interesse, Funktion, Ziel) und überschlage Zeit- und Raummöglichkeiten.

Nun also die zweite Zauberformel: Wenn der Tag kommt und ich fange mit den Menschen des Projekts an zu arbeiten, »weiß« ich, daß »alles«, was ich vorbereitet habe, falsch war; und ich verwende den Rest der Zeit, um es richtigzustellen.

(Seid ihr verwirrt? Dann stellt euch vor, ihr geht mit dieser Formel bewaffnet zum nächsten Projekt und: O Wunder, nur *einiges* ist falsch und nicht *alles*! Ihr bleibt ganz ruhig, speziell, da durch das Vorherdenken Alternativmöglichkeiten schnell in eurem verängstigten Gemüt auftauchen werden.)

Jeder Plan muß *»falsch«* sein, da nie alle Faktoren bekannt sein können und so auch nie der Prozeß, der sich aus den vielfältigen Geschehnissen zwischen verschiedenen Menschen und Sachlagen ergibt, genau vorhergesehen werden kann.
TZI-Strukturierung bedeutet: Vorplanen mit allen bekannten Fakten und Wahrscheinlichkeiten und Offen-Sein für Wahrnehmung im Hier-und-jetzt des Prozesses, um notwendige Umstellungen vornehmen zu können. Starre Planung und Planlosigkeit sind gleichermaßen unbrauchbar.
Es hilft, viele Strukturmöglichkeiten »im Hinterkopf« zu haben und sie für den jeweiligen Prozeß nutzbar zu machen.
Diese »Zauberformeln« haben pädagogisch-therapeutische Relevanz, weil sie sich gegen Allmachts- und Ohnmachtspathologie wenden, mit einem Hauch von Humor, der den Schmerz der Allmacht-Ohnmacht-Spannung lindern kann!
Es ist eine therapeutische Tat, wenn ich akzeptiere, daß mich nicht alle Menschen lieben oder hassen werden. Es ist gut, mir einzuprägen, daß auch meine »objektiven« Urteile über Kollegen, Schüler und ihre Arbeit in Frage gestellt werden können (mit der Zauberratio 60 : 20 : 20).

Wenn du z. B. ein Lehrer bist, der auf dem Weg zur Schule seine TZI-Klassen-Planung und deren Alternativen überdenkt, dann öffnest du dich zugleich der Möglichkeit und Wahrscheinlichkeit, daß keiner dieser Pläne ganz stimmen wird. Es wird jedoch aus der Vielfalt ihrer Möglichkeiten und der Initiative der Schüler und aller anderen Hier-und-jetzt-Faktoren eine lebendige Struktur entstehen, die dem interaktionellen Prozeß Rechnung trägt und ihn fördert — ein Prozeß der mit deiner Vorplanung anfängt und deine partielle Macht erweisen wird.
Ich glaube, daß der *»zauberhafte Realismus«* (der Formeln) auch sanft seinen Hauch auf unstetig schlagende Herzen und verkrampfte Magenmuskeln legen kann, weil er *zugleich persönliche Verantwortlichkeit bejaht und den einzelnen vom Wahn der Perfektion und der Erfolgspsychose befreit.*

Reaktion statt Interpretation und Verurteilung ist pädagogisch-therapeutisch.

Interpretation: »Ich sage dir, wie du bist, weil du das tust.« »Du willst mich kränken, weil ...« — »Du bist immer so, weil deine Eltern ...«
Reaktion: »Ich sage dir, was in mir durch dich ausgelöst wird.« »Ich bin niedergeschlagen, wenn du das sagst.« — »Ich bin froh, wenn du singst.«

Beispiel:

Zwei Dialoge zum Vergleich

1. Interpretationsdialog:
Er: »Ich war so wütend, daß ich am liebsten das Auto im Straßengraben liegen gelassen hätte; schon wieder eine Panne!
Sie: »Du willst mich nur von der Tatsache ablenken, daß du zu spät zum Abendbrot kommst!«
Er: »Du willst mich nur noch wütender machen — das hast du gern.«
Sie: »Das warst du sowieso — darum hast du das Auto wieder kaputtgemacht. Du wolltest nicht nach Hause kommen nach dem Krach heute früh.«
Er: »Du wolltest wohl nicht, daß ich nach Hause komme — aber, du kannst dich jetzt ärgern: Hier bin ich!«
Sie: »Und du meinst: ich muß bleiben — ich muß aber nicht.«

2. Reaktionsdialog:
Er: »Ich bin so wütend, daß ich am liebsten das Auto im Straßengraben liegengelassen hätte — schon wieder eine Panne!«

Sie: »Und ich bin wütend, daß du so spät zum Abendbrot kommst ...
Ich frage mich, ob du mich nicht mehr liebst nach dem Krach von heute früh.«
Er: »Doch, gerade darum war ich auch so wütend über die Verzögerung.«
Sie: »Ich bin froh ...«

Interpretationen eines andern sind oft unrichtig oder durch Taktlosigkeit destruktiv. Reaktionen sind jenseits von richtig und unrichtig. Sie sind subjektive Wirklichkeit. Dieser Unterschied bewirkt, daß Reaktionen eines anderen nicht den Stachel der Verurteilung in sich tragen. Die Partner lernen, ihre subjektiven Wirklichkeiten zu respektieren. *Sie fühlen sich freier, Verhaltensänderungen zu erwägen, weil sie nicht überheblichen »Soll-Ansprüchen« ausgesetzt sind.*
Ich weiß nie, warum ein anderer etwas fühlt, sagt, denkt. Ich kann es nur *hypothetisch* bedenken oder intuitiv erahnen. *Hypothesen und intuitive Annahmen sind notwendig* und fruchtbar, wenn sie als solche gesehen werden. Wirklichkeitsbestimmung braucht jedoch die Zustimmung des anderen (auch mit Zustimmung des anderen ist noch nicht sicher, ob dieser lügt, sich irrt oder seine Wirklichkeit kennt und aussagt!).
»Du bist so, weil ...« ist überheblich. Es bedeutet: *»Ich weiß etwas über dich, was du nicht weißt.«* Dies erregt meist die berechtigte Abwehr vor einem Einbrecher. Bevor der Angesprochene überhaupt aufhorcht, ob ihm etwas Interessantes angeboten wird, schützt er sich vor dem Einbruch.

Reaktion statt Interpretation und Urteil: »Du bist ein unaufmerksamer Schüler!« — Was tut eine solche Aussage dem Schüler? Vielleicht ist er voller Kümmernisse, die seine Aufmerksamkeit stören. Stattdessen: »Mir scheint, daß du nicht zuhörst. Sicher sind deine Gedanken irgendwo. Könntest du uns etwas davon erzählen, oder können wir dir mit irgendwas helfen? (Erzähle es uns nicht, wenn du nicht magst — aber vielleicht hilft es dir und uns!)«

Dynamisches (d. h. organisches) Gleichgewicht im Gruppengeschehen und im persönlichen Geschehen ist pädagogisch-therapeutisch.

Psychische Gesundheit beruht auf organischem Gleichgewicht zwischen wesentlichen Bedürfnissen. Anteilhaben ist ebenso wesentlich, wie eigenständig sein. Dies ist der psychische Ausdruck der existentiellen Tatsache menschlicher Autonomie und Interdependenz.
Vererbung, gesellschaftliche Normen, ökonomische Strukturen und körperliche Befindlichkeiten bedingen oder beeinflussen uns. Kindheitserleb-

nisse prägen tiefe Wegspuren. Psychische Veränderungen hinken daher Erkenntnissen oft sehr weit nach.
Und doch: Hoffnungslos ist es nicht. Veränderungen geschehen. Kindheitsprägungen können vergilben und verlöschen. Dies geschieht durch tiefe Beziehungen, schockartige Erlebnisse, angstvolle Jahre, soziale und materielle Schichtverschiebung und psychotherapeutische oder pädagogisch-therapeutische Interaktionen.
Gleichgewicht zwischen den Interessen des (biologisch-)autonomen Ichs und dem (sozial-)interdependenten Anteil-Ich zu fördern, ist pädagogisch-therapeutisches Anliegen. Dieser Balance-Aspekt ist in die TZI-Struktur mit eingebaut. Der »unbalancierte« Mensch, der sich nicht im organischen Gleichgewicht erlebt, erhält durch die TZI-Gruppe eine Hilfestellung, sich selbst, andere und seine Aufgaben als wichtig und wertvoll zu erleben.

Ein Gleichnis: Die interaktionelle Gruppe als Rad:*

Das Rad: Die Nabe ist das »Es« des Rades, in das sich die Speichen des »Ichs« einfügen. Die Ichs binden sich auch im Reifen des Wir. Wenn alle Speichen sich in der Nabe und im Reifen befestigen, ist die Gruppe intakt. Die Energie zum Rollen kann vom inneren Ich-Energiefeld lebendiger Spannungen kommen (wie im Rhönrad) oder von der Wir-Rundung des Reifens oder der Außenverbindung mit Wind oder Wagen. Wenn Speichen brechen oder sich verbiegen, »eiert« das Rad. Wenn die Nabe verbeult, werden die Speichen schwach; wenn die Nabe zu groß ist, verdeckt sie die Ichs als Scheibe (wie im akademischen Raum). Wenn der Reifen im Spinnen der Fäden von Ich zu Ich haltbar geworden ist, kann er auch einige schwache Speichen (schwer gestörte Mitglieder) für eine Weile mittragen. Jedoch: Reparaturen haben Vorrang! Gestörte Teile gefährden sich selbst und das Ganze:
Die Person, die »nicht an sich selbst denkt«, macht sich zum Opfer und wird »Ich-arm«; sie bietet auch dem anderen keinen Wir-Partner an (eine Gruppe ohne sich-selbst-vertretende Ichs zerfällt in eine kopf- und fußlose Masse).
Eine Person, die sich nicht als Wir-Anteil erlebt und entsprechend handelt, ist autistisch oder asozial, d. h. ihr Dasein ist eingeengt bis zum Verkümmern; *eine Gruppe ohne starkes Wir* zersplittert, und die Ichs kreisen im Monolog um sich selbst.
Eine Person ohne Aufgabenbezug erlebt sich als sinnlos und leer *(eine Gruppe ohne Es* wird zum Haufen unzusammenhängender Individuen).

So wird die gleichwichtige Struktur der TZI (die dieses Ich-Wir-Es-Gleichgewicht hypostasiert) zugleich Modell und erfahrbarer pädagogisch-therapeutischer Einfluß auf die Person. Wert und Wichtigkeit von

* Das Ouidy-Rad: zuerst konzipiert von Ouidy Billon, New York

Ich und Wir und Es werden zur bewußten psychischen Erfahrung des einzelnen, so wie sie in der Gruppe erlebt worden sind.
Der *Begriff des dynamisch-organischen Gleichgewichts in der Gruppe bezieht sich* nicht nur auf deren Struktur, sondern *auch auf den interaktionellen Prozeß.* Wechselnde Bedürfnisse der einzelnen und der Gruppe werden beachtet; Übergewicht von intellektuellen, emotionalen, physischen Phasen wird ausgeglichen. Alle Bedürfnisse und Talente werden als Bestandteile der Gruppenprozesse respektiert. Ruhe folgt Aktion, intellektueller Tiefgang emotioneller Leichtigkeit, Kleingruppe oder Alleinsein dem Plenum. Die Organisation dieser Betonungsphasen ist gleichfalls paradigmatisch für individuelles Verhalten, ein Beispiel, das zu Wohlbefinden und Aktionsfähigkeit leitet. Eine Person, »die im Gleichgewicht ist«, ist identisch mit dem psychisch gesunden Menschen.
Die Gruppe im dynamischen Gleichgewicht zu leiten, ist eine erlernbare Aufgabe. Dafür gibt es *viele Balancetechniken:*
Vom Ich-oder-Es-Übergewicht zum Wir: eine kurze »Blitzlicht-Runde«: »Was hat in dieser Sekunde gerade jeder gedacht?« — Oder: einen Wir-Bezug aus einer Ich-Aussage herausfinden. (»Eric hat es so erlebt, gedacht — wie ist es für uns andere?«)
Vom Wir-Ich-Übergewicht zum Es: sich selbst zum Thema zurückleiten (»Mich interessiert jetzt ...«) oder die Brücke von dem was im Augenblick gesagt wurde, zum Thema zu finden und auszusprechen.
Vom Es-Wir-Übergewicht zum Ich: Direkt: »Ich denke, ich fühle, ich will« oder: einen anderen Teilnehmer direkt ansprechen.
Und vor allem: *das Chairman Postulat betonen;* denn der »geschulte Chairman« fördert organisch den Balanceprozeß.

Beispiel (zur Gleichgewichtsperspektive; aus einem Supervisionsworkshop):

Barbara, 41, Hochschullehrerin; in TZI-Ausbildung.

Berichtete Schwierigkeit — als Leiterin einer Hochschulgruppe (*»Umgang mit einem, der anders ist«*): »... der ist wie eine Speiche, die doppelt so dick und lang ist wie alle anderen; bohrt glattweg durch den Reifen durch. Worüber wir auch reden in der Hochschulgruppe, er fährt uns dazwischen mit seiner *Reklame für Homosexualität,* sagt, was uns allen abgehe; wir solltens auch mal versuchen, und über die Griechen etc. Er ist nicht zu stoppen.«
Die Supervisionsgruppe macht Vorschläge: ihm seine abgemessene Zeit zuteilen; ihm sagen, jeder solle nach seiner Façon selig werden; ihn fragen, warum er alle überzeugen will etc. (die Gruppe bleibt lange bei ihrer Vorschlagsserie von Ratschlägen für den einen Mann).

Ich (Supervisor) denke, daß die Gruppe hier den Fall wiederspiegelt, wie er vorgetragen wurde. Sie sieht mit Barbaras Augen. Ich frage Barbara, ob ihr die Ratschläge helfen?
Barbara sagt, sie habe das alles schon probiert. Der Homosexuelle sei eben nicht erreichbar. Alle Kollegen in der Hochschule seien sich darüber einig.
Ich: »Es fällt mir auf, daß du immer wieder von dem »Homosexuellen« sprichst. So wie man in der Zeitung liest: »der Verbrecher« oder »der Trinker«. Als ob dieser Mensch nichts anderes sei als diese eine Eigenschaft. (Ich führe von einer »Wir-und-Die-da«-Haltung zur Wir-Haltung): Wie heißt der Mann?«
Barbara: »Der Homosexuelle? Der heißt Eduard.«
Die Gruppe wird sich der *»Diskriminierung« in der »pars-pro-toto«-Haltung* bewußt. Ich entscheide mich, das Thema zu erweitern, so daß es nicht nur Barbara und ihren Fall miteinbezieht, sondern zum *Thema auf einer höheren Abstraktionsstufe* führt. Dieses ist: »Einer, der anders ist« — der Homosexuelle, der Sündenbock, der Außenseiter.
Ich: »Ich frage mich in solchen Fällen nach der Bezugskomponente zwischen dem Andersseienden und der Gruppe: *Was tut die Gruppe dazu, einen Außenseiter zu schaffen oder zu behalten?* Warum wird er zum faszinierenden Anziehungspunkt? Was wird unter den Teppich gekehrt?«
Nach einer Diskussion verschiedener Fälle geht das Gespräch auf Eduard zurück. Ich entscheide mich, zum »Ich-Fall« zurückzukehren.
»Eduard ist im Mittelpunkt. Vielleicht ist er gern im Mittelpunkt — und braucht das. Ich kenne kaum jemand, der nicht gern mal im Mittelpunkt wäre.«
(Alle sind jetzt am *Mittelpunktthema* interessiert. Die meisten Teilnehmer sprechen aus, daß sie gern manchmal im Mittelpunkt sind. — Zum erstenmal sieht die Gruppe Eduards Problem als allgemein-menschliches Problem an.)
Edith: »Aber wie kann er das ertragen, immerzu im Mittelpunkt zu stehen und nur Negatives zu hören — nur Antipathie?«
Bob: »Kinder kriegen lieber Prügel als gar nichts.«
Stefan: »Homosexuell zu sein (»to be gay«) ist heute doch keine Schande mehr wie früher. — Sie können doch sogar auf die Straße gehen mit Schildern und demonstrieren. ›The Gay Movement‹ ist ›gesetzlich geschützt‹.«
Bob: »Aber die Privatverachtung geht weiter. Geht *mir* sogar noch so, trotz aller Aufklärung und Überzeugung. Das macht Eduard zum Außenseiter — und er will halt einfach *rein* — irgendwie. Der hat sicher auch selbst noch Schuldgefühle.«

Barbara: »O Gott — ich möchte *nie* im Mittelpunkt sein — das ist ein schrecklicher Gedanke.«
Nach einer Diskussion, in der die Gruppe Barbara überzeugen will, daß sie das sicher auch schön finden könnte, schlage ich ihr ein Spiel vor.

In der TZI werden *Encounter- (Begegnungs-)Spiele* und -Übungen zur Vertiefung des Themas benutzt und erfunden, zur Balancierung der Interaktion und als Hilfe für einzelne. Wichtig ist hier das *»nihil nocere« — niemand zu überfahren oder zu schädigen und den Sinn des Spiels zu klären.* — Dasselbe gilt auch für Feedback.)

Ich denke, daß Barbara zunächst einmal Positives des im Mittelpunktseins erleben sollte. Das Spiel heißt »Strength Bombardment« (Herbert Otto): »Sitze im Mittelpunkt des Kreises. Jeder (der will) sagt etwas zu dir, was ihm an dir gefällt.« Barbara willigt ein. Sie erlebt das Spiel mit ein wenig Verlegenheit und mit viel Befriedigung.
Dann geht das Gespräch auf Eduard und andere Außenseiter zurück.
Ich-Wir-Es sind für eine Weile in Balance. — Das Es ist das »Über-Thema« der Supervisionsgruppe *»Zur Problemlösung im Gruppenleiten«.*
Ich sage: »Eine andere Möglichkeit, Außenseiter zu integrieren, wäre die *»Thematisierung der Störung«*, z. B. die Frage, was Homosexualität den Gruppenmitgliedern bedeutet, oder wie sich jeder zum Außenseiter machen kann — zum Sündenbock oder Monopolisten.
Ein anderer Aspekt des Außenseiterseins ist die Minoritätsfrage. Da die einzelne Person in TZI-Gruppen für ebenso wichtig angesehen wird wie die Gruppe als Ganzes, besteht die Notwendigkeit (in der interaktionellen Gruppe), in Entscheidungsfragen Konsens oder Kompromiß zu suchen. Dazu gehört die Methode des Aussagens und Zuhörens, die nicht nur Sachargumente und Siegenwollen für wichtig hält, sondern auch Aussprechen von Gefühlen und Motivationen. *Es gibt keine Sachlichkeit ohne Ich-Bezüge; diese auszuklammern, gelingt nur auf Kosten der Sachlichkeit und der Steigerung von Feindseligkeit oder Resignation.* Offenes und emotionelles Aussprechen hebt das Niveau und ermöglicht, viele gute Gedanken kreativ und kritisch miteinzubeziehen, die sonst unter den Tisch fallen. Menschen, die zu *echten* Aussagen kommen und *wirklich* gehört werden, haben weniger das Bedürfnis, im Mittelpunkt zu bleiben oder um jeden Preis zu siegen. Gemeinsam echte Sachlösungen zu finden, ist für fast jeden Menschen (einer Rivalitätszivilisation) eine pädagogisch-therapeutische Erleuchtung!
Ein *völliges Ich-Wir-Es-Gleichgewicht* in einer einzelnen Sitzung zu erreichen, *ist weder immer möglich, noch notwendig. Wichtig ist, daß*

positive Bewertung der Gleichgewichtigkeit innerhalb der Struktur und *der balancierende Verlauf der Gruppe als richtunggebend erhalten bleiben und sich im Lauf der Serie auch zeitlich erfüllen.* So besteht am Anfang eines TZI-Seminars oft eine Ich-Betonung, danach ein spezielles Wir-Interesse und dann ein Es-Übergewicht. Denn am Anfang dominiert meist der Wunsch nach Auflockerung und Befreiung von früheren und jetzigen Störungen, danach das Bedürfnis, sich zusammenzufinden und zu kooperieren, und dann das nach konzentrierter Meisterung der gemeinsamen Aufgabe. (Diese Akzentverschiebung in den verschiedenen Phasen darf *nie* bis zum Vernachlässigen der Ich-Wir-Es-Struktur führen.)
Die Förderung des dynamischen Gleichgewichts der Gruppe findet ihren individuellen Niederschlag in den Teilnehmern, die sich bewußt als Eigenständige und als Anteil-Seiende erfahren. Das Ich lernt, seine inneren verschiedenen »Majoritäts- und Minoritätsstrebungen« ernst zu nehmen und einzubeziehen — ebenso wie die der anderen. Verdammung und Gewaltausübung sich selbst und andern gegenüber nimmt ab, wenn Selbstvertrauen zunimmt (»Macht über . . .« ist immer schwächer als »Macht zu . . .«).
Inneres Gleichgewicht zu finden und es aktivierend auf andere auszustrahlen, bedeutet psychische Gesundheit und Humanisierung der eigenen Person, die zu der von anderen beiträgt: weder zu überwältigen, noch sich überwältigen zu lassen und Situationen zu fördern, in denen dies auch für das große Wir geschehen kann.

Schlußworte

Gäbe es nicht das Schmerzliche und Schwere und Einsame und Elternlose, wären du und ich uns sicher, daß wir wertvoll und wichtig sind, für uns, für andere, für die Zukunft, weil wir leben — wir würden das Welthaus bauen — für alle — und durch sein transparentes Dach würden die Lichter der Himmel scheinen über Kinder aller Farben.
Vieles ist geschehen und vieles geschieht, das Häuser in Flammen verwandelt und Herzen in Rechenmaschinen. Kanäle und Flüsse werden zu Kloaken. Straßen, die von Mensch zu Mensch führen sollten, verwandeln sich zu wogenden Leichentüchern. Und selbst Fernsehschirme weigern sich, das, was sie spiegeln, für Wirklichkeit zu halten und verkaufen es uns zusammen mit Superwasch als bunte Bilderbücher kranker Phantasien.

Das Urvertrauen des Menschen, daß er wichtig und wertvoll sei, ist vie-

len unbekannt. Es wächst weder zwischen Bomben und Hunger, noch zwischen angstvollen Karrieren oder in Hochhauseinsamkeit. Manche Menschen haben es viel besser; nicht viele, im Vergleich. Vielleicht können diese wenige — wir? — etwas ändern, humaner werden und Humanität auch dort finden oder hineinbringen, wo Veränderungen gelebt und organisiert werden können.
Vertrauen entsteht, wenn jemand wirklich zuhört, anerkennt, entgegnet, ernst nimmt, weiterführt und nicht recht haben muß. Dies kann eine *interaktionelle Gruppe* sein, die jedes einzelne Mitglied, die Gemeinschaft und ihre Tätigkeiten für wichtig und wertvoll hält. Sie wird zum Symbol *eines Modells, wie jeder in einer humanen Gesellschaft leben könnte.* Die themenzentrierte interaktionelle Gruppe ist zugleich auch personen-, gruppen- und welt-zentriert. Sie nimmt Ich-Wir-Es und unsere Umwelt als gleich gewichtig; dadurch ist sie zugleich ein Modell für den Menschen, der in organischem Gleichgewicht lebt: sich selbst, die anderen und seine Aufgabe in der Umwelt wichtig zu nehmen. Dazu benutzt TZI ein System neuer und alter Techniken, verbale, non-verbale, übende Aufforderungen. Einige davon sind:

»Leite dich selbst bewußt: sieh nach innen, wie es in dir aussieht, was du möchtest und sollst, und nach außen, was es dort gibt, und entscheide zwischen allen Gegebenheiten, was und wie du etwas tun willst.«

»Beobachte, was dir im Weg steht und geh damit realistisch um.«

»Erbitte Hilfe und hilf — nicht mehr oder weniger als nötig ist.«

»Überfahre nicht; laß dich nicht überfahren.«

»Übe deine Sinne (sieh, höre, empfinde ...) um ihrer selbst willen. — Dann werden sie auch in Zweckbereichen aushelfen.«

»Werde wach für deine Gefühle. Sie gehören zu deinem Wert und deiner Wichtigkeit. — Sie sind jedoch nicht gültige Aussagen über die allgemeine, geteilte (»objektive«) Wirklichkeit. (Die Welt ist nicht so, weil ich so fühle.)«

»Denke klar und unterscheide dein eigenes sachlich reflektiertes Urteil von unreflektierten Sätzen, die von deiner persönlichen und geschichtlichen Herkunft in dir sind oder die dem Wunsch entstammen, im Gruppenfluß mitzuschwimmen oder unterzutauchen.«

»Drücke dich klar aus — niemand außer dir kennt deine inneren Vorgänge: Gefühle, Gedanken, Motive. Aussagen sind Brücken von Insel zu Insel.«

»Zuhören, Nachdenken und Aussagen sind unterschiedliche Tätigkeiten. Gleichzeitigkeit senkt ihr Niveau (z. B. wenn ich über meine Gegenaussage nachdenke, während der andere spricht).« Dies bedeutet, daß Schweigen und Meditation zu echter Kommunikation gehören.

»Frustrationen schaffen Feindseligkeiten. Frustriere dich und andere nicht mehr als unvermeidbar. Reagiere auf deine Frustrationen emotional und/oder sachlich; begegnende Aktivität vermindert Feindseligkeit.«

»Gefühle sind Talente, die erzogen und verzogen werden können. Spiele und Übungen können hilfreich sein zur Entfaltung von Empathie (Mitschwingen), Mut (sich selbst stellen), Intuition (Abkürzungswege zum Verstehen und Entscheiden).«

»Kommunikation (bekanntgeben und erfassen) kann verbessert werden durch aufmerksame Einstellung, gezielte Übungen und interaktionelle Hilfsregeln« (vgl. Kap. II, 9).

»Sei dein eigener Therapeut: vertraue dich dir an und warte auf deine verstehende und aktivierende Antwort. Diese mag die Wünschbarkeit für Hilfe miteinbeziehen. Suche sie auf, laß sie ein und wähle, was dir entspricht . . . auch aus dieser Schrift . . .«

III

Autobiographisches: Lebendiges Lernen in meinem Leben

15

Anfänge – Abschiede – Anfänge

Vom Vorurteil zur Bewußtheit – Skizzen aus einem lebendig lernenden Prozeß

Ich war fünf, sechs, sieben und alle meine Kindheitsjahre alt, als ich unter dem Dach eines vierstöckigen Gebäudes lebte. Es war ein typisches Haus in Berlin. Es war am Ende des Ersten Weltkrieges.

Ich konnte von meinem Fenster den Schulhof meiner eigenen Schule sehen.

Mir gehörte ein kleiner Balkon mit fünf Blumenkästen. Dem Schulhof gehörte ein japanischer Mandelbaum; im Spätfruhling glich er einer flockigen rosa Wolke, die vom Himmel zu Füßen meines Balkons geglitten zu sein schien. Berlin, nach dem Ersten Weltkrieg, war blumen- und blütenarm. Allenfalls waren die Kartoffel- und Rübenbeete öffentlicher Anlagen armselig von Stiefmütterchen und Vergißmeinnicht umsäumt. Diese zu pflücken war ebenso streng verboten wie das Öffnen der elterlichen Schlafzimmertür.

Die Blumenkästen gehörten mir. Zeitig im Frühling bohrte ich Löcher in die sandige Erde und legte schwarze runde Pillen, die man Wickensamen nannte, hinein; und braune, rotgefleckte Bohnen. — Einige Wochen später flatterten kleine Pflanzenfüße hilflos in der Luft herum, bis ich sie an Stöckchen anband. Dann verknüpfte ich dünne parallele Bindfäden von einem Stock zum anderen, um die sprießenden Stengel zu stützen.

Doch meine Sommerfreude über die scharlachroten Feuerbohnen und duftenden rosa und weißen Wicken war niemals ganz so tief wie das Maienglück meiner Blumenkästenbesuche zwischen drei und fünf Uhr Nachmittags, wenn meine Eltern ihr Mittagsschläfchen hinter verschlossenen Türen im Wohnzimmer hielten.

Völlig hingegeben beobachtete ich mein eigenes kleines »Grundstück« und wartete auf den einen ersehnten Augenblick, der immer kam: Ein kleines Stück Erde bewegte sich aufwärts, öffnete einen Spalt, und eine kleine schwarzhütige weiche, gelbgrüne Pfeilspitze stieß nach außen aus ihrer bergenden Geburtsstätte.

Dieses sich immer wiederholende Frühlingsereignis, nach dem ich mich an langen Winter-Kakteen-Nachmittagen sehnte, war der Anfang meiner leidenschaftlichen Liebe zu allem lebendigen Lernen. —

Der neue Herausgeber der Zeitschrift »Voices« gab mir das Wort »Anfänge« (Beginnings) für sein Erstlingsheft. Ich hörte es ihn zu Freunden sagen, als ich zur Tür meiner New Yorker Wohnung hineinkam. Ich war elektrisiert; das Wort kam auf mich zu wie zur persönlichen Begrüßung nach meiner ersten Arbeitsreise durch Deutschland.

Das Wort »Anfänge« schwebte im Raum. Ich kam zurück von dieser Reise zum Lande meiner Vorfahren und meiner Kindheit, in dem ich keine einzige Seele mehr kannte, dem Lande das ich für sechsunddreißig Jahre gemieden hatte — dreiundzwanzig davon aus eigener Wahl.

Ich hatte während der Tagung des Deutschen Arbeitskreises für Gruppenpsychotherapie und Gruppendynamik (DAGG) in Bonn, wo ich ein Panel über Sensitivity-Trainings leitete, eine enthusiastische Aufnahme von 500 Menschen erlebt. Vielleicht kam dieser Widerhall, weil die Teilnehmer interessiert waren an dem, was ich in den Staaten gelernt hatte, vielleicht, weil ich sie mit meinen eigenen Konzepten für Gruppenarbeit bekanntmachte und sie aufforderte, statt eine passive, frustrierte Zuhörerschaft eine Gruppengemeinschaft von sprechenden, einander zuhörenden Menschen zu bilden. Vielleicht weil es mir gelang, eine Gruppe von Oppositionsstudenten in die Diskussion einzubeziehen. Vielleicht weil ich als Jüdin deutscher Herkunft gekommen war, um miteinander an unseren gemeinsamen wesentlichen Interessen zu arbeiten.

Nach der Tagung in Bonn hatte ich in Frankfurt in einem Seminar über meine themenzentrierte interaktionelle Methode Wärme und Liebe einer Gruppe von 16 Analytikern empfangen. — Ich hatte die Traurigkeit unseres Abschiedes gefühlt, aber noch nicht ganz durchlebt. — Und nun, kaum gelandet, grüßte mich das erregende Wort »Anfänge«.

In noch fühlbarem Abschiedsschmerz war mir der neunstündige Flug sehr kurz erschienen. Nach einer Woche zunehmend beunruhigenden Suchens verdichteten sich meine Erinnerungen und Gedanken zu einer plötzlichen Einsicht.

In Deutschland hatte ich Anerkennung und Wärme erlebt. Ich schien zufrieden zu sein, jedoch empfand ich mich selbst wie hinter einer Milchglasscheibe. Mir fehlte das Gefühl: »Das bin ich, ich selbst«. Das übliche Spiel von innerlich gesprochenen Wortsplittern fehlte mir — zusammen mit farbreichen Fantasien, die sonst in meinem Bewußtsein hin und her spielen, bevor eine zielstrebige Richtung sie zu einer Idee, zum Zweck und zum Planen ordnet. Wir, meine Gedanken und ich, waren zwar geordnet und fleißig, aber nicht auf einander und andere Menschen eingespielt.

Einmal mitten in der Seminarwoche hatten mich einige Teilnehmer gefragt, ob sie anders als Mitglieder meiner amerikanischen Gruppen seien. — Meine spontane unzensierte Antwort war: »Ich weiß es nicht, ich weiß nur, daß *ich* anders bin.« Dann überlegte ich: Ja, es gab zwischen diesen beiden deutschen und meinen amerikanischen Gruppen Unterschiede. Sowohl die fünfhundert Menschen der Bonner Tagung als auch die kleine Arbeitsgemeinschaft schienen radar-ähnliche Antennen für die leiseste Möglichkeit von autoritärem Verhalten zu haben. Hilfsregeln, die in Amerika als experimentelle Spielregeln betrachtet werden, wurden mit Leidenschaftlichkeit und Aggression abgelehnt. Ich war erstaunt, jedoch gleichzeitig erleichtert, da ich dieses als die antidiktatorische Einstellung eines Volkes interpretierte, das klar aussagte: »Es soll nie wieder geschehen.« Als die Teilnehmer später entdeckten, daß gerade die Hilfsregeln der Eigenständigkeit des einzelnen dienten und nicht auf meiner Laune und Willkür beruhten, erwachte Begeisterung für die WILL-Methode mit ihrer individuellen Einstellung im Gesamt des sozialen Kollektivs: »Sei dein eigener Chairman.« (Ein Kollege in der großen Tagungsgruppe hatte geäußert: »Ich weiß, warum Sie uns aufforderten, schweigend darüber nachzudenken, was jeder von uns hier lernen und beitragen möchte. Sie wollen eine Massenhypnose verhindern.«) Diesen Aspekt meiner Methode war ich nie in Diskussionen mit Amerikanern oder Engländern gewahr geworden.

Mein Erlebnis, hinter einem Milchglas zu leben oder in einen Plastiksack gehüllt zu sein, hatte mich während der ganzen Seminarwoche beunruhigt.

Ich unterhielt mich darüber mit einigen Teilnehmern, ohne jedoch zu einem besseren Verständnis des mir rätselhaften Zustandes zu gelangen. —

Nun plötzlich, hoch über den Wolken, fest verankert im orangenen Sitz der Swiss-Air meines imaginären Schweizer Heimatlandes, überfiel mich die Erkenntnis, daß mein Fremdheitsgefühl auf meinem Verschlossensein gegen den Durchbruch meiner irrationalen Vorurteile beruht hatte.

Während der letzten Sitzung des themenzentrierten interaktionellen Seminars in Frankfurt war der Keim zu dieser luftgeborenen Einsicht aufgegangen. Das Thema dieser Sitzung lautete: »Die Bewältigung des Abschieds — heute, gestern, morgen.«

In der vorletzten Sitzung hatte ich nach einer Trainingswoche mit Freude und mütterlichem Stolz einem jungen Kollegen die Leitung der Gruppe für eine Sitzung übertragen. Er wählte als Thema: »Die Aufwertung der Deutschen Mark — kann ich von ihr profitieren?« Das Thema sollte die Anwendbarkeit der Methode mit »objektiven Lernstoffen« in Klassenzimmern und Hörsälen demonstrieren.

Danach leitete ein etwas älterer Kollege die Abschiedsgruppe: »Die Bewältigung des Abschieds — heute, gestern, morgen.« Bedeutungsvoll klangen seine langsam gesprochenen Worte in die Abschiedsrealität der Gruppe hinein.

Ich hörte sie und schauderte. Mein Körper entschwand aus meinem Bewußtsein. Meine Füße und Hände wurden zu Eis. Ein geduckter Hals trug einen gesichtslosen Schädel. Ich erkannte verschwommen, daß ich mich zugleich verstecken und doch in meiner Traurigkeit erkannt werden wollte. Warme Tränen kühlten mein Gesicht.
Stimmen der Gruppe drangen zu mir: Einige Teilnehmer würden sich bald wiedersehen — kein Grund zur Aufregung; andere waren traurig, sich zu trennen, aber doch auch froh, ihre Familien wiederzusehen. Die neuen Ideen würden ihre Tätigkeit befruchten — ihre Arbeit mit Lehrern, mit Patienten, mit Arbeitsgruppen. — Andere freuten sich auf ihre Zurückgezogenheit zu Hause, um die Vielfalt der Anregungen einsinken zu lassen: Abschied und Anfang verschmolzen.
Das Hin und Her der Stimmen blieb in meinen Ohren haften und erreichte mich nicht. Ich war wieder in Zürich. Es war 1933. Ich hatte gerade zitternd die deutsche Grenzkontrolle passiert. Jetzt stand ich in Sicherheit am Zaun eines Schulspielplatzes. Laufende, rufende, spielende Kinder. In der Mitte des Schulhofes ein Lehrer, rauchend, sich unterhaltend — Jungen und Mädel um ihn herum, kichernd, Hände in den Taschen, Äpfel essend. Der Lehrer sprach mit ihnen, als wären die Kinder richtige Leute.
Das Bild des Schulhofes meiner eigenen Kindheit stieg vor mir auf: Ein auf und ab gehender Lehrer — eine Kluft von Alter und Rang zwischen ihm und den rundum marschierenden Mädchen. Sie knicksten, wenn seine Augen auf ihre vorbeiziehenden Knie fielen.
Hier an diesem Zaun, der sich im Fließen meiner Tränen in zitternde Drahtstückchen auflöste, sagte ich mich von Deutschland los, lange vor Hitlers »Endlösung« — und ich entsagte meiner deutschen Sprache, um Schwyzerdütsch mit Schweizern zu reden, und mich ihrer Verachtung für die »chaibe Dütsche« anzuschließen.
Und auf meinem abrollenden Mikrofilm einige Jahre später erschien unser Zimmer in Zürich — die sonnenbeglänzte Balkontür von außen durch Millionen von Schneeflocken verschlossen. Strahlendes Licht überflutete den zurechtgemachten Tisch, die Kupferkessel mit heißem Wasser, die weißen Laken und einen bedeutungsvollen Fliederstrauß — neben mir ein erregter, blasser Ehemann und eine mürrische, allwissende, menschheitsalte Hebamme. — Und ich auf meinem erhöhten Bett fühlte durch die Wellen von seligem Schmerz hindurch alles Glück des Maienglückes meiner Kindheit. Nun war ich selbst Erde, fruchtbare Erde, die ihren Sprößling freigab. Und so mich öffnend, trennte ich mich von meinem Kinde und begegnete ihm: Abschied von symbiotischen Freuden und Beginn aller Abschiede und aller Anfänge des Gehenlassens und Wieder-

begegnens und wieder Gehenlassens und wieder Begegnens von Mutter und Kind. (Einige Tage später erhielten wir die Geburtsurkunde, bezeugend, daß am 2. Februar 1940 eine »staatenlose Ausländerin fremder Nation« in Zürich geboren worden sei.)
»Ruth, fühlen Sie den Abschiedsschmerz des heutigen Tages?« Der Gruppenleiter hat taktvoll seine Frage zurückgestellt; auch die Gruppe hatte geschwiegen.
Ich hörte meine eigene Stimme sagen: »Ich habe eisige Hände und eisige Füße. Jeder Abschied ist für mich ein kleiner Tod — als stürbe ein Stück von mir — jedesmal.
Soviele Bekannte, Freunde und Verwandte reisten durch Zürich zwischen 1933 und 1941. Ich verbrachte soviel Zeit in Konsulaten und auf Flughäfen. Sie gingen nach Australien, Afrika, Südamerika, San Domingo, Kuba. — Ich wußte, ich würde sie nie wieder sehen. Ich hatte jahrelang eine Flughafenphobie.
Dann, 1941, verließen wir Zürich. — Die Vereinigten Staaten gaben uns das Recht, zu arbeiten und Bürger zu werden.
Ich wußte damals, daß ich nirgends und nie mehr Wurzeln haben würde — Wurzeln wie Bäume in der Erde; und daß kein anderer Boden mir mehr zur Heimat werden könne als die Liebe zu Menschen und ihren Anliegen.«
Die Gruppe schwieg.
Hans, der Gruppenleiter, nahm mit Zartheit auf, was ich gesagt hatte — Hilde, seine Frau, schien mit mir zu weinen. Und plötzlich schrien ungesagte Worte in mir: »Hans und Hilde sind jüdisch.« Ich stieß diese verruckten Worte zurück, aber sie ließen sich nicht abweisen — immer wieder rollten sie in mich hinein.
Hans und Hilde waren nicht jüdisch. Ich wußte das. Sie waren Menschen, die ich überall und immer als Freunde gewählt haben würde. Aber ich fühlte eine Tiefe der Verbundenheit mit ihnen, die jenseits der Realität lag — ein Gefühl der Zugehörigkeit, als ob wir unsere Kindheit zusammen verbracht oder tiefe Lebensnöte miteinander erlebt hätten. Ich konnte den Gedanken, sie zu verlassen, nicht ertragen. Der Schmerz der heutigen Trennung schien den Schmerz des Abschiedes von meiner Familie und Freunden im Jahre 1933 auszusprechen — den Schmerz, den ich nie voll in mir hatte aufkommen lassen: das Aufgeben meiner Sprache, meiner Heimat, meiner Kindheit und der Kultur meiner Eltern und des Landes, in dem ich geboren war — und mit diesen Abschieden hatte ich fast unbewußt einen Teil meiner selbst verlassen.
»Hans und Hilde sind jüdisch« — jüdisch sein oder nicht hatte mir nicht viel in meiner Kindheit bedeutet. Meine Eltern dachten und lebten in

kosmopolitischen Ideengängen. Jüdisch sein schien mir auch nicht allzu bedeutend als Studentin in der Schweiz und in New Yorks kulturellem Schmelztopf. Jedoch Unterschiede hatten sich aufgedrängt: Es gab Judenbänke, Judenvertreibung, Judenvernichtung. Ich fühlte mich von den Schweizer Studenten entfremdet. Sie arbeiteten für ihre Studieninteressen und Examen — ich für Flüchtlingshilfe und Psychoanalyse. Und da war ein Schimmer von Vorurteilen aus meiner Kindheit, das Herabsehen auf die »Goyem« als weniger vertrauenswürdig, weniger intelligent, weniger sophisticated. »Oh nein, nicht alle, natürlich nicht — aber doch ...« War das Vorurteil gegen die Juden umkehrbar gewesen? Waren die »guten Christen« in unserer assimilierten Familie und unserem Freundeskreis Ausnahmen für uns, so wie es für die Nazis die »guten Juden« waren? (In Hitlers Zeit gab es einen bitteren Witz: »Es gibt 17 Millionen gute Juden — denn jeder Nazi kennt *einen* guten Juden.«)
Da war im April 1941 unsere Reise in plombierten Wagen durch das unbesetzte Frankreich und eine Odyssee von Hindernissen durch Spanien nach Lissabon. Jetzt waren wir Juden — nicht Deutsche oder Schweizer oder Amerikaner. — Und da war durch alle meine Studienjahre die quälende Frage: Können wir nicht Psychoanalyse und psychodynamische Erkenntnisse dazu benutzen, großen Menschengruppen zu helfen, dem Erziehungs- und Organisationswesen — anstatt nur einzelnen Patienten?
Können große Gruppen sadomasochistische Fixationen, Illusionen und Vorurteile überwinden? Die Arbeit an meiner themenzentrierten interaktionellen Methode ist der Ausdruck der treibenden Kraft dieser Frage.
Mein Swiss-Air-Flieger folgte dem Sonnenuntergang von Frankfurt über den Ozean bis er endlich die Dunkelheit einholte.
Es war mir unheimlich, dieses Heimgehen dem Westen zu. Ich ertappte mich im inneren französischen und schweizerdeutschen Gespräch, als ob ich mich der Wahl zwischen meinen beiden »wirklichen« Sprachen, Deutsch und Englisch, entziehen wollte.
»Hans und Hilde sind jüdisch.« Gerade im Einschlafen brach jäh die Erinnerung an ein erschütterndes Erlebnis in mein Bewußtsein: Eine schwarze Frau in einer schwarzen und weißen Konfrontationsgruppe, die plötzlich aufschrie: »Whatever anyone says: Ruth is black!«
Ich hatte den Ausspruch dieser schwarzen Frau verstanden. Sie konnte sich nicht gestatten, mir nahe zu sein, solange ich weiß war. —
»Hans und Hilde sind jüdisch.« Ich hatte sie jüdisch gemacht um meines Liebens willen. Ich machte sie unarisch, undeutsch, um ihnen nahe sein zu können.

Ich hatte den Aufschrei der schwarzen Frau aus ihrer Notlage heraus verstanden. Ich hatte diese Zusammenhänge mit ihr vorsichtig und ausführlich besprochen — ohne den Schatten einer Ahnung, daß sie und ich in gleicher Weise die Spuren von Gruppenverachtung teilten.
Die Frankfurter Arbeitsgruppe hatte an Themen gearbeitet wie Gruppentechnik, Gruppenphilosophie, Gruppentherapie, Gruppenleitung, Gruppennormen, Gruppenkonflikte und individuelle Störungen. So wurde zum Beispiel auch meine eigene »geheime Agenda« besprochen. Ich wollte wissen, was meine Kollegen während der Hitlerjahre erfahren und getan hatten. —
Jedoch gerade das eine tiefgehende Thema, welches meine Plastikhülle durchbrochen haben würde, das kam weder mir noch anderen in den Sinn. »Vorurteile — meine und deine — Bewußtheit und Wandel.«
Anfänge — sich wandelnde Samen, tote Hüllen verlassend, wenn aus ihnen Pflanzen zum Licht wachsen. Abschiede, die den Tod enthalten, und zu neuen Anfängen leiten, zu anderem Leben und zu anderem Tod. —
Vorurteile: Einst notwendig zur Bewahrung der Familie, des Stammes, der Gemeinschaft — Fürsorge für eine Gruppe und Haß für die andere — werden wir nun endlich zu der einen lebendigen und liebend-lernenden Welt werden können, in der Menschen menschlich überleben und leben können?

16
Das innere Jenseits

Ich sitze hier, grünen Bergen mit Schneehüten gegenüber, habe einen Strohhut auf dem Kopf, eine Sonnenbrille auf der Nase und Papier und Bleistift in meinen Händen. Ich überlasse mich dem leisen Läuten der Kuhglocken, dem reinen Duft von Heu und dem sanften Streicheln kühlender Winde. Ich bin froh und dankbar.

Vor ein paar Minuten lag ich auf meinem teppichbezogenen Hotelbalkon und meditierte. Ich überließ mich dem Kommen und Gehen von Einfällen; ich sah und hörte ihnen zu: ein Luxus von zwei freien Ferientagen auf meiner Europa-Workshop-Reise. Dann stand ich auf: Ich hatte die innere Botschaft erhalten, nach der ich gesucht hatte. Die Botschaft war: diese Gedanken aufzuschreiben.

Ich könnte mein Meditieren auch Beten zum »inneren Jenseits« nennen. Es ist als ob ich mich jemandem zuwende — mit einem Ziel. Ich nenne es Meditation, weil ich eine »Mantra«* verwende. Die »Mantra« hilft, Stille und Konzentration zu erlernen.

Ich benütze meine Mantra zum Auffinden der tieferen Bedeutung meines spezifischen Hier-und-jetzt-Seins. Diese zentrierte Hinwendung auf die Bedeutung des jeweiligen Hier-und-jetzt führt mich jeweils zur erlebten Gewißheit eines Transzendenten in mir. Diese Bewußtheit hat die kosmische Qualität der Zugehörigkeit zum Universum und könnte religiös ausgedrückt werden als »Dein Wille geschehe!« oder »Aus dem niemals Offenbarten kommen alle Offenbarungen, wenn Brahmas Tag anbricht« (Bhagavad-Gita, Kapitel 8).

Meine »Mantra« sind eigentlich eher »Kontemplationsworte«: »Was ist jetzt für mich das Wesentliche?« Ich bleibe auf diese Worte konzentriert und lasse andere Gedanken, Empfindungen und Wahrnehmungen als belanglos vorbeiziehen — als seien sie Zigarettenrauch vor einem Bild, das ich anschauen will.

»Was ist jetzt das Wesentliche?« sind die konzentrativen Worte. Meist sind es zunächst Körpergefühle und speziell die Atembewegtheit. Diese Bewußtheit führt zur Entspannung. Dann wird Entspannen automatisch. Die Worte »Was ist jetzt das Wesentliche?« bleiben im Vordergrund, manchmal verschwinden sie im Einschlafen, meistens münden sie in ein

---

* »Mantra« sind wortlose Laute. Verschiedene Bewegungen, wie die der »transzendentalen Meditation«, haben sie von den Veden übernommen.

Gewißheitsgefühl des jetzt Wesentlichen: z. B. ein Spaziergang, ein Gespräch, eine Arbeit oder auch nur Stillesein.
Wann immer ich mich auf das Wesentliche konzentriere, erlebe ich zunächst klärende sinnliche Bewußtheit; dann empfinde ich Ruhe, Ausgeglichenheit und Empfänglichkeit. In dieser Stille erfahre ich Wissen, Intuition und Glauben, die ohne bewußte weitere intellektuelle Arbeit zur Integration einer klaren Antwort führen. Diese Antwort erlöst mich aus dem Wirrwarr zu vieler Dinge und Anforderungen. »Das Wesentliche« erscheint als Klärung, manchmal vom plötzlichen Erlebnis eines Lichtscheins begleitet (der mir das Wort »Gedankliche Erleuchtung« deutlicher gemacht hat). Die Aufforderung für das Wesentliche enthält keinen Zweifel mehr.
Heute früh war ich zerflattert und zerstreut. Es war mir nicht klar, ob ich an meinem Buch schreiben oder Korrespondenz erledigen wollte. Oder mit Freunden beisammen sein? Oder zur Pracht der Alpenrosen hinaufsteigen? Oder mich einfach auf dem Balkon ausruhen? — Ich beschloß zu meditieren. Nach einer Weile stieg eine klare Antwort in mir auf: Ich werde über diese Art des Meditierens für die Zeitschrift *Voices* und deren Ausgabe »Transpersonal Psychotherapy« schreiben; denn die Transzendenz des inneren Jenseits ist seit einem halben Jahr mein persönliches Anliegen.
Letzte Weihnachten, als ich mich in einem deutschen Hotel von einer Grippe erholte, schrieb ich in 36stündiger angestrengter Konzentration ein Gedicht. Es hieß »Entwurzelte Weihnacht«. Es war seit 25 Jahren mein erstes Gedicht in meiner Muttersprache. Es schloß an die »Kristallnacht« des 10. Novembers 1938 an. (Die Kristallnacht ist für mich das Symbol des Bösen schlechthin); ich erlebte zugleich mit Erstaunen meine eigenen, noch unbewältigten Vorurteile anti-deutscher Verallgemeinerung; Vorurteile, die (immer und überall) heißen: »wir und die-da«. Vorurteile, die uns selbst entsühnen und den anderen anschuldigen, wer auch immer die »wir« und »die-da« sind. (Das »wir«- und das »die-da«-Problem anzugehen, ist weitgehend das Anliegen meiner Gruppenarbeit.)
Noch bedeutungsvoller als der Inhalt war für mich das Wiederfinden meiner eigenen Sprache — die Sprache erster Laute, erster Liebe, erster Lieder, ersten Lesens und Schreibens und die Zuversicht meiner Kindheit, daß ich eine Dichterin werden würde — oder vielleicht schon war. Ich hatte diesen Teil meines Selbst hinter den zugeschlagenen Türen Hitlers zurückgelassen. Ich hatte mich allen deutschen Lauten verschlossen und hatte sie sogar in meiner eigenen Seele umgebracht. — Sie waren tot. (Das hatte ich jedenfalls bis jetzt geglaubt.)

Im Entstehen dieses Gedichtes schloß sich der Schacht zwischen meiner deutschsprachigen Kindheit und meinem amerkanisch-englischen Erwachsensein. In all diesen Jahren waren zwei Seelen in mir gewesen, eine des deutsch gewesenen Kindes — geborgen, geliebt, suchend, empfangend und wachsend —, die andere der englisch-amerikanischen Therapeutin, Lehrerin, Mutter, die liebte, lehrte, gab. Die beiden Ichs hatten nebeneinander in mir gelebt. Sie waren wie zwei Ströme aus einer Quelle, die nie zusammen, sondern nebeneinander fließen. Nun brach meine Berliner Mauer zusammen, die Mauer zwischen zwei Ichs, die ich — sicher unbewußt — aus Schmerz, Angst und Vorurteil aufgebaut hatte.

Das Gedicht war der Anfang einer neuen Phase in meinem Leben. Sie war sowohl durch die Leichtigkeit, mit der ich plötzlich wesentliche praktische Entscheidungen treffen konnte, gekennzeichnet als auch durch das Wiedererwachen meines Interesses an religiösen Fragen. — In meiner Jugend hatte ich mich »Pantheistin« genannt; — daß Gott in allem Seienden lebte, erschien mir sicher, so sicher, daß es zwecklos war, darüber nachzudenken. Goethes Weltanschauung wurde in den Nächten meiner Jugend zu meiner eigenen. Jetzt, ganz plötzlich, wurde meine Beziehung zum Göttlichen wieder zur aktuellen Frage. Ich konnte meinen eigenen Glauben nicht mehr im Aktenspeicher liegen lassen. Wie zeigt sich mein Glaube in meiner Arbeit und in meinem Leben?

Meine transzendentalen Bedürfnisse wurden auch von andern Ereignissen her bewußter. In den letzten zwei Jahren waren mehrere meiner langjährigen und liebsten Freunde gestorben. Ich selbst nähere mich der Schwelle des Alterns. Ich fing an, über die Möglichkeit einer chronischen Krankheit, Schmerzen und Tod nachzudenken. Dabei wurde mir bewußt, daß ich mich früher immer als völlig hilflos erlebt hatte, wenn ich krank war; vielleicht hilfloser als ich wirklich war. Bedeutet Kranksein und Schmerzen haben wirklich das Ende *aller* Kraft? Müssen meine Hände, wenn ich krank bin, auch unfähig sein, liebevoll zu streicheln? Stirbt geistige Fähigkeit mit dem Ausbruch jeder Krankheit? Sind Kranksein und Selbstverlust völlig identisch?

Vor etwa zehn Jahren, als ich krank und mit Schmerzen zu Bett lag, fing ich an, Gedichte zu schreiben — meine ersten (und einzigen) in Englisch. Damals erfuhr ich, daß Leben mit Schmerzen für mich lebenswert sein kann, solange ich über dieses schmerzensreiche Leben schreiben kann und dadurch sinnvoll mit anderen in Kontakt bleibe. — Goethes »Gab mir ein Gott zu sagen, was ich leide«, fiel mir ein. Meine Überangst vor Kranksein hatte offenbar mit Alleinsein zu tun — und Kranksein bedeutet, allein zu leben, im Gefängnis des Schmerzes, selbst wenn andere im Raum wären.

Wie könnte ich einen Halt in mir finden, wenn ich wieder krank werden sollte? Wie könnte ich körperliche Leiden und Ohnmachtsgefühle bekämpfen? Wäre es möglich, daß meine eigenen Hände meine Schmerzen wegstreicheln könnten, wie eine Mutter? Vertrauen nicht alle Heiler darauf, daß Hände und Herzen heilende Strahlen aussenden? Wenn ich als Pantheistin an das Göttliche in allem glaube, muß dann das Göttliche nicht auch in meinen Händen wirksam sein? Und kann ich mich in Bewußtwerdung des Göttlichen in mir üben und in Heilungsprozessen verwirklichen? Kann ich lernen, mich Krankheit und Schmerzen entgegenzusetzen — aktiv zu kämpfen gegen das Zerstörerische, das Unheilige, die Bürde?

Ich fing an, mich um Bewußtheit des Transzendentalen zu bemühen und fand es im Stillwerden und Geschehenlassen. Ich versuchte, auch destruktive Kräfte zum Bewußtsein zu bringen — Angst, Ungeduld, Schmerz und schlechte Stimmungen. Ich konzentrierte mich auf die Möglichkeit, heilende Kräfte als Hilfe gegen Krankheit und zerstörerische Gedanken in mir anzurufen. Im Dialog mit dem, was ich als göttlich erlebte, fing ich an, mehr Vertrauen in Selbstheilungsmöglichkeiten zu gewinnen.

Vielleicht sagt ihr nun: »Wie kannst du wissen, daß es ein inneres Jenseits gibt? Was du da sagst, klingt ganz nach gewöhnlicher Auto-Suggestion und Aberglauben!« Darauf würde ich antworten: » Ich weiß das nicht mehr oder weniger als ich irgend etwas anderes weiß. Ich weiß es mit dem Zweifel des Glaubens. Ich weiß es so sicher wie ich weiß, daß die Luft um mich herum jetzt kühl ist und daß die Berge weiß sind und die Vögel und ihre Lieder in meinem Bewußtsein hin und her fliegen. Meine *Sinne* erzählen mir vom Sinnlichen der Farbe, des Lichtes, von Lauten, Gerüchen, Wärme, Kühle. Meine *Intuition* und mein *Wissen* weben Worte und Gedanken in Strukturen, die dem Sinnlichen Sinn verleihen. Ich würde nicht begreifen, daß Vögel Vögel sind, wenn ich meinen Sinnen und Gedanken und denen anderer Menschen nicht vertrauen könnte. Ich würde mich nicht über das Rauschen des Wasserfalls über mir freuen, wenn ich meinen Sinnen nicht glaubte und dem »Wissen«, daß dieses Rauschen nicht von Kriegsflugzeugen stammt, die über meinem Kopf herumfliegen. Was ich zum Ausdruck bringen will, ist dies: *Nur die einenden Kräfte von Wissen und Intuition bringen Sinn in Sinnliches; nur die bindende Kraft des Glaubens verleiht sinnlichen und intellektuellen Gegebenheiten Sinn.* Ist Wissen wirklich so sicher, wie »Wissenschaftler« meinen? Ist Glauben so zweifelhaft, wie »die Wissenden« behaupten? Vergessen wir nicht, daß wissenschaftliche Tatsachen immer in Beziehung zum Beobachter stehen, und daß Wissenschaft ohne Glauben *sinn*los bleibt (Einstein).

Religionen haben seit eh und je verkündet, daß die Menschheit wegen ihrer Sündhaftigkeit untergehen könne oder werde; viele (Pseudo)-Wissenschaftler spotteten über solche Prophezeiung. Heute fangen wir an zu sehen, daß wir im Begriff sind, die Erde durch eigene Nachlässigkeit und Unverantwortlichkeit zu zerstören (mit anderen Worten: aus Sündhaftigkeit). Gläubige bestanden seit Jahrhunderten darauf, daß in jedem Töten die totale Vernichtung alles Lebens enthalten ist. Heute sehen wir bereits die Details des endgültigen Untergangs voraus: Chemikalien in Meeren, Giftstoffe im Erdboden, Verseuchung der Luft, sonnenberaubte Pflanzen und Tiere, die atomare Verseuchung der Erde. — Dichter und Propheten erkannten früher als ihre rechnenden Brüder die Bedrohung der Menschheit ohne transzendentale Bindung.

Ich sehe auf. Ich schreibe. Ich sehe auf. Meine Sinne sind von der Schönheit der Gebirgswelt erfüllt. Tief innen jedoch, wo mein Herz schlägt, ist mir weh:

Ich habe gestern einen Workshop beendet. Es war ein Kurs für Therapeuten; einige Lehrer waren darunter. Der Kurs verlief anders als andere Seminare.

Wie unter einem riesigen Mikroskop eröffneten sich die Wunden der Menschheit, deren Schmerz und Wut jetzt in mir mit dem Himmel, den Bergen, den farbreichen Feldern und Wäldern und den vielartigen Lauten von Wasser, Bienen und Kuhglocken verschwimmen; und meine beglückten Sinne vermischen sich mit der kalten Erkenntnis, daß all diese Schönheit nichts weiter ist als hauchdünner Lack, der das Todesurteil der Erde nicht mehr verdecken kann. — Die Gebirgswelt scheint unverletzbar zu sein; jedoch die Phantasie der Wissenden und die Weisheit der Gläubigen verstehen, daß unsere Welt heute schon verurteilt ist — oder können wir das Urteil noch abwenden?

(Von den schneebedeckten grünen Bergen gegenüber starren die Skelette von Dachau und Biafra, schreit es aus den Kellern von Dresden und London, keuchen Napalm-brennende Kinder aus den Ruinen Vietnams.)

In den vier Jahren, in denen ich zeitweilig in Europa gearbeitet habe, hatte ich bis zu diesem Sommer niemals ein Unmaß von schrecklichen Erlebnissen aus der Nazizeit und dem Weltkrieg gehört. In diesem Therapeuten- und Lehrer-Workshop war es anders.

Die 40 bis 50 Jahre alten Teilnehmer hatten schon an mehreren Kursen teilgenommen und viele waren durch ihre Ausbildungsanalyse gegangen. Es stiegen Schreckenserlebnisse und Erinnerungen aus den 30er und 40er Jahren in ihnen auf, von denen sie noch nie gesprochen hatten. Den Ausbrüchen folgten Stille und Wandlungen. Die Gruppe war erschüttert und erleichtert. Ich schloß frühere Nazis und Naziopfer in meine Arme. Ich hielt den Kopf eines Kriegsblinden in meinem Schoß. Ich legte meine Hände auf das Herz einer Frau, die von Soldaten der Alliierten gefoltert worden war, weil sie ihren Mantel fälschlich für den eines SS-Mannes gehalten hatten. Ich hörte die unglaublichen Glaubhaftigkeiten jüdischer Konzentrationslager-Opfer. Ich zitterte beim inneren Hören der Gewehrschüsse, die mutwillig ein kleines Mädchen in den Armen seiner Mutter töteten; sie selbst wurde nicht von den Kugeln, sondern vom Spott der feindlichen Soldaten getroffen.

Manche Teilnehmer erinnerten sich, wie ihr Gewissen sie gequält hatte, wenn sie an ihren jüdischen Freunden vorübergingen, um ihr eigenes Leben zu retten. (Was hätte ich an ihrer Stelle getan — wissend, daß ein Kopfnicken für meine Freunde Folter und Tod für mich und meine Kinder bedeutet haben könnte?) Andere Gruppenmitglieder erinnerten sich an ihren Haß gegen ihre Eltern, wenn sie aus politischer oder religiöser Überzeugung die Sicherheit ihrer Kinder opferten. Fast alle Gruppenmitglieder hatten Angehörige durch Bomben oder Hinrichtung verloren — durch Nazis oder spätere Rachestrafprozesse — oder auf Schlachtfeldern und langen Märschen zu den vielartigen Todesweisen in deutschen oder alliierten Lagern. Sie waren die überlebenden Eltern vergewaltigter und ermordeter Kinder, jüdische und arische, und ihre Rächer. Und sie waren die Kinder ermordeter Eltern, die in Erschöpfung und mit Hilfe anderer und nie verlöschten Schuldgefühlen weiterlebten.

In dieser Arbeitsgemeinschaft verschmolzen Leid und Abscheu über die Vergangenheit mit Scham und Kummer über das heutige Vietnam, über Biafra, die Bahinis, unsere Schulsysteme, die Vernachlässigung der Armen und die menschliche Grausamkeit gegen Menschen und Tiere und Pflanzen und die Erde.

Seit 1969 habe ich schon viele Workshops mit deutschen Menschen geleitet. Warum hatte es nie zuvor dieses Ausmaß an Tiefe der Offenbarung des Grauens aus der Vergangenheit und über gegenwärtige politische Ängste gegeben? Nicht daß wir nicht darüber gesprochen hätten — aber es war eine neue, tiefere Dimension vorhanden.

Es könnte sein, daß all dies Zufall war; ich glaube es nicht. Ich sehe erkennbare Gründe:

1. Die Kombination von Psychotherapeuten und einigen politisch interessierten Pädagogen und Theologen in derselben Gruppe.
2. Die Tatsache, daß sich Wandlungen in mir vollzogen hatten, die durch das Schreiben des deutschen Gedichtes eingeleitet wurden, das mich von meiner

deutsch-amerikanischen Spaltung heilte und mir zum Wiederbewußtwerden und Neugestalten eines religiösen Gefühls verhalf.

3. Die Tatsache, daß ich einen neuen und radikalen Weg fand, Gestalt- und Erlebnistherapie mit der themenzentrierten interaktionellen Methode zu verbinden. Themen wie »Umweltschutz — wie möchte ich helfen?« führten zu den persönlichen Fragen zwischen dem »Zu-wenig«-oder-»zu-viel«-von-sich-Hergeben. Durch TZI-Besprechungen kamen individuelle gleichartige Probleme gleichzeitig in den Vordergrund, wobei oft ein Teilnehmer der Exponent des allgemeinen Problems wurde. Ich arbeitete dann oft mit Gestalt-Therapie. Diese beruhte nun auf dem gemeinsamen Nenner eines erlebten Gruppenthemas und wurde von allen Mitgliedern tiefer erlebt als es ohne diese Vorarbeit geschehen wäre.

Im obigen Beispiel führte das Thema »Umweltschutz« die Gruppenmitglieder zu verschiedenen Äußerungen ihrer Hilfsbereitschaft und Befürchtungen. Alle fürchteten das »Zuviel« wegen der vielen anderen Verpflichtungen, die jeder auf sich hatte. Manche fürchteten das »Zuwenig«, an dem die Gesellschaft zugrunde gehen kann. Ein Gruppenmitglied arbeitete an dem Problem des »zu wenig oder zu viel Arbeit-Übernehmens«; die Frage des Allmachtproblems, alles allein tun zu müssen, kam auf und damit auch die andere Seite: das Impotenzerlebnis, die völlige Hilflosigkeit. Die Gruppe als Ganze kam dazu, die partielle Potenz des einzelnen Menschen zu akzeptieren. Jeder einzelne kann manches, aber nicht alles tun, und wir erkannten, daß nur weltumspannende Zusammenarbeit und Organisation uns retten kann (Wahrheit ist erkannte Banalität).
Ich glaube, daß transzendenter Glaube uns sagt, daß wir für die Errettung dieser Erde, die uns ernährt hat, verantwortlich sind; ich kann dies weder mit meinen Sinnen empfinden, noch mit meinem Wissen beweisen. Ich bräuchte mich nicht darum zu kümmern, ob und wie die Welt nach meinem Tode bestehen wird. Ich glaube, daß wir nur aus transzendentalem Bewußtsein heraus diese Verantwortung übernehmen. Ich kümmere mich um die Welt, weil in mir mehr ist als ich. Und ich glaube das gleiche von dir. Ich sehe uns als die Miterschaffenden dieser Schöpfung.

In diesem Sinne sehe ich unsere nächstliegenden Aufgaben darin:

— *unsere Kinder und uns selbst psychologisch angemessen zur Achtung vor dem Leben zu erziehen; und daß wir darum lebensnotwendige Mittel mit allen Menschen und lebenden Wesen teilen müssen. Darin liegt, so glaube ich, die Aufgabe aller Therapien und allen erzieherischen humanistischen Bestrebens.*

— *organisatorisch ein globales System aufzubauen, in dem solche Erziehung zur Lebensachtung ermöglicht wird.*

Ich möchte diese Frage in den Raum stellen: *Ist es weniger irrational anzunehmen, daß ich ein abgesplittertes Zufallsteilchen des Universums bin, nicht verantwortlich für das, was geschieht, als zu glauben, daß ich ein mitschaffendes Geschöpf dieses Universums bin?* Ist es wirklich rationaler, beweisen zu wollen, daß ich nur ein Bündel von Reflexen bin, das sinnlosem Zufall entstammt und nun als meßbarer Reiz- und Reaktionsapparat da ist, als zu glauben, daß Leben sinnvoll ist und verwirklicht werden kann? Ist es vernünftiger, an Un-Sinn zu glauben als an Sinn und ist nicht das Herabsehen auf Religiosität selbst ein Glaube: nämlich daß es keine Partnerschaft mit dem Universum gibt (und dies angesichts der Tatsache, daß wir als Menschen sinnvoll handeln können!)? Ich glaube, daß das, was ich fühle, denke und weiß transzendentalen Bezug hat und daß ich bewußt Partnerschaft erreichen kann.

Ich glaube, daß Vernunfttheorien des 19. und 20. Jahrhunderts, die die Subjektivität und deren Transzendenz, deren Bezug zum Universum, aus ihren Überlegungen ausschloß, *pseudo-wissenschaftlich* waren, weil sie unerwiesene Möglichkeiten *für unmöglich erklärten: z. B. die Möglichkeit transzendentaler Erlebnisse*, ungeachtet der Tatsache, daß fast alle Menschen in der Vergangenheit an immanenten Sinn geglaubt haben. Mit solcher Auslassungssünde wurde die Wissenschaft selbst zum Aberglauben.

Der pantheistische Glaube entspricht der Gedankenwelt von Goethe, Spinoza, Siddartha Gautama und vielleicht auch Einstein. Sie alle glaubten, daß Sonnen und Monde, Tiere und Menschen, Planeten und Elemente, Atome und Raum miteinander im Zusammenhang stehen und einen inneren Sinn haben; und daß alle Ichs und Nicht-Ichs und vielleicht auch über uns hinausgehende Ichs im Prozeß des Geschaffenwerdens und des Erschaffens dieser Welt leben.

Oft, wenn ich beim Meditieren schmerzliche Empfindungen habe oder wenn ich von zu vielen Gedanken überschwemmt werde oder mich leer fühle oder Zweifel erlebe, erkenne ich in meiner Meditation, daß dies je nach Weltanschauung das Böse oder der Teufel oder Widerstand genannt werden kann; jedoch auch im Erkennen des Negativen erlebe ich etwas Konstruktives.

Manchmal, wenn ich sicher bin, was ich als individuelles Selbst tun möchte, und wenn gleichzeitig ferne liegende Aufgaben damit in Konflikt liegen, kontempliere ich mit meiner »Mantra«: »Was ist jetzt das Wesentliche?« Während dann verschiedene Möglichkeiten auftauchen, erscheint die Lösung wie von selbst, ohne weitere Anstrengung. Solche Erfahrung der Konfliktlösung wurde von Perls »Organismischer Wandel« genannt. In meiner Art meditativen Kontemplierens erscheint mir solch organismischer Wandel als die Reflexion transzendentaler Rückverbindung (Religio), die mit der Klarheit von sich selbst offenbarendem Sinn spricht. Dies erlebe ich als das Göttliche im Innern — das innere Jenseits.

17

Einsamkeit, Schönheit, Gelassenheit (Ein »langlebiger« Mensch): Käte Auerbach

Dies ist ein Tag: mein Tag. *Mein Tag gehört mir. Ich habe von ihm Besitz ergriffen.*

Ich bin heute morgen mit einem Glücksgefühl aufgewacht: Heute ist *mein* Tag, ein ganzer Tag, den ich beschützen, beschirmen, lieben werde, als ob er mein eigenes kleines Kind wäre.

Mein eigener Tag — sorgfältig abgeschirmt von den vielen andren Tagen, die mit zu vielen Leuten, zu vielen schriftlichen Arbeiten und Anrufen, zu viel Muß und Soll und »Realitäten« angefüllt sind; Tage, deren Hier-und-jetzt-Minuten im Dort-und-dann langfristiger Ziele untergehen; — im Schmerz, Zeit, meine Zeit für Koordination und Planung von Arbeit, weggeben zu müssen.

Tag, der mir, nur mir gehört! Meine Zeit — mein Tag! Morgen werde ich tun, was ich meinem langfristigen Lebenszweck schuldig zu sein meine. Vor langer Zeit sagte Carl Whitaker, daß ihm immer, wenn er an mich dachte, »Zweck« einfiel. Damals habe ich das nicht verstanden. Heute verstehe ich es! Ich hasse es, ich liebe es, ich akzeptiere es. So bin ich eben: Zweck. Mein Leben ist dem »Zweck« gewidmet. Das ist schlimm; oder nicht? Könnte ich die Stunden, in denen ich »auf meiner Insel« bin, so genießen, wenn sie ganz gewöhnliche Ereignisse wären?

Heute ist Insel-Tag. Mein Tag, an dem ich einfach ich selbst bin. Mein Tag, den ich in Stunden-, Minuten- und Sekunden-Portionen genießen kann; oder den ich auf einmal verschlingen kann, in Form einer Schlaforgie oder in Tagtraum-Wellen oder als Musikfestival oder als . . .?

Dieser Tag ist mein Tag. Nur so da sein. Ohne Zweck.

Aber da ertappe ich mich: Auch dieser Tag dient einem Zweck. Dem Zweck, auszuruhen und für Stille, Gesammeltheit, Empfänglichkeit offen zu sein, mit mir selbst eins zu werden.

Mein Bewußtsein öffnet eine Tür: Käte tritt ein; Käte, über die ich schreiben wollte, als von *Voices* die Bitte an mich herangetragen wurde, einen Beitrag über »Einsamkeit, Häßlichkeit, Verrücktheit« zu schreiben. Ich änderte den Titel für mich in »Einsamkeit, Schönheit, Gelassenheit«. Weil ich an Käte denken mußte. Sie war gerade gestorben.

Wenn sie noch lebte, würde ich vielleicht nicht hier sitzen und schreiben. Ich wäre vielleicht gerade auf dem Weg zu ihr, meiner 87 Jahre alten Nachbarin Käte Auerbach, die zwei Häuser nördlich von mir am Central Park West wohnte, bis sie während ihres Sommerurlaubs auf einer Farm in Vermont in aller Stille starb.

Sie hätte wohl die Tür geöffnet und mir — noch bevor wir uns setzten — den letzten und (— wie immer —) »besten Wandbehang« gezeigt, den sie jemals gemacht hatte — aus Holz, Seide, Baumwolle und Eicheln, Kieselsteinen, Stroh und Muschelschalen . . .

Eines ihrer letzten Bilder hängt an der Wand, der ich gerade gegenübersitze. Wir nannten es »Toward Peace« (»Auf dem Weg zum Frieden«) — nachdem wir stundenlang nach einem Titel gesucht hatten. Sie sagte immer: »Es ist gleichgültig, wie man es nennt — jeder sieht es so, wie er es eben sieht.« Und doch war ihr — ebenso wie mir — der Name *nicht* gleichgültig. Wir nannten dieses abstrakte Berg-, Tal- und Himmel Faden- und Stein-Bild »Toward Peace«.

Wenn sie noch lebte, würde ich jetzt zu Käte gehen — auf meinem Weg »toward peace«.

Käte Auerbach war mit 87 auf dem Höhepunkt ihres schöpferischen Lebens. Sie war »langlebig«, wie man im Kaukasus sagt. Ihre braunen Augen glänzten unter ihrem weißen Haar, wenn sie begeistert rief: »Sieht es nicht wunderschön aus — dieses Stückchen grünes Glas? Diese Stelle hier muß ich ändern, sie stimmt noch nicht — aber ich weiß schon, wie ich sie ändern werde. Da fehlt ein bißchen Rot. Schau nur, wie sie dadurch lebendig wird!«

Nach einer halben Stunde ungefähr hatte sie Tee serviert, meinen fröhlichen und traurigen Geschichten zugehört und mir erzählt, wie eine junge Freundin, die auf ihrer Couch übernachtet hatte, verstanden, gescholten und in ihrem Selbstbewußtsein gestärkt worden war; und wie sie sie dann auf den Weg geschickt hatte, damit sie ein wenig schneller erwachsen werde. Und dann ging Käte wieder an die Arbeit an der letzten und (stets) schönsten all ihrer Schöpfungen (»Creation« — »Schöpfung« — ist der Name des andern Bildes von ihr, das ich besitze). — Solch ein Bild zu machen, brauchte viel Zeit. Kätes Finger waren von der Gicht gekrümmt und sie brauchte Zeit und Findigkeit, um sie für ihre Arbeit gebrauchen zu können.

Käte fing im Alter von 70 Jahren an, mit Fäden zu »malen«, als sie ihre Arbeit, das Entwerfen von Strickmodellen, aufgab und »übriggebliebene Wolle aufzubrauchen hatte«. Sie erhielt den ersten Preis des »Pen and Brush Club, N. Y.« im Alter von 85 Jahren; ihre Werke wurden in New York City in einer Sonderausstellung gezeigt. Ihre Bilder verkauften sich für Hunderte von Dollars und brachten das Geld ein für ihre Ferien und Europareisen.

Nach jedem Besuch fühlte ich, daß etwas in mir neu geschaffen — oder vielleicht wieder erschlossen worden war: der Zugang dazu, Zeit zu haben, ein Geschöpf zu sein, begnadet mit der Gabe zu leben; und auf

meine Art und Weise fähig zu sein, aus den vielfältigen (Wolle-, Baumwolle-, Seide-)Fäden des Lebens und den Kieselsteinen, dem Glas, den Zweigen und Muscheln, die die täglichen Gezeiten anschwemmen, schöne Dinge zu machen.
Ich empfinde in diesem Augenblick das Glücksgefühl, von einem Besuch bei ihr zurückzukommen, als wenn ich wirklich dort gewesen wäre.
Kurz nachdem sie gestorben war, las ich in Shneidmans Magazin »Life-Threatening Behavior« (»Lebensbedrohliches Verhalten«) einen Artikel von Scoggins. Er rezensierte ein Buch über »Functional Disengagement« (»Funktioneller Rückzug«). Scoggins protestiert gegen die Forderung, man sollte alten Menschen helfen, sich aus gesellschaftlichen und freundschaftlichen Bindungen zu lösen, um auf einen Rückzug aus dem Leben hinzuarbeiten — um ihres eigenen Sterbens willen.
Ein schauerlicher Gedanke: Menschen zu helfen, den »funktionellen Rückzug« aus dem Leben in den Tod bei lebendigem Leibe zuwege zu bringen — d. h. sich mit Gedanken an die Vergangenheit zu begnügen und Schritt für Schritt zu einer inneren Zufriedenheit zu gelangen, indem sie immer weniger an Menschen und Dingen Anteil nehmen.
Ich war Scoggins dankbar und schrieb ihm das. Der Schritt von der Achtung vor den Menschen als lebendigen, interessierten und tätigen Personen zu ihrer »Verdinglichung« — zu dahinwelkenden, nutzlosen Teilen der Gesellschaft — ist eine Gefahr für die Menschheit. Gedanken, die dieser Theorie des »funktionellen Rückzugs« entsprechen, spuken in vielen Köpfen herum: Warum soll man die Menschen so lange leben lassen? Sie sind nutzlos — für sich und für andere. Sie kosten Geld und machen Ärger. Könnte man der Bevölkerungsexplosion nicht dadurch Herr werden, daß man die zulässige Lebensdauer herabsetzt?!
Solche Gedanken mögen den meisten zivilisierten Bürgern noch »an den Haaren herbeigezogen« vorkommen; sie sind dies aber durchaus nicht in einer Welt, in der die Menschen »verdinglicht« und als Nummern behandelt werden, zum Gebrauch freigegeben — anonyme Figuren —.

Dieser Tag ist mein. Die letzten zwei Stunden, in denen ich über Käte nachdachte und schrieb, gehörten mir. Käte war meine Freundin und ein Mensch, der für mich irdische Inspiration und transzendierende Weisheit verkörperte; ein fühlendes denkendes, liebendes menschliches Wesen, das für die Menschen und für die Schönheit und für sich selbst da war.
Ich möchte euch einen Brief zu lesen geben, den sie mir zwölf Tage vor ihrem Tod schrieb, in dem Geiste, der Blätter rascheln, Vögel singen und einen Regentropfen Tränen und Sonnenschein in die Herzen bringen läßt.

Vermont, den
24. August 1971

Meine liebe Ruth,

ich glaube, daß meine Geburtstagsgrüße an Dich ungefähr zur rechten Zeit ankommen werden. Ich wünsche Dir von Herzen ein gutes, gesundes, erfolgreiches und schönes Jahr — und daß Zuneigung aller Art zu Dir kommen möge — für Herz und Seele ...

Ich hatte hier einen schönen Sommer — heute sind es schon zehn Wochen, daß ich hier bin, und ich habe immer noch zwei Wochen vor mir. Die Zeit verging wie im Flug. Ich war viel allein mit mir und der geliebten ländlichen Umgebung. Die Gegend ist nicht außergewöhnlich, aber doch auf ihre Art schön, lieblich und wohltuend.

Liebe Menschen besuchten mich hier ... Ich habe auch eine sehr herzliche Beziehung zu meinem lieben jungen Gastgeber — und seiner Frau, die mich beide schrecklich verwöhnen. Ich habe auch neue Leute kennengelernt, die mich mächtig verwöhnen, und ich lasse sie mit dem größten Vergnügen gewähren!

Ich habe hier ein Bild gemacht. Meine Gastgeber glauben, daß dieses mein allerbestes ist. Ich selbst habe noch nicht die nötige Distanz dazu — es ist noch nicht ganz fertig, aber es wird für die Annual Artists and Craftsmen Exhibit (die jährliche Ausstellung für Kunst und Kunsthandwerk) im Lever House Mitte September soweit sein.

Gesundheitlich geht es mir nicht so gut, wie es mir nach diesen zehn Wochen eigentlich gehen sollte. Ich hatte drei Attacken von kongestivem Herzversagen, die aber im Laufe eines Tages mit Sauerstoff und Lasix gelindert werden konnten; das dritte Mal sogar allein, ohne Hilfe eines Arztes. Es scheint also, daß ich mich mit solchen Dingen abfinden muß. Ich bin dankbar, wenn ich bedenke, wie gut es mir bei meinen beinahe siebenundachtzig Jahren immer noch geht, und ich betrachte den Rest meines Lebens als besonderes Geschenk und genieße ihn als solches.

Ich hoffe, Du hattest einen guten Sommer; jetzt heißt es ja wieder arbeiten. Ich hoffe, Du kommst nach einem erholsamen Urlaub und erfolgreicher Arbeit gesund und zufrieden nach New York zurück und läßt es mich bald wissen, wenn Du wieder da bist.

Mit meinen herzlichsten Grüßen
Käte

Ein Brief von einem »langlebigen« Menschen, — einem, der nie den »funktionellen Rückzug« praktiziert hat, — einem, der mit Freude lebte und mit Würde starb.

Im Jahr zuvor erzählte mir Käte, nach einem ihrer erstickenden Herzanfälle, was sie gedacht hatte, als sie meinte, sie würde sterben: »Nun gut — das also ist das Ende meines Lebens. Es war gut.«

Anhang

A) Bibliographische Angaben zu den im Buch enthaltenen Beiträgen

Teil I

1. Ein Ansatz zur psychosomatischen Analyse
Originaltitel: An Approach to Psychosomatic Analysis. Zuerst erschienen in *Psychoanalysis. Journal of Psychoanalytic Psychology*, Vol. 3, Nr. 2, 1955. Übersetzung: Josef Wimmer.

2. Onanie und Liebe
Originaltitel: Masturbation and Love. Zuerst erschienen in *Complex*, 1951. Übersetzung: Josef Wimmer unter Mitarbeit von Ursel Beinroth.

3. Gegenübertragung: ein psychoanalytisch-interaktioneller Workshop mit Psychoanalytikern
Originaltitel: A Workshop on Countertransference. Zuerst erschienen in *International Journal of Group Psychotherapy*, Vol. IX, Nr. 3, 1961. Übersetzung: Josef Wimmer unter Mitarbeit von A. Schultze.

4. Therapie in Gruppen: Psychoanalytische Gruppentherapie, Erlebnis- und Gestalttherapie
Originaltitel: Therapy in Groups: Psychoanalytic, Experiential, and Gestalt. Zuerst erschienen in Fagan, J.; Shephard, I. L. (Hg.; 1970): Gestalt Therapy Now. Palo Alto (Science and Behavior Books, Inc.); deutsch in *Gruppenpsychotherapie und Gruppendynamik*, Juni 1974. Übersetzung: George Brown.

5. Psychoanalytische und experientielle Gruppentherapie — eine falsche Dichotomie
Originaltitel: Psychoanalytic or Experiential Group Therapy — A False Dichotomy. Zuerst erschienen in *The Psychoanalytic Review*, Vol. 56, Nr. 3, 1969; eine Übersetzung dieses Artikels ist enthalten in: Sager/Kaplan: Handbuch der Ehe-, Familien- und Gruppentherapie. München (Kindler). Die hier vorliegende Übertragung ins Deutsche stammt von der Autorin.

6. Ein Kind mit Magenschmerzen
Originaltitel: A Child with a Stomachache: Fusion of Psychoanalytic Concepts and Gestalt Techniques. Enthalten in Fagan, J.; Shephard, I. L. (Hg.; 1970): Gestalt Therapy Now. Übersetzung: Frank Birkenbusch.

7. Die Erlebnistherapien — Autismus oder Autonomie?
Originaltitel: Experientalism — Autism or Autonomy? Zuerst erschienen in *Journal of Humanistic Psychology*, Vol. 14, Nr. 4, Herbst 1973 und (deutsch) in *Gruppendynamik*, Heft 3, 5. Jahrgang, Juni 1974. Übersetzung: Karlheinz Blanz; revidiert von der Autorin.

Teil II

8. Das Thema als Mittelpunkt der Gruppen
Originaltitel: The Theme-Centered Interactional Method: Group Therapists as Group Educators. Zuerst erschienen in *Journal of Group Psychoanalysis and Process*, Vol. 2, Nr. 2, Winter 1969/70; deutsch erschienen in *Gruppenpsychotherapie und Guppendynamik*, Bd. 3, Heft 2, 1974. Von der Autorin revidiert und ins Deutsche übertragen.
9. Zur Grundlage des themenzentrierten interaktionellen Systems: Axiome, Postulate, Hilfsregeln
Dieser deutsch geschriebene Artikel erschien zuerst in *Gruppendynamik*, Nr. 3, 5. Jahrgang, Juni 1974. Gekürzt.
10. Eine Workshop-Gruppe erlebt die Ermordung J. F. Kennedys
Geschrieben: 1964; Erstveröffentlichung. Übersetzung: Josef Wimmer; revidiert von der Autorin.
11. Zum Training von Intuition
Originaltitel: Training Intuition. Zuerst erschienen in: Otto, Herbert A.; Mann, John (Hg.; 1968): Ways of Growth. New York (Grossmann Publishers). Übersetzung: Ursel Beinroth.
12. Ich muß tun, was ich will — für 10 Minuten
Originaltitel: I Must Do What I Want To. Zuerst erschienen in *Voices*, Vol. 4, Nr. 2, 1968. Von der Autorin ins Deutsche übertragen.
13. Zur Humanisierung der Schulen
Dieser deutsch geschriebene Artikel erschien in einer vorangehenden Fassung im *Schleswig Holsteinischen Ärzteblatt*, Heft 10, 1973 und in der *Schweizer Schule*, Herbst 1974.
14. Pädagogisch-therapeutische Interventionen (Bausteine); deutsch geschrieben; Erstveröffentlichung.

Teil III

15. Anfänge — Abschiede — Anfänge
Originaltitel: Beginnings. Zuerst erschienen in *Voices*, Vol. 6, Nr. 2, 1970. Übersetzung: K. Wongtschowski und die Autorin.
16. Das innere Jenseits
Originaltitel: The Beyond Within. Zuerst erschienen in *Voices*, Vol. 8, Nr. 3, 1972. Von der Autorin ins Deutsche übertragen.
17. Einsamkeit, Schönheit, Gelassenheit (Ein »langlebiger« Mensch): Käte Auerbach
Originaltitel: Solitude, Beauty, Serenity (A »Long-Living« Person). Zuerst erschienen in *Voices*, Vol. 8, Nr. 2, 1972. Von der Autorin ins Deutsche übertragen.

B) Chronologische Bibliographie der Veröffentlichungen von Ruth C. Cohn, die in diesem Buch nicht enthalten sind (Stand: Juli 1975)

1951
Inmitten aller Sterne (Gedichte von 1932—1949). New York (Peter Fischer).

1953
Infancy. In: Progress of Clinical Psychology (Bibliographische Übersicht von 1948—1953). USA.

1964
Grouptherapeutic Techniques as Educational Means in the Training of Psychoanalysts. In: Hülse, W. (Hg.), Topical Problems in Psychotherapy. Basel (S. Karger).

1966
The Sexual Fantasies of the Psychotherapist and Their Use in Psychotherapy. In *The Journal of Sex Research*, Vol. 2, Nr. 3.

1968
Training Group Therapists in Interactional Seminars. In: Proceedings of the Intern. Congr. f. Group Psychotherapy. Wien (Verlag d. Mediz. Akad.).

1969
From Couch to Circle to Community. In: Hendrick Ruitenbeek (Hg.), Group Therapy Today. New York (Atherton Press).

1971
Living-Learning Encounters. In: Gottsegen G. und M.; Blank, L. (Hg.), Confrontations: Encounters in Self- and Personal Awareness. New York (MacMillan).

Widening Circles. In *Voices*, Vol. 7, Nr. 1.

1972
Große Gruppen — kleine Gruppen: kleine Schritte — große Schritte. In *Praxis der Psychotherapie*, Nr. 1.

On Leading a Group of Hearing and Deaf Teachers of the Deaf. In: Schein, J.; Naiman, D. (Hg.), NYU School of Education, Deafness Research and Training Center, März.

1973
Cure by Food (The Macrobiotic Diet). In *Voices*, Vol. 9.

1974
Stil und Geist der thema-orientierten interaktionellen Methode. In: Sager/ Kaplan und Heigl-Evers, Ehe- und Familientherapie. München (Kindler).

C) Weitere von der Autorin empfohlene Literatur (zur TZI)

Belz, Helga (1974): Das gemeinsam erfundene Märchen als Spiegel für Interaktion und individuelle Standortbestimmung innerhalb der Gruppe. *Gruppenpsychotherapie und Gruppendynamik*, Nr. 3.

Betz, Otto; Schramm, Tim (1974): Gruppenarbeit nach der themenzentrierten interaktionellen Methode. *Katechetische Blätter*, April.

Biasio, S. (1974): Lebendiges Lernen: Zum Problem der Motivation in Erziehung und Unterricht. *Schulblatt des Kantons Zürich*, Nr. 6 (mit pädagogischem Teil).

Dzick, Eckart (1975): Themenzentrierte interaktionelle Methode (R. C. Cohn) im Mathematikunterricht — ein Erfahrungsbericht. *Gruppenpsychotherapie und Gruppendynamik*, Bd. 9, Heft 2.

Erdmann, Zeyde Margreth (1974): Psychodrama. Düsseldorf, Köln (Diederichs).

Furrer, Robert (1976): Am Puls der Zeit — Da, wo ich bin ... *Kirchenblatt für die reformierte Schweiz*, 132. Jahrg., Nr. 5.

Garlichs, Ariane (1974): Gruppentherapeutische Ansätze im Unterricht: Versuch einer kritischen Würdigung der TZI-Methode von Ruth Cohn. *Neue Sammlung*, Nr. 5.

Genser / Vogel / Heinze / Buttgereit (1974): Trainingsseminar in der themenzentrierten interaktionellen Methode von Ruth Cohn. *Blickpunkt Hochschuldidaktik*, Nr. 25.

v. Godin, Elisabeth (1972): Grundsätzliches über die TZI-Methode nach Ruth Cohn. *Schwalbacher Blätter*, März.

Gordon, Myron; Liberman, Norman (1972): Theme-Centered Interaction. Baltimore, Maryland (Nat. Educational Press).

Grundke, Peter (1975): Interaktionserziehung in der Schule – Modell eines therapeutischen Unterrichts. München (Juventa).

Heigl-Evers, Annelise (1974): Die Gruppe als Medium im Unterricht und in der Psychotherapie. *Gruppenpsychotherapie und Gruppendynamik*, Nr. 3.

—; Heigl, Franz (1973): Die themenzentrierte interaktionelle Gruppenmethode. *Gruppenpsychotherapie und Gruppendynamik*, Nr. 3.

Held, Paul (1973): Die TZI-Gruppenarbeit nach Ruth Cohn. Ein Erfahrungsbericht aus der sozialpäd. Ausbildungspraxis. *Schwalbacher Blätter*, April, S. 107—116.

Hoppe, Günter (1974): Lebensberatung und lebendiges Lernen. *Wege zum Menschen*, Nr. 11/12, S. 484—493.

Iversen, Gerd (1972): Selbsterfahrung in gruppendynamischer Arbeit. *Hessisch. Ärzteblatt*, Nr. 9.

— (1974): Vom Verständigen und Verstehen: Wie sag ich's denn — wie hör ich zu? *Schleswig-Holsteinisches Ärzteblatt*, Mai.

Jacobi, Peter (1975): Therapeutische Aspekte im Bereich der Lernbehinderten- und Verhaltensgestörtenpädagogik. Unveröffentlichtes Manuskript.

Kielholz, Jürg (1975): Themenzentrierte Interaktion und Lehrerfortbildung. *Schweizer Schule*, Nr. 9.

— (1976): Die Themenzentrierte Interaktion — Ein pädagogisches Modell für lebendiges Lernen. *Gymnasium Helveticum*, 30, Heft 2.

Kröger, Matthias (1973): Themenzentrierte Seelsorge nach C. Rogers und R. Cohn. Urban Taschenbuchreihe 605, Stuttgart (Kohlhammer).

— (1974): Profile der themenzentrierten Interaktionen. *Wege zum Menschen*, Nr. 11/12, S. 458—478.

Kündig, Alice (1973): Die Grundregeln der TZI nach Ruth Cohn und deren Bedeutung für die soziale Umwelt. Kongreßbericht des 5. Int. Kongr. f. Grth.

Mayer-Scheu, Joseph (1972): Patientengruppen in einer sozialpsychiatrischen Klinik. *Lebendige Seelsorge*, Mai.

— (1974): Seelsorge im Krankenhaus. Entwurf für eine neue Praxis. Mainz (Matth. Grünewald Verlag).

Meinshausen, Helmut; Stahl, Claus (1973): Modell-Seminar zur Rauschmittelprophylaxe. *Gruppenpsychotherapie und Gruppendynamik*, Nr. 3.

Modesto, Helga (1976): Ethik einüben und erleben — Zur Methode der »Themenzentrierten Interaktion«. *Orientierung. Katholische Blätter für weltanschauliche Information*, 40, Nr. 8.

Näf, Hans (1975): Die Anwendung von Verhaltenstraining, Selbsterfahrungsgruppen und Gruppendynamischen Seminaren in der Lehreraus- und Fortbildung. Bericht z. Hd. der Schweizerischen Zentralstelle für die Weiterbildung der Mittelschullehrer, Luzern, Guggistr. 7.

Nieder, Jaqueline (1972): Erste Reflexionen über die Cohnsche Methode. *Schwalbacher Blätter*, XXIII, S. 30—32.

v. Plotho, Ingeborg (o. J.): Selbsterfahrungsgruppen nach der themenzentrierten interaktionellen Methode mit Mitarbeitern in sozialen Instituten. Univ. Klinik Bonn (unveröffentlicht).

Polzien, Sigrun (1974): TZI-Kurse mit Ordensleuten und Weltpriestern. In: Dahm, K.; Stenger, H.: Gruppendynamik in der kirchlichen Praxis. München (Ch. Kaiser).

—; Leonhard, Helmut (1976): Themenzentrierte Interaktionen. Christliches Gemeinschaftsleben als ein Prozeß lebendigen Lernens. *Diakonie. Internationale Zeitschrift für die Praxis der Kirche*, 7, Heft 3.

Rohner, Peter (1975): Grundlagen einer wissenschaftlich fundierten Gruppenpädagogik. Und: Die Themenzentrierte Interaktion. Akademiebericht No. 24. Herausgeb. Akademie für Lehrerfortbildung in Dillingen/Bayern.

Rubin, Samuel: Using the Theme-Centered Method in Teaching Introductory Psychology — (unpublished manuscript).

Rückert, Gerhard (1974): Lebendiges Lernen in der Lehrerbildung. *Gruppendynamik*, Nr. 3.

Sahm, August (1974): Ein Steuerungssystem. In: Personalführung I. Thesen und Übersichten. München.

Schramm, Tim; Vopel, Klaus; Cohn, Ruth C. (1972): Methode der Gruppenarbeit. *Wissenschaft und Praxis in Kirche und Gesellschaft*, S. 308—317.

Schwäbisch, Lutz; Siems, Martin (1974): Anleitung zum sozialen Lernen für Paare, Gruppen und Erzieher. Reinbek (Rowohlt).

Shaffer, John; Galinsky, David (1974): Models of Group-Therapy and Sensitivity-Training. Englewood, N. J. (Prentice-Hall).

Stahl, Claus D. (1975): Lebendiges Lernen in der Sozialarbeit. Ruth C. Cohns System der themenzentrierten Interaktion in der sozialpädagogischen Praxis. *Blätter der Wohlfahrtspflege*, 122, Heft 5.

Stollberg, Dietrich (1974): Christ und Gruppendynamik. *Deutsches Pfarrblatt*, Nr. 10.

— (1974): Argelander × Kroeger = das, was wir brauchen. Über neue Literatur zur Seelsorge. *Wissenschaft und Praxis in Kirche und Gesellschaft*, Nr. 12.

Vopel, Klaus (1972): Zur Theorie der themenzentrierten interaktionellen Methode. *Blickpunkt Hochschuldidaktik*, Nr. 25.

— (1973): Themenzentrierte Interaktion (1) — Ein Ansatz für »Integriertes Lehren«. *Schwalbacher Blätter*, April, S. 98—105.

Wolbrandt, Christine (1973): Gruppentherapie in der medizinischen Rehabilitation. *Schleswig-Holsteinisches Ärzteblatt*, Nr. 1.

— (1974): Das Gruppengespräch als Reifungsweg. *Schleswig-Holsteinisches Ärzteblatt*, Nr. 10.

D) Weitere von der Autorin empfohlene Literatur (nicht speziell TZI betreffend); von ihr kommentiert.

Berne, Eric (1961): Transactional Analysis in Psychotherapy. New York (Grove Press).

— (1968): Spiele der Erwachsenen. Reinbek (Rowohlt).

— (1971): Spielarten und Spielregeln der Liebe. Reinbek (Rowohlt).
(Eric Berne ist Begründer der »transaktionalen Analyse«; er übersetzt psychoanalytische Begriffe ins Allgemeinverständliche. Transaktionale Analyse: Das Kind, der Erwachsene, die Eltern *in uns* können entdeckt und integriert werden.)

Blanck, L.; Gottsegen, G. u. M. (Hg.; 1971): Confrontations. New York (MacMillan).
(Artikel prominenter Experientialisten über Theorie und Praxis, Ideen und Praktiken moderner Therapie und deren Einfluß auf andere Gebiete.)

Fagan, J.; Shephard, I. L. (Hg.; 1970): Gestalt Therapy Now. New York, London (Harper and Row).
(Dieser Band enthält sowohl Beiträge von Fritz Perls als auch seiner persönlichen Schüler; viele Ansätze von Gruppenarbeit, die auch von Nichttherapeuten genutzt werden können. Ich glaube, daß es bis heute das didaktisch beste Buch im Rahmen der Gestalttherapie ist.)

Kempler, W. (1975): Grundzüge der Gestalt-Familientherapie. Stuttgart (Klett).

Leutz, Grete (1974): Psychodrama. Theorie und Praxis, Bd. 1: Das klassische Psychodrama nach J. L. Moreno. Berlin (Springer).
(J. L. Moreno ist Initiator des Psychodramas; er hat unüberschätzbaren Einfluß auf Therapien, Pädagogik und Organisationen ausgeübt. In diesem Buch gelingt es Grete Leutz, seine Schriften zusammenzufassen und zu erklären.)

Lowen, Alexander (1970): Pleasure, a Creative Approach to Life. New York (Coward McCann).

Maslow, Abraham (1959): New Knowledge in Human Values. New York (Harper & Row).

— (1973): Psychologie des Seins. München (Kindler).
(Abraham Maslow ist Theoretiker und Praktiker der »Selbstverwirklichung«: Vertreter eines humanistischen Optimismus' gegenüber den positiven Möglichkeiten des Menschen.)

Otto, Herbert (Hg.; 1968): Ways of Growth. New York (Grossmann).
(Frühwerk der Selbsterfahrungsbewegung; gut zusammengestellte Artikel humanistischer und experientieller Autoren; speziell auch für Laien geeignet.)

Perls, Fritz (1974): Gestalt-Therapie in Aktion. Stuttgart (Klett).

—; Hefferline und Goodman (1951): Gestalt-Therapy. New York (Julian Press).
(Fritz Perls ist der Initiator der Gestalt-Therapie: Von Psychoanalyse und Zenphilosophie durch Gestaltpsychologie und Psychodrama zum System der Hier-und-jetzt-Therapie.)

Polster, E. u. M. (1973): Gestalt Therapy Integrated. New York (Brunner and Mazel).

Rogers, Carl R. (1973): Entwicklung der Persönlichkeit. Stuttgart (Klett).

— (1974): Lernen in Freiheit. München (Kösel).
(Carl Rogers kommt ausgehend von akzeptierend-spiegelnder Haltung zur therapeutisch-begegnenden Partnerschaft — Echtheit der Begegnung und Kongruenz der Aussage. Rogers (1973) enthält die bestformulierte philosophische Grundlage humanistischer Erziehung.)

Ruitenbeek, H. (Hg.; 1971): Group Therapy Today. New York (Atherton Press).

— (1974): Die neuen Gruppentherapien. Stuttgart (Klett).
(Das deutsch erschienene Buch ist Ruitenbeeks Zusammenfassung der Strömungen in den Darstellungen der Autoren von »Group Therapy Today«.)

Sager, C.; Kaplan, H.; Heigl, F.; Heigl-Evers, A. (1973): Handbuch der Familien- und Gruppentherapie. München (Kindler).
(Ich glaube, die Lektüre dieses Werkes ist ein »Muß« für Therapeuten und ein »Kann« für Lehrer. Es enthält fast über alle Therapien etwas, die in Amerika aktuell sind, einschließlich Experientialismus. Bibliotheken sollten das Buch besitzen.)

Satir, Virginia (1964): Conjoint Family Therapy. Palo Alto (Science and Behavior Books).

— (1972): The People Makers. Palo Alto (Science and Behavior Books).
(Ich halte Virginia Satir für eine der weitsichtigsten und dynamischsten Persönlichkeiten der humanistischen Bewegung. Sie ist Erlebnistherapeutin, bekannt durch ihre Forschung und ihre Praxis auf dem Gebiet der Familientherapie; sie hat in den letzten Jahren ihre Praxis zugunsten von »Bevölkerungs-Therapie« verlassen und trägt zur Auflockerung von traditionellen Auffassungen bei. »The People Makers« sind die Familie, die sie mit therapeutisch-praktischer Vernunft und reizvollen Spielen anspricht.)

Simkin, James S. (1974): Mini-Lectures in Gestalt Therapy. Albany, Calif. (Wordpress).

Whitaker, Carl; Malone, Thomas (1953): The Roots of Psychotherapy. New York (Blakistone).
(Diese Autoren — außerdem John Warkentin u. a. — sind die ersten radikalen Experientialisten [auch »Multiple Therapie«]. Zur Zeit lehrt C. Whitaker »Netzwerktherapie« in Madison, Wisc.)

Speziell für Lehrer

Ashton-Warner, Silvia (1963): Teacher. New York (Bantam Books).
(Lebendiges Lehren/Lernen mit Neuseeland Maori-Kindern. Eine reizvolle Darstellung einer einsamen Lehrerin, die Neues versuchte.)

Clark, Donald Henry; Kadis, A. L. (1971): Humanistic Teaching. Columbus, Ohio (Merill Books).
(Alysa Kadis ist eine der hervorragenden Pioniere der Gruppentherapie und ihrer Anwendung für die Pädagogik — sie starb am Tag, als dieses Buch erschien.)

Ginott, Haim (1974): Takt und Taktik im Klassenzimmer. Göttingen (Vandenhoeck und Ruprecht).
(Unübertreffliche Dialoge zwischen Erziehern und Kindern. Es ist mein Lieblingsbuch bezüglich praktischer Anweisungen anderen gegenüber und eine ausgezeichnete Ergänzung zu TZI.)

Holt, John (1970): What Do I Do on Monday? New York (Dell).
(Bietet weitere Hilfe für den lebendig-lehrenden Lehrer.)

Wagenschein, Martin (1965): Ursprüngliches Verstehen und exaktes Denken. Stuttgart (Klett).
(Qualitätslernen statt Quantitätsmanie.)

Spiele — Übungen

Bach, George (1954): Intensive Group Psychotherapy. New York (Ronald Press).

— (1970): Streiten verbindet. Gütersloh (Bertelsmann).

— (1972): Pairing. Düsseldorf, Köln (Diederichs).
(George Bach ist der inspirierende Initiator der Marathonidee. Spezielles Anliegen: Aggressionsbewältigung.)

Malamud, Daniel; Machover, Sol (1965): Self Understanding in Games and Interactions. New York (Ch. Thomas).
(D. Malamud ist einer der geistvollsten Spiel-Erfinder.)

Mintz, Elizabeth (1971): Marathon Groups — Reality and Symbol. New York (Avon Books).
(Ein Buch, das für den Therapeuten geschrieben wurde, aber viele Anregungen enthält, die allgemein nützlich sein können.)

Schutz, Wilhelm (1971): Freude. Hamburg.

Vopel, Klaus (1974): Interaktionsspiele. Hamburg (ISKO).
(Dieser Band enthält eine Auswahl von Interaktionsspielen, verbunden mit eigenen Ergänzungen und guten Kommentaren.)

Für Jedermann

Ellis, Albert (1973): Humanistic Psychotherapy. The Rational Emotive Approach. New York (Julian Press).

— (o. J.): Growth through Reason. Palo Alto, Calif. (Science and Behavior Books).
(Albert Ellis hat eine große Zahl von nützlichen Büchern geschrieben. Tenor: Benutze deinen Verstand, um mit zerstörerischen Emotionen fertig zu werden.)

Jackins, Harvey (1965): The Human Side of Human Beings. (Rational Island Publications).
(Co-Counceling: nicht-berufliche Partnerschaftshilfe durch Aussagen — Zuhören. Schwache Theorien, glänzende Praxis.)

Newman, Mildred; Berkowitz, Bernard (1974): Du bist Dein bester Freund. München (Desch).
(Dieses Buch war 1974 in den USA ein Bestseller.)

Zeitschriften des Experientialismus und verwandter Richtungen

Voices
Journal of the American Academy of Psychotherapists. Hg.: Vin Rosenthal, 815 Indian Rd., Glenview, Ill. 60025, USA.

Journal of Humanistic Psychology
Hg.: Thomas Greening, 1314 Westwood Bvd., Los Angeles, Cal. 90024, USA.

Weitere Titel der
KONZEPTE DER HUMANWISSENSCHAFTEN

Charlotte Bühler/Melanie Allen
Einführung in die humanistische Psychologie

Aus dem Amerikanischen von Emmy-Renate Schön.
ISBN 3-12-901490-X

Charlotte Bühler
Die Rolle der Werte in der Entwicklung der Persönlichkeit und in der Psychotherapie

Mit einem Vorwort von Edward J. Stainbrook.
Aus dem Amerikanischen von Gertrude Kallner.
ISBN 3-12-901480-2

Arthur W. Combs/Donald L. Avila/William W. Purkey
Die helfenden Berufe

Aus dem Amerikanischen von Gudrun Theusner-Stampa.
ISBN 3-12-901550-7

Arnold A. Lazarus (Hrsg.)
Angewandte Verhaltenstherapie

Aus dem Amerikanischen von Gudrun Theusner-Stampa.
ISBN 3-12-900770-9

Paul Nordoff/Clive Robbins
Musik als Therapie für behinderte Kinder

Forschungen und Erfahrungen.
Mit einem Vorwort von Benjamin Britten.
Aus dem Englischen von Johannes Th. Eschen.
ISBN 3-12-926280-6

Max Pagès
Das affektive Leben der Gruppen

Eine Theorie der menschlichen Beziehung.
Aus dem Französischen von Siegfried und Mathilde Furtenbach.
ISBN 3-12-906290-4

Frederick S. Perls
Gestalt-Therapie in Aktion

Aus dem Amerikanischen von Josef Wimmer.
ISBN 3-12-906270-X

Carl R. Rogers
Entwicklung der Persönlichkeit

Psychotherapie aus der Sicht eines Therapeuten.
Aus dem Amerikanischen von Jacqueline Giere.
ISBN 3-12-906880-5

Hendrik M. Ruitenbeek
Die neuen Gruppentherapien

Aus dem Amerikanischen von Josef Wimmer.
ISBN 3-12-906900-3

Anne Schützenberger
Einführung in das Rollenspiel

Anwendungen in Sozialarbeit, Wirtschaft, Erziehung und Psychotherapie.
Aus dem Französischen von Wolfgang Krege.
ISBN 3-12-907950-5

Helm Stierlin
Von der Psychoanalyse zur Familientherapie

Theorie/Klinik.
ISBN 3-12-907400-7

Lewis Yablonsky
Synanon

Selbsthilfe der Süchtigen und Kriminellen.
Aus dem Amerikanischen von Wolfgang Krege unter Beratung von Ingo Warnke.
ISBN 3-12-908830-X

ERNST KLETT VERLAG STUTTGART